FACULTÉ DE DROIT DE PARIS.

THÈSE POUR LE DOCTORAT

EN DROIT ROMAIN

DU CONFLIT DES CRÉANCIERS GAGISTES

OU HYPOTHÉCAIRES

ET DE LEURS DROITS RESPECTIFS.

EN DROIT FRANÇAIS

DU PRIVILÉGE DU CRÉANCIER GAGISTE

Par Ch. Fr. MAX VILLEMAIN,

Avocat à la Cour impériale.

SAINT-GERMAIN-EN-LAYE,

IMPRIMERIE DE BEAU, RUE DE PARIS, 30.

1860

THÈSE POUR LE DOCTORAT

EN DROIT ROMAIN

DU CONFLIT DES CRÉANCIERS GAGISTES

OU HYPOTHÉCAIRES

ET DE LEURS DROITS RESPECTIFS.

EN DROIT FRANÇAIS

DU PRIVILÉGE DU CRÉANCIER GAGISTE

Par Ch. Fr. MAX VILLEMAIN,

Avocat à la Cour impériale.

SAINT-GERMAIN-EN-LAYE,

IMPRIMERIE DE BEAU, RUE DE PARIS, 80.

1860

A MON PÈRE, A MA MÈRE.

DROIT ROMAIN

DU CONFLIT

DES

CRÉANCIERS GAGISTES OU HYPOTHÉCAIRES

ET DE LEURS DROITS RESPECTIFS.

Dig. liv. XX, tit. IV. — Cod. liv. VIII, tit. XVIII.

INTRODUCTION.

§ 1. — Les Romains n'eurent pas un bon système hypothécaire. En cette matière, comme partout ailleurs, les préteurs
exercèrent une réaction contre le formalisme rigoureux du droit
des Quirites : et on peut douter qu'ici leur influence ait toujours
été heureuse. Ils ôtèrent trop de sécurité aux créanciers pour
laisser beaucoup de crédit au débiteur.

Sans doute le système de la *fiducie* était dangereux pour le
débiteur : car il transférait la propriété au créancier, et lui permettait de grever la chose de droits réels, sans laisser au débiteur d'autre ressource qu'une action personnelle.

Le *pignus* n'avait pas cet inconvénient : il permettait au débiteur de garder non-seulement la propriété, mais encore l'usage
de la chose, en la recevant du créancier à titre de louage ou de
précaire. De plus, il donnait au créancier une grande sécurité au
moyen des interdits. C'était donc un système assez satisfaisant :

1

« Si le débiteur ne retirait pas de sa propriété tout le crédit pos-
» sible, au moins ne pouvait-il tromper personne. » (Bonjean,
des actions, § 285).

Toutefois on comprend que le débiteur devait hésiter à transférer à autrui la possession *ad interdicta* des objets qui lui étaient
indispensables, tels que ses instruments de travail, et que la
crainte de n'en avoir plus qu'une détention précaire était un obstacle à ce qu'il trouvât en eux un moyen de crédit. D'autre part,
le créancier n'ayant pas, en vertu du *pignus*, d'action pétitoire,
devait hésiter à abandonner même à titre précaire la rétention de
la chose, dans la crainte de perdre les voies possessoires qui
seules protégeaient son droit.

C'était là un double obstacle à ce que les meubles du fermier
pussent être donnés en gage au bailleur. Pour parer à cet inconvénient, fort nuisible à l'agriculture, un préteur, Servius, qui paraît antérieur à Cicéron, décida que le locateur d'un fonds rural
pourrait par une simple convention acquérir un droit de gage sur
les objets que son fermier introduirait sur le fonds, et lui donna
une action réelle, dite servienne, pour revendiquer à l'échéance,
contre tout détenteur, les objets engagés.

Les préteurs ne s'arrêtèrent pas là : ils admirent le même droit
réel dans d'autres cas où il y avait eu simple convention de gage,
et donnèrent dans ce cas une action à l'imitation de la servienne
(*quasi-serviana*).

Enfin le gagiste lui-même, qui ne pouvait être dans une position inférieure, obtint aussi cette action réelle.

L'action servienne fut un progrès. En affranchissant le gage
du bailleur de la condition de possession, elle ne le rendit pas
occulte, le droit réel sur les choses apportées par le fermier nais-
sant, non pas au moment de la convention, mais au moment de
l'introduction de chaque chose sur le fonds (L. 11, § 2, *qui pot.*).
C'était là un fait apparent, une sorte de tradition qui pouvait
faire connaître le droit du propriétaire aux tiers à qui le fermier
donnerait plus tard la même chose en gage.

En reconnaissant, à dater de la convention même, le même
droit réel à tout créancier qui aurait fait une convention de gage,
les préteurs auraient dû chercher un moyen de faire apparaître
les droits de gage déjà constitués sur l'objet. Ils n'en comprirent

pas la nécessité, et en établissant des droits réels occultes, contrairement à l'esprit général de la législation romaine, ils fondèrent un système peut-être inférieur à celui du *pignus*.

§ 2. — Il n'est pas hors de propos de rappeler ici que les Grecs, qui, paraît-il, connurent l'hypothèque avant les Romains, avaient organisé un système de publicité, consistant à désigner par un signe apparent les héritages hypothéqués (Bonjean, § 285). Or, les jurisconsultes romains ne semblent pas avoir soupçonné l'existence d'une pareille précaution. On peut tirer de là une induction assez grave contre l'opinion suivant laquelle l'hypothèque fut à Rome une étrangère naturalisée par les préteurs. De ce que l'hypothèque grecque aurait précédé l'hypothèque romaine, il ne résulte pas nécessairement que l'une ait engendré l'autre. Je ne sais si cette filiation pourrait s'appuyer sur des arguments historiques convaincants ; mais l'étude des principes qui régissent l'hypothèque romaine me porte à y voir une institution complètement indigène.

Si elle avait été brusquement importée à Rome, elle eût présenté quelques caractères propres qui l'auraient fait soigneusement distinguer du gage. Loin de là : les textes emploient indifféremment les deux mots *pignus* et *hypotheca*. Paul nous dit : « De pignore, jure honorario, nascitur ex pacto actio (L. 17, § 2 *de pactis*). » Les textes qui les distinguent nous disent que la seule différence est qu'on appelle hypothèque le droit de gage que le préteur fait résulter d'un pacte non suivi de tradition : et cette différence a si peu d'intérêt que Marcien nous dit (L. 5, § 1 *de prignorib.*): Entre le gage et l'hypothèque le nom seul diffère. — Et cela est presque vrai. On peut même s'étonner de voir avec quelle persévérance les jurisconsultes continuaient à appliquer à l'hypothèque des règles qui tenaient à la nature du gage.

N'est-ce pas, en effet, du gage que vient la faculté qu'avait le premier créancier hypothécaire de retenir indéfiniment la chose, sans pouvoir être forcé à la vendre par les créanciers postérieurs? (L. 6 *de pignorat.*) Nous verrons aussi que la loi 9, § 3 *qui pot.* ne peut guère s'expliquer que par la préoccupation où était Africain, en répondant sur une question d'hypothèque, d'appliquer des principes essentiellement propres au *pignus*.

Enfin, si je ne me trompe, aucun jurisconsulte ne nous dit que l'hypothèque ait été importée de Grèce. Quant à nous, nous y voyons une suite toute naturelle de l'impulsion spiritualiste que les préteurs imprimèrent à toutes les branches du droit romain. On admet bien que l'action servienne naquit sur le sol romain. Une fois cette innovation établie, est-il bien difficile de comprendre comment, plus tard, lorsqu'un créancier invoqua une convention de gage que le débiteur n'avait pas voulu réaliser par la tradition, le préteur, désireux de faire triompher la bonne foi, donna à ce créancier une action *quasi-serviana?* Puis, la langue grecque devenant familière aux Romains, ils donnèrent un nom grec à l'institution innommée du droit prétorien. Cela se comprend d'autant mieux, que les Romains avaient trouvé dans les provinces grecques une institution analogue. Mais cela n'implique nullement que l'hypothèque grecque ait donné à l'hypothèque romaine autre chose que son nom (Voy. Bonjean, t. II, p. 174, note 1, et Troplong, Nantissem., n° 10). Quant à l'argument qu'on prétendrait tirer de ce nom grec, il suffirait pour le combattre, de rappeler qu'un autre contrat, l'emphytéose, après s'être pratiqué longtemps chez les Romains, sans autre désignation que diverses périphrases, finit par recevoir de la langue grecque *proprium nomen.* Et faut-il s'en étonner, lorsqu'on voit l'inépuisable richesse de cette langue fournir encore des noms aux inventions les plus imprévues de l'industrie moderne? Remarquons en passant que Noodt, que l'on a cité comme soutenant l'origine grecque de l'hypothèque, parle de l'origine du mot (Ad. Pand. liv. xx tit. i, col. 2ᵉ).

§ 3. — Si j'insiste sur ce point, c'est que la clandestinité de l'hypothèque romaine fut d'autant plus fâcheuse que l'hypothèque était restée toute imprégnée des règles faites pour le *pignus.* C'est en raison de cette origine que tous les avantages de l'hypothèque furent attribués au premier créancier, les autres n'ayant d'autre droit que de le désintéresser complétement pour prendre sa place. Il n'y avait donc aucune sécurité pour un créancier qui, recevant une hypothèque, pouvait voir son droit paralysé par une hypothèque antérieure, sans qu'il eût pu savoir qu'il n'était pas le premier.

De là il résulta naturellement que les créanciers exigèrent des hypothèques portan' ur plusieurs biens. Ainsi vint l'usage fréquent de l'hypothèq. générale des biens présents et à venir, qui épuisait le crédit du débiteur sans procurer une sécurité complète au créancier.

La seule garantie qu'eût un créancier contre la dissimulation des hypothèques antérieures, était dans les peines du stellionat, juste châtiment de la mauvaise foi, remède impuissant contre le mal qu'elle pouvait faire.

Nous pensons qu'un bon système hypothécaire doit permettre au créancier de se procurer une sécurité complète, sans affecter la fortune du débiteur au delà de ce qui est nécessaire à l'exécution de l'obligation. On voit combien le droit romain était loin de cet idéal.

Ce ne sont là que les vices économiques du système. Au point de vue juridique il n'est pas non plus irréprochable : après avoir méconnu l'importance de la possession comme indice extérieur du droit réel, les jurisconsultes y ont attaché des effets qui nous semblent peu rationnels. En effet, tout en proclamant égale la position de ceux qui ont reçu en même temps hypothèque sur la même chose, ils donnent la préférence à celui qui est en possession, lors même que sa possession serait un fait accidentel, et non un avantage qui lui fût assuré par la convention.

Je ne vois donc dans ce *privilegium possessionis* qu'un aveu d'impuissance de la part des préteurs qui, n'ayant pas su organiser un système qui permit à plusieurs créanciers de participer en même temps aux avantages de l'hypothèque, reculaient le plus possible devant un concours véritable.

Quelque chose de plus étonnant, c'est que la jurisprudence romaine n'ait pas établi un moyen de déterminer entre toutes les hypothèques qui grèvent le même bien, l'ordre ou la priorité d'où dérive la préférence. Je ne puis mieux faire que de citer sur ce point quelques lignes du lumineux traité de M. Bonjean (§ 285) :

« Au lieu du *concours unique sur le prix*, qui chez nous cen-
» tralise en quelque sorte les questions de préférence, pour les
» trancher toutes, d'un seul coup, dans une seule et même pro-
» cédure collective ; le droit de préférence se présente en droit

» romain sous la forme de duels en nombre illimité, dans cha-
» cun desquels deux créanciers se disputent la possession, sauf
» au vainqueur à recommencer le lendemain, contre un nou-
» veau créancier, une lutte semblable ; et ainsi de suite, indéfini-
» ment, jusqu'à ce que, après tant de tiraillements, la possession
» demeure enfin adjugée à celui qui prime tous les autres. »

La vérité de ce tableau nous est attestée par la loi 16, *Qui potiores*. Nous y voyons qu'entre trois créanciers, Primus, Secundus et Tertius, l'ordre pouvait être réglé par trois jugements définitifs rendus entre Primus et Secundus, Primus et Tertius,
Secundus et Tertius. De la combinaison de ces jugements il pouvait résulter, d'une part, que Primus était antérieur à Tertius ;
d'autre part, que Tertius était antérieur à Primus. — Comment un pareil système n'engendrait-il pas d'inextricables
embarras ? — J'espère montrer sous la loi 16 que, grâce à la
combinaison du *privilegium possessionis* avec la procédure formulaire, ces embarras étaient moins fréquents qu'on ne pourrait le croire.

§ 4. — Il n'en est pas moins vrai que chez les Romains l'organisation des droits hypothécaires fut toujours très-imparfaite.
D'où vient que les préteurs perfectionnèrent si peu une institution qu'ils avaient créée ? Je crois qu'on peut en trouver la raison
en réfléchissant que l'hypothèque. contrat accessoire, tire son
importance de celle qu'a le prêt à intérêt. Or, dans la société
romaine, où les sources de la richesse furent la guerre et l'escla-
vage, où l'habitude de la spoliation avait conduit au mépris du
travail, le prêt à intérêt ne pouvait occuper la place qu'il a prise
dans les sociétés modernes. Le travail servile, privé de l'attrait
de la satisfaction, est condamné à l'immobilité. C'est l'activité de
l'ouvrier, c'est le perfectionnement des procédés, qui rendent le
prêt à intérêt aussi avantageux pour l'emprunteur, dont il rend
le travail plus productif, que lucratif et sûr pour le prêteur. La
liberté du travail fait du prêt à intérêt un puissant agent de pro-
duction qui met en œuvre toutes les ressources du présent pour
féconder l'avenir. Il devient alors cette alliance permanente entre le capital et le travail, qu'on nomme le crédit.

Il est vrai que les Romains tinrent en honneur le travail agri-

cole, si intéressé à l'usage des sûretés hypothécaires. Mais on
sait que le travail agricole, peu susceptible de perfectionnements
rapides, ne peut s'accommoder que de prêts à échéances loin-
taines : prêts qui supposent des institutions de crédit fort ingé-
nieuses. C'est l'industrie qui, par les bénéfices élevés, et le remboursement prompt qu'elle promet aux prêteurs, a pu donner au
crédit un développement assez puissant pour qu'il devînt accessi-
ble à l'agriculture.

CHAPITRE I

SECTION I.

Principe fondamental de la préférence, et avantages qu'elle procure.

§ 5. — Rien n'éclaire mieux cette matière que l'histoire des origines de l'hypothèque.

I. Sous le *système de la fiducie*, le créancier est propriétaire du gage. Les avantages de sa propriété sont seulement limités par les obligations que lui impose son contrat de fiducie. Conséquences : 1° Il peut aliéner la chose en tout ou en partie, ou la grever de servitudes, même avant l'échéance ; sauf l'*actio fiduciæ* contre lui ou ses héritiers (Paul, *Sent.* l. II, t. XIII § 5). Mais bornons-nous à voir ce qu'il peut faire sans violer la foi du contrat. 2° S'il n'est pas payé à l'échéance il peut vendre la chose, mais il devra rendre au débiteur l'excédant du prix sur la dette. (Paul, ib. 1.) 3° Il peut, s'il le préfère, retenir la chose, dont l'acheteur ne peut lui demander la rémancipation qu'après avoir payé la dette. Le créancier ne peut pas acheter lui-même la chose, parce qu'il en est propriétaire (Compar. Paul, ibid. 3 et loi 12 *de distr.* 20, I); mais le débiteur peut la vendre à d'autres, et désintéresser le créancier avec le prix (Paul, 3).

Il est clair que dans ce système il ne peut y avoir plusieurs créanciers successifs en concours sur la chose, il faut d'abord que le débiteur recouvre sa propriété, pour pouvoir la donner en gage à un autre créancier.

II. *Système du pignus.* Le droit du créancier change de nature : il n'a plus la propriété, mais la possession, que le contrat lui permet de garder jusqu'à parfait paiement. En principe, le créancier n'avait que ce droit de rétention. Il ne pouvait vendre la chose qu'en cas de convention expresse, en vertu d'une sorte de mandat du débiteur (*Gaius*, II, 64, l. 73 *de furtis* 47, 2). Or, lorsque ce mandat existe, il est regardé comme donné en faveur du créancier. Il en résulte que le créancier n'est pas forcé de vendre, s'il préfère s'en tenir à la rétention, qui est l'essence du droit de gage (l. 6, *de pignerat*, *Pomponius*). Le droit de vendre fut ensuite reconnu au créancier, sans clause expresse, et non-obstant toute convention contraire. (Paul, *Sent.* II, 13, 5.) Mais on comprend que ce droit resta néanmoins facultatif pour le créancier.

Sous ce système comme sous le premier, il ne peut pas y avoir plusieurs gagistes successifs en concours sur la chose : car tant que le créancier n'a pas perdu la possession et les interdits pour la recouvrer, la chose ne peut être utilement affectée à un autre créancier.

III. Enfin vient *l'hypothèque*. La convention suffisant pour faire naître un droit réel, on comprend que l'existence d'une hypothèque antérieure ne mettait pas obstacle à ce qu'il en fût établi une autre. Et dès lors plusieurs créanciers successifs purent se trouver en concours pour exercer un droit de gage sur la même chose. On peut douter que les préteurs, qui généralisèrent l'action servienne, aient eu en vue ce résultat. Si leur but était de rendre possible l'affectation de la même chose à plusieurs créanciers, on pourrait leur faire le reproche de n'avoir pris aucune précaution pour conserver du crédit au débiteur en donnant de la sécurité aux créanciers. Il eût fallu, ou rendre l'hypothèque apparente aux yeux des tiers, ou du moins, tout en respectant l'intérêt des créanciers antérieurs, ne pas lui laisser toute latitude d'agir suivant son caprice, sans tenir aucun compte des droits des autres.

Trouvons-nous quelque modification apportée dans ce but aux effets du droit de gage, lorsque le *pignus* devint l'hypothèque ? Aucune. La différence avec le *pignus* consiste en ce que le créancier, muni d'un droit réel à dater de la convention, ne peut se faire mettre en possession qu'à défaut de paiement après l'échéance. Mais à ce moment, cette possession lui confère les mêmes avantages qu'elle donnait dans le *pignus*. Sans doute le débiteur a pu, par des conventions postérieures, constituer d'autres hypothèques, et même remettre la possession de la chose à un autre créancier. Mais le droit du premier créancier étant un droit réel, identique dans son but et ses effets au droit que conférait le *pignus*, mais indépendant de la possession, dès la convention la chose n'existait plus dans le patrimoine du débiteur que déduction faite de ce droit, droit exclusif de tout concours, droit qu'il n'était plus à la disposition du débiteur de modifier par des actes postérieurs.

Tel est le fondement de la règle qui domine notre matière : *Prior tempore, potior jure.*

§ 6. — L'échéance arrivée, le premier créancier peut se faire mettre en possession : et alors, son antériorité établie, son droit d'hypothèque est, malgré l'existence des hypothèques postérieures, aussi étendu, aussi indépendant, aussi absolu que l'était dans le *pignus* le droit d'un créancier nécessairement unique.

Pour connaître les droits du premier créancier hypothécaire, il faut donc nous reporter aux droits que conférait le *pignus*.

L'essence de son droit, c'est la faculté de retenir la chose jusqu'à parfait paiement, lors même que sa valeur excéderait le montant de la créance, ou que l'intérêt du débiteur ou des créanciers postérieurs exigerait qu'on vendît. C'est ce qui résulte de la l. 6 *de pignerat.* Pomponius dit (traduction de M. Pellat) :

« Quoiqu'il y ait eu convention que vous pourriez vendre le fonds engagé, vous ne pouvez pour cela être forcé à vendre, quoique celui qui a donné le gage ne soit pas solvable, parce que c'est dans votre intérêt que cette clause a été ajoutée. Mais Atilicinus dit que le créancier peut, suivant les circonstances, être contraint de vendre; car ne peut-il pas arriver que la dette soit de beaucoup inférieure à la valeur du gage, et que le gage puisse aujourd'hui se vendre plus cher qu'il ne le pourrait par la suite? Toutefois, il vaut mieux dire que le débiteur qui a donné le gage peut le vendre, et du prix qu'il recevra payer ce qu'il doit; de manière cependant que le créancier sera tenu de montrer la chose qui lui a été donnée en gage, si elle est mobilière, en recevant préalablement du débiteur caution suffisante pour son indemnité; car il est trop dur de forcer le créancier à vendre lui-même la chose. »

Ce droit de rétention absolue existe non-seulement à l'encontre du débiteur, ce qui est tout naturel, mais à l'encontre des autres créanciers, comme l'indiquent ces mots : *Licet non solvendo sit is qui pignus dederit.* Il est vrai que le texte suppose un cas de *pignus* proprement dit; mais du temps de Pomponius il pouvait y avoir sur la même chose des hypothèques postérieures. Du reste, nous n'avons vu nulle part le germe d'une distinction à faire entre le cas où le premier créancier avait un *pignus* et celui où il n'avait qu'une hypothèque. Au contraire, dans le droit des Pandectes, *inter pignus et hypothecam nihil interest, quantum ad actionem hypothecariam* (l. 5, § 1 *de pignorib.* — Inst. IV, t. VI, 7). Et il s'agit bien ici des effets qui résultent de l'action hypothécaire, du droit réel, en un mot.

Il est vrai que les créanciers postérieurs pouvaient bien vendre la chose et désintéresser le premier créancier avec le prix. Mais pour en arriver là, peuvent-ils, comme le débiteur, exiger du premier créancier qu'il montre la chose, après avoir reçu préalablement caution? — Je ne le pense pas : la loi 6 ne donne ce droit qu'au débiteur seul, et on comprend qu'on ne pouvait guère le lui refuser, car il était resté propriétaire de la chose, et il y avait grand intérêt à lui faciliter une aliénation qui lui permettrait de se libérer. Le préteur devait d'ailleurs sanctionner par des actions *in factum* les obligations que le contrat d'hypothèque paraissait devoir produire entre le créancier et le débiteur (*voy.* Charles Maynz, *Elém. de Dr. R.*, t. II, § 332, note 8). Au contraire, il est difficile de comprendre dans les idées romaines une obligation quelconque entre deux créanciers hypothécaires. Aussi de tous les textes que nous connaissons, il ressort qu'en principe le premier créancier, tant qu'il n'était pas désintéressé complétement, ne pouvait être contraint envers le second à aucune concession, à aucun fait qui, sans mettre son propre droit en péril, pût favoriser le paiement de celui-ci. Plusieurs textes disent : Le second créancier n'a pas d'autre droit que de payer le premier pour prendre sa place.

§ 6 *bis.* — Nous avons la preuve de l'exactitude de ces principes, dans ce qu'Ulpien nous dit du cas de *pignus in causa judicati captum.* Cette *pignoris capio*, qu'il ne faut pas confondre avec l'ancienne action de la loi, était une voie d'exécution sur certains biens du débiteur, introduite sous les Empereurs, d'abord pour les créances du fisc, puis étendue aux créances privées (Bonjean, § 403). Or, la loi 15, § 5, *de re judicata*, nous dit :

« Quod si res sit pignerata quæ pignori capta est, videndum est an sic distrahi possit, ut dimisso creditore superfluum in causa judicati convertatur? Et quanquam non cogatur creditor rem, quam pignori accepit, distrahere, *tamen in judicati exsecutionem servatur*, ut si emptorem invenerit res, quæ capta est, qui dimisso priore creditore superfluum solvere sit paratus, admittenda sit hujus quoque rei distractio : nec videtur deterior conditio creditoris fieri suum consecuturi, nec prius jus pignoris dimissuri, quam si ei fuerit satisdatum. »

C'est donc par une exception aux principes, exception toute spéciale au cas où le deuxième créancier a une hypothèque judiciaire, que le premier créancier peut être contraint, sans être désintéressé préalablement, mais en recevant seulement caution d'être payé sur le prix, de laisser la chose à la disposition du deuxième créancier, autant qu'il est nécessaire pour qu'elle puisse être vendue. Du reste, ici le premier créancier ne court pas de danger; car en cas de vente sur *pignoris capio*, si l'acheteur ne paie pas, on ne le poursuivra pas par l'*actio venditi*, en courant la chance de son insolvabilité. Mais on regarde la vente comme résolue ou inexistante. « Oportet enim res captas pignori et distractas, præsenti pecunia distrahi, non sic, ut post tempus pecunia solvatur (D. 1. 15, § 7). » Et alors le magistrat saisira de nouveau la chose et la vendra *quasi non vinculo juris liberatam* (1). C'est ce qui a lieu chez nous sous le nom de folleenchère (art. 621 et 733 C. pr.). Seulement chez nous l'adjudicataire est tenu de la différence entre son prix et celui de la revente (art. 740); au lieu que la loi 15, § 7 dit : « Non habet actionem adversus emptorem is cui judicatum fieri desideratur. »

On voit que l'hypothèse que nous venons d'étudier présente une assez grande analogie avec notre droit : nous y voyons le

---

(1) Ulpien pourtant trouve mieux que les mêmes juges ne s'interposent pas. Mais alors il ne nous dit pas clairement comment les choses devraient se passer. Il paraît avoir en vue le cas où l'acheteur soutiendrait avoir payé ou n'avoir pas acheté, et il hésite sans doute à le soustraire pour cette contestation à la compétence ordinaire. Dans tous les cas, il me semble probable que l'acheteur ne payant pas, la chose restait grevée du gage judiciaire; et peut-être Ulpien veut-il que le créancier intente l'action hypothécaire. — Mais comment concilier cela avec la L. 2 c. VIII, 23, qui dit que la vente doit être faite par le magistrat qui a ordonné la saisie?

droit de faire vendre la chose donnée au créancier postérieur, et le droit du premier transformé en un droit de préférence sur le prix. Ajoutez que la vente se fait sous l'autorité de la justice (*res addicitur*) : « Cum in causa judicati aliqua res pignori capitur, per officium ejus, qui ita decrevit, venumdari solet, non per eum qui judicatum fieri postulavit (l. 2, C. *si in causam.* VIII, 23).

Ce qui se passait dans le cas particulier de la loi 14, § 5 *de re jud.* est la règle générale chez nous, sauf deux différences :

I. D'après la loi 14, § 5, le créancier à hypo. .que judiciaire ne peut faire vendre la chose antérieurement hypothéquée, que s'il y trouve quelque intérêt, c'est-à-dire s'il se présente un acheteur qui offre un prix suffisant pour payer d'abord le premier créancier.

II. Si néanmoins le premier créancier craignait que cette vente lui soit désavantageuse, parce que l'acheteur et la caution peuvent devenir insolvables, et l'acheteur pourrait perdre ou détériorer la chose; il peut, s'il le veut, garder la possession en désintéressant le créancier qui a acquis ce *pignus judiciale* (Paul, *Sent.* liv. II, XII, 8).

Chez nous, — I. Le deuxième créancier peut faire vendre, lors même qu'il serait certain de n'être pas payé, et que le premier créancier aurait intérêt à attendre. — II. Le premier créancier aurait dès lors un intérêt très-sérieux à pouvoir écarter le second en le payant. Eh bien! le Code ne lui donne pas ce droit. L'art. 1251 1° n'établit en effet la subrogation légale qu'au profit des créanciers qui paient un créancier qui leur est préférable.

Cette restriction du principe ne peut s'expliquer que par le souvenir du droit romain, où l'on voyait toujours le *jus offerendi* exercé par les créanciers postérieurs, attendu que le créancier antérieur, pouvant seul vendre, en règle générale, n'avait presque jamais intérêt à l'exercer. La rédaction restrictive de 1251 1o est donc le résultat d'une erreur qui a porté une atteinte fâcheuse aux droits du premier créancier.

§ 6 *ter.* — La vente régulièrement faite par le premier créancier purge toutes les hypothèques postérieures.

Mais si le premier créancier vend à un prix supérieur au montant de sa créance, il doit remettre l'excédant au débiteur (L. 24

§ 2 *de pignerat.*, 13,7) ou au créancier postérieur (l. 12 § 5 *qui pot.*

La vente que ferait le second créancier ne porte aucune atteinte au droit du premier. Mais si celui-ci trouve le prix satisfaisant, est-il néanmoins forcé d'évincer l'acheteur, et ne peut-il pas exercer son droit de préférence sur le prix, au moyen d'une action personnelle contre le créancier vendeur ? — Papinien répond (l. 1 *de distr.* xx, 5) : Si ce créancier était de bonne foi, croyant agir selon son droit, de sorte qu'il n'y ait lieu ni à l'*actio furti*, ni à l'*actio ad exhibendum*, on ne peut donner contre lui aucune action personnelle, pas même une action utile, bien que *nullo jure bona vendidit; — sequitur ut (primus) creditor possessores interpellare debeat.* — Ceci confirme ce que nous avons dit (p. 11) de l'impossibilité d'admettre que l'hypothèque pût faire naître des obligations entre deux créanciers hypothécaires.

On voit aussi par ce texte, que lorsqu'on dit qu'en droit romain l'hypothèque donne 1° un droit de suite, 2° un droit de préférence, il faut bien se garder d'entendre cela avec nos idées modernes sur la distinction de ces deux droits. En droit romain, le droit de préférence se présente presque toujours sous la même forme que le droit de suite, c'est-à-dire comme le droit pour le créancier préférable de se faire mettre en possession de la chose pour la retenir ou la vendre à son gré. S'il vend à un prix qui dépasse sa créance, alors seulement se présente le droit de préférence sur le prix.

On voit par ce qui précède, que depuis l'invention de l'hypothèque, comme sous le système du *pignus,* un seul créancier jouit de tous les avantages que confère l'engagement de la chose. Sans doute le droit des créanciers postérieurs est né, malgré celui du premier créancier, ce qui est important; mais leur droit est comme paralysé jusqu'à l'extinction de l'hypothèque du premier créancier. Celui-ci n'a à consulter que son propre intérêt : il peut vendre à de mauvaises conditions, au grand préjudice des créanciers postérieurs. Tout ce qu'il faut, c'est qu'il agisse de bonne foi; autrement il serait tenu d'indemniser le débiteur (V. Schilling, traduit par M. Pellat, § 14 note 11).

Mais le but de tous ces avantages donnés au premier créancier, c'est de lui procurer un paiement intégral : c'est en même temps la limite de son droit. Si donc on lui offre ce paiement, son hypothèque n'a plus de raison d'être, et la loi peut lui en imposer l'abandon. De là pour les créanciers postérieurs un moyen de donner efficacité à leur droit en désintéressant le premier créancier pour lui succéder. C'est le *jus offerendæ pecuniæ*. Dans les rapports des créanciers hypothécaires entre eux, c'est le seul attribut du droit des créanciers postérieurs, tant que le premier n'est pas désintéressé.

SECTION II.

Détermination de l'antériorité, et étendue d'application de la règle : Prior tempore potior jure.

§ 7. — Quand une chose est hypothéquée à plusieurs créanciers, lors même que sa valeur serait supérieure au total des créances, la question de préférence a le plus grand intérêt en droit romain. Car le créancier préférable peut se faire attribuer la possession de la chose, et à son choix la retenir, ou la vendre sans le concours des créanciers postérieurs, sauf à leur remettre ce qui resterait du prix.

Vis à vis des tiers détenteurs, le droit de suite est commun à tous les créanciers hypothécaires. Cependant la question de préférence peut se présenter dans le conflit d'un créancier hypothécaire avec un tiers détenteur : en effet, si le tiers détenteur a acheté d'un créancier hypothécaire, il triomphera en prouvant que son vendeur était préférable au créancier qui intente l'action quasi-servienne.

Quel est donc le rang des gages et hypothèques ? Nous avons montré que le principe fondamental était : *Prior tempore potior jure*. Ainsi le rang se détermine par la date de la constitution d'hypothèque. Il faut donc déterminer cette date.

§ 8. — A considérer l'hypothèque isolément, sa date est celle de la convention qui lui donne naissance, lors même que la chose serait hypothéquée à partir d'un certain terme (*ex die —* L. 12, § 2); — ou sous condition, pourvu que cette condition ne soit pas potestative pour le débiteur. Dans ce dernier cas l'hypothèque ne prend rang que du jour de la réalisation de la condition. C'est ce qui arrive lorsqu'un propriétaire est convenu avec son fermier qu'il aurait hypothèque sur les choses que celui-ci apporterait sur le fonds. L'hypothèque ne commence sur chaque objet que du jour de son entrée sur le fonds (l. 11, § 2).

Mais l'hypothèque, droit accessoire, n'existe qu'en raison de la créance qu'elle garantit : si donc cette créance n'existe pas encore au jour de la constitution d'hypothèque, elle ne prendra rang, en général, que du moment où naît cette créance. Peu importe, du reste, que la créance soit pure et simple, à terme ou conditionnelle (l. 9 *pr. et* § 2). En effet, lorsque la réalisation de la condition ne peut pas être empêchée par le débiteur (l. 9, § 1), la condition accomplie a un effet rétroactif au jour de la convention (l. 11, § 1).

L'hypothèque consentie pour *une créance future* (1) prend rang même avant la naissance de la dette, dès qu'il n'est plus au pouvoir d'aucune des deux parties de l'empêcher de naître.

Exemple : Loi 1. — Quelqu'un avait promis une dot pour une femme, et s'était fait donner un gage ou une hypothèque pour s'en assurer la restitution. Une partie de la dot ayant été comptée au mari, celui-ci a depuis donné la même chose en gage à Secundus : ensuite il a touché le restant de la dot. — Est-ce que, pour cette dernière somme, le dotateur prendra rang au jour de la convention d'hypothèque ou au jour du versement, c'est-à-dire après Secundus?

Le dotateur, lui, étant lié par sa promesse, ne pouvait pas empêcher sa créance de naître. Mais le mari ne pouvait-il pas éviter de devenir débiteur en ne recevant pas le second versement? Non, car il n'avait pas le droit de le refuser au préjudice de sa femme. Ainsi, du jour de la convention d'hypothèque, les deux parties ne pouvaient plus empêcher de naître aucune partie de la

---

(1) Une obligation *future* est bien à un certain point de vue conditionnelle; mais toute obligation conditionnelle n'est pas une obligation future. On dit qu'une obligation est conditionnelle lorsque le fait générateur a eu lieu, mais que ses effets sont subordonnés à un autre fait. Quand on parle d'obligation future, le fait générateur lui-même n'a pas eu lieu. Ainsi l'obligation du mari de rendre une dot qui lui est promise, est une obligation future, tant que cette dot ne lui est pas comptée.

dette ; l'hypothèque prend donc rang, pour le tout, du jour de la convention.

« Il en est autrement de celui qui a reçu un gage pour la somme qu'il prêterait avant un certain terme, quand cette chose a été engagée à un autre avant qu'il ait compté l'argent (l. 1, § 1).» Car le futur débiteur restait maître de ne pas recevoir cet argent (l. 11, *Pr.;* et l. 4, *Quæ res pignori*, décision semblable quant à l'étendue de l'hypothèque).

La même question a été très-controversée chez nous ; l'hypothèque constituée pour sûreté d'un crédit ou promesse de prêt, prend-elle rang, pour les diverses sommes successivement prêtées, au jour de l'inscription prise en vertu de l'acte de constitution, ou seulement à la date de chaque versement ? A défaut de texte, la solution romaine nous paraîtrait fort rationnelle. Pourtant une jurisprudence contraire avait prévalu et a été sanctionnée par la loi du 10 juin 1853 sur le crédit foncier ; la question étant tranchée législativement, il faut reconnaître qu'ici les principes romains sont peu conciliables chez nous avec les besoins du crédit.

L'hypothèque d'une chose future, c'est-à-dire qui n'existe pas encore, mais qui doit exister, par exemple, le part d'une esclave ou les fruits d'un fonds, est valable et prend rang du jour de la convention, si à ce moment la chose doit naître pour le constituant ; il faut donc, pour les fruits, qu'il ait la chose *in bonis,* ou qu'il en soit usufruitier ; pour le part, qu'il ait la mère *in bonis* au jour de la convention (l. 15, *de Pignorib.* — l. 11, § 3, h. t.).

§ 9. — *Hypothèque des biens à venir.* Il peut se faire qu'un débiteur confère successivement à plusieurs créanciers une hypothèque générale sur ses biens présents et à venir : comment classerons-nous ces créanciers sur les biens qui entreront, depuis ces diverses constitutions d'hypothèque, dans le patrimoine du débiteur ? Et d'abord quel doit être logiquement le rang des hypothèques sur les biens à venir ? Ici deux systèmes sont en présence :

I. Le premier applique purement et simplement la regle *Prior tempore, potior jure.* On dit : Cette règle est le fondement nécessaire des sûretés hypothécaires ; permettre au créancier de restreindre le droit qu'il a conféré en le soumettant à un concours par des actes postérieurs, c'est aller contre le but et la nature de l'hypothèque.

II. Le second dit : La règle *prior tempore potior jure* ne peut s'appliquer ici. Les deux hypothèques constituées en différents temps sur des biens à venir sont valables toutes les deux dès le principe ; mais elles ne peuvent avoir un objet, elles ne grèvent la fortune du débiteur qu'au moment où chaque bien entre dans son patrimoine ; et alors elles frappent en même temps sur ce bien : on ne saurait concevoir que l'une l'atteigne avant l'autre. Décider autrement, c'est ôter tout crédit au débiteur dès qu'un créancier aura exigé de lui, pour une somme même minime, une hypothèque générale.

Nous ne voulons pas discuter ces deux systèmes. Disons seulement que les considérations économiques nous paraissent devoir faire triompher le premier. Celles qu'invoque le second tendent bien plus à étendre l'assiette du crédit qu'à la rendre solide. Et nous pensons que le caractère essentiel des sûretés réelles doit être de ne pouvoir être altérées par les actes postérieurs du débiteur.

Mais quel fut le système des jurisconsultes romains? Sur ce point la comparaison des lois 7. § 1, 21 h. t. et 28 *de Jure fisci* 49, xiv, a fait naître des controverses qui divisent encore les meilleurs esprits (1). Il ne nous suffirait donc pas d'invoquer ici des autorités : c'est à l'examen impartial des textes que nous demanderons la solution.

La première chose à faire c'est de trouver un texte qui 1° pose nettement et précisément la question, et qui 2° y réponde d'une manière expresse et claire.

Examinons à ce point de vue les textes qui sont le champ de la discussion.

I. La loi 28 *de Jure fisci*, prévoit très-explicitement l'hypothèse : « Ulpian., *lib.* 3, *Disput.* : Si, qui mihi obligaverat, quæ habet habiturusque esset, cum fisco contraxerit; sciendum est, in re postea adquisita fiscum potiorem esse debere, Papinianum respondisse; quod et constitutum est, prævenit enim causam pignoris fiscus. »

<hr>

(1) Voy. M. Machelard, *Textes de Droit romain*, 1855-1856, page 125.

Le sens naturel de cette loi est incontestablement celui-ci : Un homme constitue à un créancier une hypothèque générale sur ses biens présents et à venir, puis il contracte avec le fisc qui acquiert ainsi une pareille hypothèque. Quel sera le rang de ces hypothèques sur les acquisitions postérieures ? Le fisc sera préféré ; mais il est le second en date. Il y a donc ici une faveur spéciale au fisc. Nous verrons plus tard s'il y a là quelque chose d'inadmissible, et si l'on peut entendre ce texte autrement. Mais il faut bien convenir qu'il se présente à nous comme une dérogation à la règle, quel que fût d'ailleurs le système suivi par les jurisconsultes romains. Ce n'est donc pas dans ce texte que nous trouvons la réponse à notre question.

II. La loi 21 *Qui pot.*, suppose que Titius, débiteur envers Seïa du reliquat d'un compte de tutelle, lui a engagé tous ses biens présents et à venir (*omnia bona sua, quæ habebat, quæque habiturus esset*); puis ayant fait un emprunt au fisc, il lui a engagé tous ses biens (*res suas omnes*). Puis il a payé à Seïa une partie de la dette, et lui a promis le restant de la somme en faisant novation; et la nouvelle obligation a été accompagnée d'une convention de gage semblable à la première. On a demandé si Seïa devait être préférée au fisc, et sur les biens que Titius avait au temps de la première obligation, et sur ceux qu'il a acquis depuis, jusqu'à ce qu'elle ait obtenu la totalité de sa créance. Le jurisconsulte a répondu qu'il ne voyait rien dans l'exposé qui mît obstacle à ce qu'elle fût préférée. » (Scœvola)

C'est bien ici l'application de la règle *prior tempore, potior jure*, en admettant que la novation faite par Seïa ne lui a pas fait perdre son rang. — Mais cette loi répond-elle à notre question? — Remarquons d'abord que la difficulté soumise au jurisconsulte ne portait évidemment pas sur ce point, puisqu'elle concernait même les biens appartenant au débiteur à l'époque où il a donné à hypothèque Seïa, biens sur lesquels celle-ci avait incontestablement le premier rang dans tous les systèmes. Quelle était donc le point qui pouvait faire doute? C'était celui-ci : La novation faite par Seïa ne lui avait-elle pas fait perdre le rang de son hypothèque? Et c'est en se référant à cette difficulté que Scœvola répond qu'il ne voit rien dans l'exposé qui empêche qu'elle soit préférée. Mais Scœvola répond-il du même coup à la question qui nous occupe ? Pour le prétendre, il faudrait établir que cette question est posée dans l'énoncé de la consultation : or cet énoncé ne fait aucune mention de choses acquises depuis l'hypothèque du fisc.

Mais, dit-on, ces biens sont nécessairement compris dans ceux acquis *post priorem obligationem*, dès lors le jurisconsulte a dû s'en préoccuper ? Je réponds : Rien ne le prouve. Au contraire, lorsqu'un jurisconsulte répond ainsi : *Nil proponi, cur*, etc., il est clair qu'il faut se reporter, pour connaître la portée de cette réponse négative, aux questions soulevées dans l'exposé. Or l'exposé n'attirait pas l'attention du jurisconsulte sur la question qui nous occupe : la preuve c'est qu'il ne parle pas des choses acquises depuis le contrat du fisc, époque qui seule a de l'intérêt dans notre question. Mais le jurisconsulte, lui, a-t-il eu en vue cette question qu'on ne lui posait pas ? Et sa réponse s'étend-elle même aux choses acquises depuis l'obligation du fisc ? Je ne dis pas que ce soit impossible ; mais toutes les probabilités me semblent contraires à cette supposition. Car 1° c'est donner à la réponse un caractère complexe, en désaccord avec la question, qui dans la pensée du consultant portait évidemment sur la difficulté résultant de la novation. 2° Si, dans la réponse, Scœvola avait en vue même les biens postérieurs au contrat du fisc, comprendrait-on qu'il n'eût pas, dans l'énoncé, substitué à l'époque, complétement indifférente, de la première obligation, la mention de celle du contrat du fisc, seule importante au point de vue qui nous occupe ? J'ajoute que très-probablement il n'y avait pas de controverse en droit romain sur le conflit de deux hypothèques générales sur les acquisitions postérieures : on comprend très-bien dès lors que le jurisconsulte et le consultant n'en parlent pas : l'essentiel était de savoir si malgré la novation Seïa avait conservé son rang, c'est-à-dire si elle pourrait se faire préférer sur les choses que Titius avait lors de la première obligation, et même sur celles qu'il a acquises après cette première obligation (mais avant l'hypothèse du fisc) : cette question tranchée, le reste allait tout seul ; s'il y avait des choses acquises depuis l'hypothèque du fisc, il n'y avait qu'à tirer la conséquence, suivant les principes qui régissent ce cas, de l'antériorité de Seïa : c'est-à-dire, ou la préférence, ou le concours, nous ne savons encore lequel des deux. Mais cela ne pouvait faire doute pour Scævola ni pour la personne qui le consultait. Remarquez d'ailleurs que si on décidait que la novation faite par Seïa lui avait fait perdre son antériorité, le fisc lui serait préféré même sur les choses acquises depuis le contrat de fisc : il n'y aurait pas dans ce cas à distinguer, même dans le système du concours, entre ces choses et celles acquises auparavant. Or la question étant ainsi posée : Est-ce le fisc ou Seïa qui est préférable ? on m'accordera que cette réponse : *Seïa est préférable,* pourrait être prise comme synonyme de celle-ci : *Le fisc n'est pas préférable,* lors même que par le système du concours Seïa ne devrait être préférée que sur les acquisitions antérieures au fisc. Cette expression vague : Seïa est préférable, n'exclut donc pas par elle-même l'idée de concours sur les acquisitions postérieures. La réponse de Scævola se concilie donc avec les deux systèmes.

Mais on insiste, et on dit : Cette réponse exclut le système du concours, parce que la consultation parlait des biens acquis depuis la première obligation, sans s'arrêter à ceux acquis avant l'hypothèque du fisc ? Je réponds encore : Dans l'hypothèse même du système du concours, Scævola n'avait pas besoin de restreindre la réponse, en spécifiant que la préférence ne s'appliquerait qu'aux acquisitions antérieures à l'hypothèque du fisc. Car l'effet de deux hypothèques générales sur les biens à venir n'étant pas un point controversé, on comprend que si cet effet était le concours, le consultant pas plus que le jurisconsulte n'avait besoin d'exprimer, quant à la préférence de Seïa, une limitation assez évidente pour être sous-entendue. Dans les discussions de droit, on omet constamment, *brevitatis causa,* des circonstances que l'exactitude ordonnerait d'exprimer, mais que tout le monde sous-entend sans peine. C'est ainsi que chez nous on discute souvent sur l'effet de certains actes faits *depuis les dix jours qui ont précédé la déclaration de faillite,* sans avoir soin d'ajouter *et avant le jugement déclaratif,* quoique après cette époque la solution ne soit plus la même. Mais tout le monde comprend qu'on se place avant cette époque.

Enfin, suivant une opinion fort accréditée en Allemagne, la question qui nous occupe ne pouvait même pas se présenter dans l'espèce soumise à Scævola. En effet, Justinien a décidé dans la

loi 9 *quæ res pign.* c. VIII, 17, que l'hypothèque de tous les
biens, sans addition de ces mots : *tant présents que futurs*, comprendrait même les choses futures. Il résulte clairement de là
qu'avant Justinien on n'accordait pas la même portée à la convention par laquelle un débiteur hypothèquerait *res suas omnes :*
d'où il suit que dans la loi 21 l'hypothèque du fisc n'avait em-
brassé que les biens présents. Dès lors il n'y aurait pas eu de
conflit possible sur les acquisitions postérieures au contrat du
fisc, Seïa ayant seule hypothèque sur ces acquisitions, soit en
vertu de sa première convention d'hypothèque, soit en vertu de
la seconde. La question de novation n'avait donc intérêt que pour
les acquisitions antérieures, et c'est uniquement de celles-là que
Seïa veut parler en réclamant la priorité sur les choses acquises
au débiteur, soit avant, soit après sa première créance, les seules
qui fussent soumises à l'hypothèque du fisc.

Ainsi l'hypothèse qui nous occupe n'était pas même possible.
Mais en admettant qu'elle le fût, elle n'est ni posée, ni résolue,
ni même préjugée par la loi 21. C'est donc ailleurs qu'il faut
chercher la solution.

III. Reste la loi 7, § 1 : « Si je vous ai hypothéqué tout ce que
je dois acquérir, et que j'aie hypothéqué spécialement à Titius un
fonds, si j'en deviens propriétaire; que j'acquière ensuite la propriété de ce fonds, Marcellus pense que les deux créanciers con-
courront pour leur gage. Car la circonstance que le débiteur a
payé de ses deniers est peu importante, puisqu'une chose acquise
par des deniers engagés à un créancier ne lui est pas engagée par
cela seul que l'argent est engagé. »

Cette loi prévoit exactement notre hypothèse, et elle résout
nettement la question en faveur du concours. Il est vrai qu'il ne
s'agit pas ici de deux hypothèques générales; mais l'hypothèque
spéciale de la chose d'autrui avec cette clause *si debitoris facta
sit,* doit être régie par les mêmes règles que l'hypothèque générale des biens à venir. Elle est comme celle-ci valable dès le
principe (l. 16, § 7 *de pignorib.*), mais obligée d'attendre comme
elle une époque postérieure pour trouver un objet qu'elle grève
dans le patrimoine du débiteur. C'est l'hypothèque spéciale d'un
bien à venir. Et remarquez qu'il résulte de cette loi, comme nous
l'avons avancé sur la loi 21, que l'effet du conflit de ces hypo-

thèques n'était pas un sujet de controverse chez les Romains. En effet, ce n'est pas là le point qui était mis en question dans la loi 7, § 1. Quel était donc le doute qui s'élevait contre le concours? Le voici : Ulpien venait de dire dans le *Pr.* que le pupille a hypothèque privilégiée sur les choses achetées avec son argent. C'est ce qui amène le jurisconsulte à poser notre espèce (§ 1) pour se demander : Est-ce que l'hypothèque générale ne sera pas privilégiée, et par conséquent préférable à l'hypothèque spéciale, par ce motif que le fonds grevé de celle-ci a été acheté avec de l'argent antérieurement soumis à l'hypothèque générale ? Et Ulpien répond : Non. Un créancier n'a pas hypothèque sur une chose par cela seul qu'elle a été achetée avec des écus qui lui étaient engagés : il n'y a donc pas de raison ici de donner un privilége au premier créancier. Dès lors, on reste dans la règle, c'est-à-dire le concours.

Cette loi établit donc péremptoirement que, chez les Romains, le conflit entre deux hypothèques de biens à venir sur les acquisitions postérieures se règle, non par l'ordre des dates, mais par le concours.

Nous nous arrêtons à ce système. Voyons maintenant les objections qu'on y oppose.

I. On nous conteste d'abord l'autorité de la loi 7, § 1, elle-même. On dit : Les deux créanciers avaient reçu hypothèque en même temps, et c'est là le seul motif du concours ; la construction de la phrase est, dit-on, favorable à la supposition que les hypothèques sont contemporaines. Enfin, si le créancier à hypothèque générale était antérieur, il n'eût pas manqué d'invoquer cette raison pour primer son adversaire; et il serait étonnant qu'il n'appuyât sa prétention à être préféré que sur un motif qui lui ferait défaut au cas d'acquisition à titre gratuit.

Pour comprendre qu'on ait pu faire une pareille objection, nous avons besoin de nous rappeler que ceux qui la font sont pénétrés de cette idée, préconçue ou préétablie, que la règle *Prior tempore potior jure* est applicable à notre hypothèse. Et sur quoi établit-on cette idée? Sur un habile échafaudage de textes ou équivoques ou ingénieusement interprétés, sur des conciliations laborieuses et sur des raisonnements comme celui que l'on oppose à notre loi 7, § 1. Il nous est impossible d'accepter en bloc toutes les considérations et tous les arguments qu'on oppose à notre opinion. Nous avons le droit d'en dénouer le faisceau, et les dépouillant de la force d'emprunt qu'ils peuvent trouver dans leur rapprochement, de rejeter d'abord tous ceux que nous trouverons isolément dénués de valeur.

On ne peut pas nier que la loi 7, § 1, ne soit un texte parfaitement topique et directement applicable à la question. Eh bien, les objections qu'on a lues plus haut ébranlent-elles en quoi que ce soit son autorité?

1° On dit : Les deux hypothèques dont il parle sont contemporaines. C'est là une pure conjecture, et le texte ne dit rien de semblable. De plus, c'est invraisemblable : car il est très-difficile de comprendre que deux personnes reçoivent en même temps deux hypothèques sur des choses distinctes et pour des affaires différentes ; aussi la loi 1 *de Salviano interdicto*, qui s'occupe de deux hypothèques contemporaines, les suppose-t-elles données par un fermier à deux copropriétaires, pour la sûreté de leurs fermages. Les lois 10 et 16, § 8 *de pignorib.*, semblent calquées sur cette loi 1 *de Salv.*, et avaient sans doute en vue la même espèce. Ce n'est en effet que dans des hypothèses analogues que l'on peut concevoir deux hypothèques constituées au même moment, et on comprend qu'en cas pareil ces hypothèques porteront sur les mêmes objets matériels, ce qui n'a pas lieu dans la loi 7, § 1. Et si le concours entre hypothèques de dates différentes était ici un principe non contesté, on comprend parfaitement que la loi ait négligé de nous apprendre l'ordre de ces hypothèques, puisqu'il était sans influence sur le résultat; d'autant plus que le titre de la loi (*disputationum*) nous montre que l'exposé est fait ici par un jurisconsulte qui n'a dû rapporter que les circonstances essentielles à la solution.

2° On nous dit : Si le créancier à hypothèque générale avait l'antériorité, il n'eût pas manqué d'invoquer cette raison pour primer son adversaire. On pourrait comprendre cette objection si la loi 7, § 1, était un texte isolé en face d'une foule de textes formels et unanimes pour observer l'ordre des conventions. Mais jusqu'à ce qu'on nous ait montré ces textes nombreux et décisifs, cette objection n'a pas la moindre valeur. Que disons-nous, en effet? Que le concours est ici de règle entre des hypothèques de date différente. Il saute aux yeux dès lors que le premier créancier ne va pas invoquer une antériorité qui ne peut lui servir à rien. Aussi la seule objection qu'il fasse au concours est-elle tirée de ce que la chose a été achetée avec des écus grevés de son hypothèque. Mais *hoc non multum facit*, dit le jurisconsulte. Enfin, si la chose était acquise à titre gratuit, il est bien évident que cette objection ne se présenterait pas, et que le jurisconsulte n'aurait émis aucun doute sur le concours.

Ces objections n'entament donc pas l'autorité que nous reconnaissons à la loi 7, § 1.

Sans doute, si on nous opposait un texte aussi topique, et formel en sens contraire, peut-être y aurait-il lieu d'abandonner la loi 7, § 1, ou de la *concilier* avec l'autre texte :

Voyons donc si ce texte contraire existe :

II. — On nous oppose la loi 28 *de Jure fisci* — Mais quoi ? cette loi préfère le fisc qui a contracté le dernier, elle n'applique donc pas plus la règle *Prior tempore* que le concours. C'est du moins le sens qu'elle nous a paru présenter. Mais nos adversaires lui en donnent un tout différent , et ils prétendent que le fisc avait contracté le premier. Alors il n'y aurait rien dans cette loi de spécial au fisc, et elle aurait seulement pour but de résoudre notre question par la règle *Prior tempore potior jure*.

Sur quoi se fonde cette interprétation ? — Elle dit : *Contraxerit* n'est pas la troisième personne de *contraxero*, mais celle de *contraxerim*, et dès lors, dit-on, ces mots se réfèrent à une époque antérieure à celle qu'exprime *obligaverat*.

Je veux bien que *contraxerit* soit au prétérit et non au futur ; mais je ne puis admettre la conséquence que l'opinion adverse tire de cette observation. En effet, le plus-que-parfait exprime une époque antérieure au prétérit : c'est le but et l'utilité de ces formes grammaticales. Est-ce le subjonctif *contraxerit* qui rend ce point moins clair ? Ramenons les deux verbes à l'indicatif et écrivons : *Qui mihi obligaverat quæ habet habiturusque erat, cum fisco contraxit.* Il est clair qu'*obligaverat* exprime un fait antérieur à *contraxit*. Dira-t-on que cela tient à l'ordre des propositions ? Nous pouvons le renverser sans changer le sens : *Qui cum fisco contraxit , mihi obligaverat.* Et pas plus que l'ordre des phrases, les modes des verbes n'ont d'influence sur les relations exprimées par les temps ; qu'on écrive : *Si qui cum fisco contraxit mihi obligavisset*, ou , *Si qui mihi obligaverat, cum fisco contraxerit ;* « *obligare* se réfère toujours à une époque antérieure à *contrahere.* Car c'est le *temps,* comme le nom même l'indique, qui exprime grammaticalement l'époque à laquelle s'est passée l'action.

Si donc le fisc avait contracté le premier, il y aurait dans cette phrase une incorrection de langage qu'il est difficile d'attribuer à Ulpien. Cette antériorité du fisc est-elle du moins en harmonie avec le texte et la solution de cette loi?   Non : pour quiconque lit ce texte sans prévention ces mots *in re postea adquisitâ* restreignent la préférence du fisc aux acquisitions postérieures. Si le fisc est antérieur, c'est sur tous les biens du débiteur qu'il est préférable, et alors, *in re postea adquisitâ* ne s'explique plus. — Enfin si ce texte ne fait qu'appliquer la règle *Prior tempore potior jure,* il n'y a rien là de spécial au fisc, et l'on arrive contre toute vraisemblance à ce résultat, qu'Ulpien invoque l'autorité de Papinien et d'une constitution, pourquoi? Pour appliquer au fisc, si favorable, le bénéfice d'une règle générale. — Cette loi répugne de toutes façons à l'admission de l'antériorité du fisc : nous nous en tiendrons donc à son sens naturel, suivant lequel il y aurait ici une faveur spéciale pour le fisc, ce qui est une dérogation aux deux systèmes. Dès lors cette loi 28 ne contredit en rien la loi 7, § 1.

Aussi, n'est-ce pas directement en vue de combattre le système du concours qu'a été imaginée cette interprétation : elle est née d'une autre difficulté. La faveur que la loi 28 accorde au fisc a paru inadmissible, de là tous les efforts qu'on a faits pour trouver un autre sens au texte ; de là, l'idée de fonder la préférence du fisc sur une règle générale ; c'est dans ce but que l'on cherche à établir l'antériorité du fisc, antériorité qui présuppose et prouve en même temps, dans le système de nos adversaires, l'application de la règle *Prior tempore potior jure* à notre hypothèse. Et c'est avec une solution assise sur cette base, que l'on veut concilier à tout prix, nous avons vu comment, la loi 7, § 1.

A notre avis, c'est torturer ces textes.

§ 10. — La conciliation qui prétend mettre la loi 7, § 1 en harmonie avec le système fondé sur la règle *Prior tempore* est d'autant moins acceptable, que si cette loi 7, § 1, est un texte uni-

que, ce n'est pas pour cela un texte isolé. En effet, elle ne trouve
pas de contradiction dans les textes qu'on nous oppose. — Mais
serait-elle en désaccord avec l'esprit des autres textes de notre
matière ou avec les principes du droit romain? Loin de là : une
induction très-favorable au système du concours peut se tirer
de la loi 11, § 1 et 2, *Qui potiores*, § 1 : «Videamus an idem sit dicendum, si sub conditione stipulatione facta, hypotheca data sit;
qua pendente alius credidit pure, et accepit eamdem hypothecam,
tunc deinde prioris existat conditio, ut potior sit qui postea cre-
didisset ? sed vereor num hic aliud sit dicendum : *quum enim se-
mel conditio extitit, perinde habetur ac si illo tempore, quo stipu-
latio interposita esset, sine conditione facta esset, quod et melius est.*

» § 2 : Si colonus convenit, ut inducta in fundum, illata, ibi
nata pignori essent, et antequam inducat, alii rem hypothecæ
nomine obligaverit, tunc deinde eam in fundum induxerit, potior erit qui specialiter pure accepit , *quia non ex conventione
priori obligatur, sed ex eo quod inducta res est, quod posterius
factum est.*

Voilà deux hypothèses qui se ressemblent : dans l'une il y a
une hypothèque conditionnelle, on suit l'ordre des dates en vertu
de la rétroactivité de la condition.

Dans l'autre, il s'agit du colon qui hypothèque au propriétaire
les choses qu'il apportera dans le fonds ou qui y naîtront; et l'hypothèque prend rang sur ces choses au moment de l'acquisition.

Or, si l'on se demande de laquelle de ces deux hypothèses se
rapproche le plus l'hypothèque des biens à venir, n'est-il pas clair
que c'est de la seconde? ne peut-on pas dire des acquisitions
postérieures à cette hypothèque : *Non ex conditione priori obligatur, sed ex eo quod adquisita res est, quod posterius factum est.*

Toutefois je ne prétends pas assimiler les deux cas; car on
pourrait me dire : Si, dans le § 2, l'hypothèque consentie par le
colon ne prend rang qu'au jour de l'introduction de la chose sur
le fonds, cela tient à ce que c'était là une condition potestative
mise à son hypothèque. Or, lorsque a ant d'apporter une chose
sur le fonds, il l'hypothèque *pure* à un autre créancier, celui-ci
est en droit de compter que son hypothèque ne sera pas primée
par celle du locateur, puisqu'il dépend du débiteur d'empêcher
même celle-ci de naître en n'apportant pas la chose sur le fonds;

or, il serait trompé si le débiteur pouvait, en faisant arriver ensuite la condition, faire primer son hypothèque par celle du locateur. De là cette règle que tant qu'il est au pouvoir du débiteur d'empêcher que sa chose subisse une certaine hypothèque, les autres hypothèques consenties postérieurement passent avant celle-là.

Pour l'hypothèque des biens à venir, les mêmes raisons n'appellent pas ce résultat : sans doute l'hypothèque ne pourra commencer à grever la chose que lors de son entrée dans le patrimoine du débiteur, et le débiteur est libre de ne pas l'acquérir; mais cette condition potestative est de telle nature, qu'en attendant, le débiteur ne peut pas constituer à d'autres une sorte de droit acquis à ce que cette condition ne s'accomplisse pas; personne ne peut avoir un intérêt légitime à ce qu'elle ne rétroagisse pas, comme cela avait lieu dans le cas d'hypothèque sous condition potestative des biens présents du débiteur; ici, toutes les hypothèques qui ont été consenties par le débiteur sur un bien à venir, dépendant de la même condition, à savoir que le débiteur acquière la chose, on ne voit pas pourquoi l'arrivée de cette condition ne ferait pas surgir toutes les hypothèques dans l'ordre de leur constitution.

J'admets parfaitement, avec ce raisonnement, que les raisons qui font que l'hypothèque sous condition potestative de la loi 11, § 2, ne prend rang qu'au moment de l'événement de la condition, ne se rencontrent pas dans l'hypothèque des biens à venir; aussi n'est-ce pas par identité de motifs que j'appliquerais à cette hypothèque la décision du § 2. C'est parce que nous n'avons le choix qu'entre celle-là et celle du § 1 ; or, celle du § 1 me paraît dénuée de toute espèce de base lorsqu'on veut la transporter à l'hypothèque des biens à venir.

Non que le système qui lui donne la date de la convention soit mauvais en lui-même. J'ai dit qu'en législation la question paraissait devoir être tranchée à l'aide de considérations économiques qui feraient triompher l'ordre des conventions. Mais tout le monde reconnaîtra que les considérations économiques, et les besoins bien entendus du crédit, sont restés totalement étrangers aux Romains; c'est donc à un point de vue purement théorique qu'il faut rechercher quels principes ils ont dû appliquer à la question qui nous occupe.

Pour le système du concours, la théorie est des plus simples et se présente la première à l'esprit : elle résulte naturellement de ce que la chose ne peut commencer à être hypothéquée que lorsqu'elle entre dans le patrimoine du constituant. Idée exprimée dans la loi 31, § 2, *de Pignoribus : Creditor pignori accepit a debitore quidquid in bonis habet, habituruse esset. Quæsitum est, an corpora pecuniæ, quam idem debitor ab alio mutuam accepit, quum in bonis ejus facta sint, obligata creditori pignori esse cæperint ? Respondit cæpisse.*

Le système qui observe l'ordre des conventions est moins conforme à la vérité théorique, abstraite; et dès lors il faudrait pour l'adopter une disposition législative, expresse, ou du moins une fiction légale, un principe général auquel on puisse le rattacher. Ce principe, en droit romain, quel est-il ? Ce ne peut être que l'idée de rétroactivité de la condition ; nous en voyons l'application dans la loi 11, § 1; une hypothèque conditionnelle passera avant une hypothèque postérieure, pure et simple, bien que la condition ne se soit accomplie qu'après cette deuxième hypothèque.

Mais cette rétroactivité est-elle un effet absolu, constant, inévitable de toute espèce de condition? Loin de là ; c'est quelque chose d'anormal, c'est une sorte de fiction qui ne peut s'appliquer que lorsqu'on trouve réunies toutes les circonstances qui la justifient.

Ainsi, nous avons vu, dans le § 2 de la même loi, que des considérations d'équité et de crédit empêchent que cette rétroactivité appartienne à l'hypothèque sous condition potestative.

Eh bien ! quant à l'hypothèque des biens à venir, la présence de la condition potestative ne présente pas les mêmes dangers, mais il y a un obstacle bien plus puissant, un obstacle radical, absolu à la rétroactivité de la condition : c'est que l'événement duquel dépend l'hypothèque n'est pas seulement une condition ordinaire ; c'est « une condition intrinsèque au droit d'hypothèque, et non pas une condition introduite par la volonté des parties, » comme le dit M. Charles Maynz (t. 1, § 242, note 8) de la clause *Si in dominium meum pervenerit,* dans la loi 7, § 1; quoique dans ce cas il y ait bien plus d'analogie avec une véritable condition que dans l'hypothèque générale. Dans ces deux cas, ce n'est pas la volonté des parties qui suspendait la naissance de l'hypothèque jusqu'à l'acquisition de la chose, c'est l'absence d'un élément constitutif indispensable à son existence. Or, on ne peut pas comprendre que l'arrivée de la condition reporte la naissance de l'hypothèque à une époque où les circonstances essentielles sans lesquelles on ne peut la concevoir, ne se trouvaient pas réunies.

Il ne faudrait pas conclure le contraire de ce que lorsqu'une hypothèque a été consentie sur la chose d'autrui, si plus tard le constituant devient propriétaire, l'hypothèque remonte à la date de la convention. Ce résultat tient à des considérations d'une nature particulière, et bien distinctes de la rétroactivité de la con.dition; les jurisconsultes ne disent jamais que l'hypothèque de la chose d'autrui est une hypothèque conditionnelle : ils disent qu'elle est nulle. Et la preuve qu'au fond ils ne la considèrent pas comme conditionnelle, c'est que si la chose devient la propriété du débiteur, ils ne donnent que l'action utile ; si l'acquisition de la propriété au constituant était traitée comme l'événement d'une condition, il y aurait lieu à l'action directe. On verra plus loin pourquoi cette action utile donne au créancier la date de la convention.

La rétroactivité de la condition est donc complètement impossible ici, et cette base ôtée au système que je combats, il ne peut s'appuyer que sur des considérations économiques, législatives, dont on ne trouve aucune trace chez les Romains. La fiction juridique de la rétroactivité ne pouvant s'appliquer, nous restons sous l'empire de la vérité abstraite, qui est que l'hypothèque ne commence, et par suite ne prend rang sur un bien à venir qu'au moment de l'acquisition par le constituant. Il y aura donc concours entre plusieurs de ces hypothèques.

§ 11. — Examinons maintenant les difficultés que soulève la décision de la loi 28, et voyons si elles sont de nature à nous faire abandonner ces conclusions.

Nous savons que cette loi, si on s'en tient à son sens apparent, reconnaît au fisc un certain privilége.

Cette faveur faite au fisc a été vivement critiquée, et les critiques sont d'autant plus vives que l'on suppose la règle *Prior tempore potior jure* applicable au conflit de ces deux hypothèques sur les deux acquisitions postérieures. Car dans ce système c'était l'autre créancier qui devait avoir la préférence sur les acquisitions postérieures, comme sur les autres biens du débiteur. On renverse les rangs au profit du fisc, c'est à-dire qu'on lui donne une hypothèque privilégiée. Or, 1° on ne peut pas justifier la concession au fisc d'une pareille faveur pour les créances contractuelles. — 2° Comment comprendre que nous n'ayons pas la constitution qui consacrait une disposition si favorable au fisc?—Bien plus, la loi 2 *de Privil. fisci*, C. VII, 73, met l'antériorité pour condition à la préférence du fisc : « Si priusquam res mariti tibi obligarentur, cum fisco contraxit, *jus fisci causam tuam prævenit.* »— Et voyez, dit-on, voilà cette même phrase par laquelle Ulpien explique la préférence du fisc dans la loi 28. La loi 2 *de Privil. fisci,* est donc cette constitution dont il nous parle; nouvelle preuve que dans la loi 28 le fisc est antérieur. Et dans ce système , on traduit *prævenire* par *arriver avant :* « le droit du fisc a *devancé* le tien.» Autre indice de l'antériorité.

Je crois n'avoir pas affaibli la portée des arguments qu'on nous oppose. Je réponds : — Voir dans la loi 2 *de Priv. f.* la constitution dont parle Ulpien, c'est une conjecture qui s'appuie bien faiblement sur la répétition presque identique d'une petite phrase, tandis qu'elle est contredite par la comparaison des dispositions de ces deux lois. En effet, si l'on veut absolument que la loi 28 n'applique que la règle *Prior tempore, potior jure,* au moins faut-il admettre que la réponse de Papinien et la constitution qu'invoque Ulpien avaient trait à un point particulier qui aurait pu faire doute, au concours des deux hypothèques sur les biens acquis postérieurement. Or, rien n'indique dans la loi 2 *de Priv. fis.* qu'elle ait eu pour but la solution d'une pareille difficulté. Cette loi est un rescrit adressé à une femme qui se croyait sans doute victime de quelque prétention du fisc, et l'empereur lui répond simplement que le fisc est soumis comme un autre à la règle *Prior tempore, potior jure :* « Quod si post bonorum obligationem rationibus meis cœpit esse obligetur, in ejus bona cessat *privilegium fisci.* » C'est là une réponse faite en vue d'un cas particulier, et dans laquelle l'empereur déclare quelle est la règle générale applicable au point sur lequel il est consulté. Tel est aussi le caractère de la loi 1, C. *Qui pot.* : « Si fundum pignori accepisti, antequam reipublicæ obligaretur, sicut prior es tempore, ita potior es jure. » Eh bien, la loi 2, *de Priv. fisci*, dit simplement pour le fisc ce que la loi 4 *Qui p.* C. dit pour une cité. Il n'y a rien dans cette loi 2 qui indique que la difficulté portait sur les acquisitions postérieures aux deux hypothèques ; et puisqu'on prétend dans l'opinion adverse, qu'il y avait sur ce point un doute dont la solution n'exigeait pas moins que l'autorité de Papinien, est-il croyable que la constitution qui aurait sanctionné l'opinion de ce jurisconsulte n'eût pas même indiqué le point controversé, et l'eût tranché en énonçant en termes vagues la règle *Prior tempore*, sans dire qu'elle était applicable aux biens à venir, sans parler de la présence de ces biens à venir, — sans indiquer même que l'hypothèque avec laquelle le fisc était en conflit fût une hypothèque générale ? — Enfin, en admettant qu'Ulpien ait trouvé dans cette loi 2 tant de choses invisibles pour nous, il faut reconnaître qu'en transportant la décision de cette loi dans la loi 28 il l'a fait d'une façon bizarre : cette loi pose la règle *Prior tempore* sous ses deux aspects, elle dit : Le fisc est-il antérieur, il sera préféré ; est-il postérieur, la préférence cesse. De ces deux propositions, laquelle a le plus d'intérêt ? C'est certainement la seconde, qui du moins écarte le doute qu'aurait pu faire naître la qualité favorable du créancier postérieur : c'est donc celle qu'Ulpien aurait dû choisir, s'il avait voulu reproduire la règle énoncée dans la loi 2, en exprimant une seule des deux propositions. Au contraire, Ulpien s'attache au cas où le fisc est antérieur, pour nous dire qu'il sera préféré, ce qui est trop évident s'il n'y a qu'à appliquer la règle *Prior tempore*, et ce qui laisse subsister le doute que la loi 2 écartait, au cas où le fisc serait postérieur. Enfin, Ulpien trouvant la règle *Prior tempore* dans la loi 2, et se référant à cette loi, a si bien dissimulé que cette règle était le fondement de la préférence du fisc, que la loi 28 présente l'idée d'un privilége du fisc à tous ceux qui ne sont pas initiés par une révélation au sens mystérieux de ce texte.

Je ne vois d'ailleurs rien de particulièrement satisfaisant à traduire *prævenire* par devancer, arriver le premier. Ce mot a un sens dérivé au moins aussi usuel, qui est : surpasser, exceller, l'emporter, primer. Il est même certain que c'est là le sens dans la loi 2, *de priv. f.* — *Jus fisci causam tuam prævenit :* cela signifie : Le droit du fisc prime le tien, l'emporte sur le tien, — par opposition à ces mots de la deuxième phrase : *Cessat privilegium fisci ; le fisc n'est pas préférable.* Il est clair qu'après ces mots : *Si le fisc a contracté avant que tu eusses hypothèque,* ce serait une répétition inutile que de dire : *Le droit du fisc a précédé le tien. Jus fisci causam tuam prævenit,* n'exprime que la conséquence de l'antériorité qu'on vient de supposer, c'est-à-dire la préférence. — On ne peut donc rien conclure de ce mot *prævenire* pour l'antériorité du fisc dans la loi 28, et il est très-satisfaisant de traduire littéralement : *Prævenit causam pignoris fiscus,* par : Le fisc prime l'hypothèque.

Si nous avons réussi à prouver que la loi 28 doit garder son sens naturel, nous n'avons pas fini avec les objections. Car on nous dit :

I. Si le fisc n'est pas préféré à raison de l'antériorité, il a une hypothèque privilégiée sur les choses postérieures. Or la loi 21, *qui potiores,* supposant Seïa antérieure au fisc, lui donne la préférence sans faire d'exception pour les acquisitions postérieures à l'hypothèque du fisc. — J'ai déjà examiné cette loi en tant qu'elle paraît contraire au système du concours, et j'ai dit 1° qu'on comprenait parfaitement pourquoi le jurisconsulte n'avait pas eu en vue les acquisitions postérieures ; 2° qu'il était même très-douteux qu'il pût dans l'espèce y avoir conflit sur ces acquisitions. Quant à l'antinomie qui existerait entre la loi 21 et la loi 28, nous avons une troisième réponse plus péremptoire encore : c'est que la jurisprudence consacrée dans la loi 28 date de Papinien, et nous verrons pourquoi elle n'a pas dû naître plus tôt. Or la loi 21 est de Scævola, qui vivait 60 ans auparavant.

II. Si la loi 28 ne préfère pas le fisc à raison de l'antériorité, nous ne trouvons pas au Code la constitution qu'elle invoque. Comment admettre que Justinien ait oublié d'y insérer une constitution qui créait pour le fisc une hypothèque privilégiée? — Réponse : Il est vrai que si on applique la règle *prior tempore* au conflit de deux hypothèques sur les biens à venir, la constitution dont parle Ulpien aurait créé au profit du fisc une véritable hypothèque privilégiée. Mais sur quoi se fonde l'application de la règle *prior tempore* au conflit de deux hypothèques sur les biens à venir? Uniquement sur la prétendue nécessité d'entendre en ce sens la loi 28.

§ 12. — Avant d'en venir là il faudrait donc établir d'abord que la loi 28 n'est pas en harmonie avec la solution, nullement ébranlée jusqu'ici, de la loi 7, § 1. Examinons donc la loi 28, dans l'hypothèse que le concours est la règle.

Remarquons d'abord que dans l'autre opinion, cette hypothèque privilégiée est d'une nature bizarre et offre une singulière contradiction. Il y a deux créanciers, Primus et Secundus, ayant tous les deux une hypothèque générale ; l'assiette de leur hypothèque est la même, elle porte sur tous les biens du débiteur. Il semble donc que la préférence une fois réglée entre eux doit s'exercer sur tous ces biens. Primus, étant antérieur à Secundus, devrait, dans le premier système, être préféré. Mais Secundus étant le fisc, la loi 28 renverse les rangs, et le fisc va passer avant Primus qui lui est antérieur : on lui donne donc une hypothèque privilégiée. Mais est-ce une hypothèque privilégiée ordinaire? Non, une hypothèque privilégiée s'apprécie comme un privilége *ex causd*, d'après la faveur que mérite la créance ou la personne du créancier ; *non ex tempore*, sans se soucier de l'ordre d'établissement des hypothèques ; mais surtout sans s'informer de l'époque d'acquisition des biens soumis à l'hypothèque. Pourquoi donc ici le privilége n'a-t-il lieu que sur les biens acquis depuis le contrat du fisc? à quel principe peut on rattacher cette distinction ? Il est difficile de le dire lorsqu'on admet que l'ordre des conventions détermine seul ici le rang des hypothèques. Peut-être dira-t-on que c'est là une faveur tout arbitraire faite au fisc, qu'il y a ici déviation des principes ; et que ce dont il faut s'étonner, c'est qu'on ait fait un pas dans une pareille voie, et non qu'on ne l'ait pas suivie jusqu'au bout, par une déplorable logique.

Je réponds que cette décision nous est donnée comme fondée sur une réponse de Papinien. Ce devait donc être une application, subtile peut-être, mais sérieuse, des principes. Ulpien ajoute que cela a été décidé par une constitution, mais ses expressions donnent à entendre qu'elle n'a fait que confirmer la réponse de Papinien. Comment croire qu'une décision appuyée sur l'autorité de ce noble et indépendant jusrisconsulte, ne soit qu'un produit monstrueux de l'arbitraire et de la fiscalité?

Mais quels peuvent être les principes dont Papinien a fait une application remarquable et probablement nouvelle à la question qui nous occupe? Ils sont faciles à trouver, si l'on admet que les deux hypothèques générales concourent sur les biens à venir, et il nous semble que ces principes justifient pleinement la solution de la loi 28.

La distribution des biens d'un débiteur insolvable se fait en principe au *prorata* des créances (l. 6 *de bonis auctor. jud.* C. VII, 73). Mais l'égalité pouvait être rompue au profit des créanciers qui avaient une hypothèque ou un privilége. Il y avait deux sortes de privilége : les uns accordés à certaines personnes à raison de leur qualité, les autres attachés à certaines créances à raison de leur cause. La première des personnes privilégiées est le fisc : Paul, *Sent.* V, 12, § 10 : « Privilegium fisci est inter omnes creditores primum locum tenere. » Or en quoi consistait un privilége attaché à la personne? Le voici : là où un créancier ordinaire subirait le concours des autres et serait payé au *prorata* de sa créance, la personne privilégiée passe avant les créanciers chirographaires, non privilégiés. En un mot, le *privilegium* est opposable à toutes les personnes dont un créancier non privilégié devrait subir le concours ; il ne l'est pas aux créanciers qui, ayant une hypothèque, ne sont pas soumis au concours. — Ainsi *privilegium* c'est une loi particulière qui permet à celui qu'elle favorise de se faire payer avant ceux qui concourraient avec lui, mais après ceux qui le primeraient, suivant le droit commun.

Les *hypothèques privilégiées* ont en droit romain un caractère tout à fait distinct de celui des *priviléges*, et bien autrement exorbitant ; car elles permettent à ceux qui en sont favorisés de passer même avant les hypothèques antérieures : elles ne se bornent pas à exempter un créancier du concours, elles renversent les rangs en sa faveur. Il ne faut donc pas dire que le créancier hypothécaire privilégié jouit des avantages qu'offraient et l'hypothèque et le privilége ; car le privilége inhérent aux hypothèques privilégiées a un effet plus énergique que les *privilegia* proprement dits. Du reste, les jurisconsultes ne confondent pas les *privilégia* avec ces hypothèques privilégiées ; ils disent de ces hypothèques qu'elles sont *potiores licet posteriores* (L. 7 C. *qui pot.* 8, 18.—L. 5 et 6 D. *qui pot.*). Justinien, qui dit en parlant de l'hypothèque privilégiée qu'il donne à la femme *hoc privilegium*, détourne ce mot de son sens technique (l. *Assiduis*, Nov. 97, ch. IV).

Dans quels cas le *privilegium personæ* était-il utile? — Son utilité pour un créancier simplement chirographaire est évidente.

Il peut encore être utile à celui qui a une hypothèque spéciale, même privilégiée, parce que le privilége s'étend sur tous les biens du débiteur (L. 8 *depositi*, 16, 3).

Il n'est d'aucune utilité au créancier qui a une hypothèque générale privilégiée : mais en est-il de même pour celui qui a une hypothèque générale simple? 1° A l'égard des chirographaires, l'hypothèque générale rend le privilége inutile. 2° A l'égard des créanciers hypothécaires antérieurs, le privilége n'est d'aucun secours. Mais il reste une dernière hypothèse : *Quid* 3° à l'égard des créanciers hypothécaires de même rang? — Ici nous retrouvons le concours, qui est la sphère d'application du privilége. Le *privilegium* du fisc consiste à être préféré à ceux qui ne se sont pas assuré l'antériorité par une hypothèque : pourquoi ne serait-il pas préféré par là aux créanciers à qui leur hypothèque ne donne pas l'antériorité? Je ne vois pas de différence logique à faire entre le cas où le privilégié n'ayant pas d'hypothèque est en concours avec les créanciers chirographaires, et celui où, armé d'une hypothèque, il est en présence de créanciers hypothécaires de même rang que lui. Puisqu'il a une faveur qui lui donne le pas sur ses égaux, il doit être préférable pourtant où le droit commun place l'égalité. En un mot, je crois qu'il doit y avoir ici une réunion de l'hypothèque et du privilége, bien différente d'une hypothèque privilégiée.

Et alors la loi 28 devient bien claire : l'hypothèque générale du fisc embrasse tous les biens du débiteur; sur les biens actuels elle trouve constituée une hypothèque générale antérieure qui a le premier rang. Mais sur les biens à venir, *in re postea adquisita*, si l'on admet que les deux hypothèques frappant en même temps l'objet devraient concourir d'après le droit commun, le fisc pourra se soustraire à ce concours au moyen de son privilége. *Prævenit enim causam pignoris fiscus.* Cela veut dire, car le fisc *l'emporte sur l'hypothèque;* mais il semble résulter de cette phrase que le droit du fisc n'est pas un droit d'hypothèque. — Voici, je crois, quelle a été la pensée du jurisconsulte; les deux hypothèques ayant le même rang sur les acquisitions postérieures devraient concourir; le droit hypothécaire du fisc n'est pas préférable à l'autre hypothèque. Néanmoins, le fisc, en sa qualité de fisc, c'est-à-dire de personne privilégiée, l'emportera sur l'hypothèque qui est en concours avec la sienne : *Prævenit causam pignoris fiscus.*

Et cela est en parfaite harmonie avec la loi 9 *qui pot.* Cod. ainsi conçue : « Eos, qui acceperunt pignora, cum in rem actio- » nem habeant, privilegiis omnibus quæ personalibus actionibus » competunt, præferri constat. » 293.—En effet, d'après cette loi, les créanciers hypothécaires sont préférés, à quels priviléges ? à ceux qui accompagnent les actions personnelles : or ici le fisc n'est pas réduit à une action personnelle, et son privilége, la faveur qui lui est faite, n'est pas inhérente à telle créance, mais à sa personne même. — Mais ce qu'il faut surtout remarquer, c'est le motif qui fait préférer les créanciers hypothécaires aux priviléges qui accompagnent les actions personnelles ; c'est que ces créanciers ont une action *in rem ;* mais lorsqu'une personne privilégiée a elle-même un droit *in rem,* auquel n'est pas préférable celui des autres créanciers, on voit que le motif qui sert de base à la loi 9 n'existe plus, et que le *privilegium* doit conserver son empire.

— Mais on nous oppose encore la L. 2 C. de *priv. fisci :* « Quamvis ex causa dotis vir quondam tuus tibi sit condemnatus, » tamen si priusquam res ejus tibi obligarentur, cum fisco con- » traxit, jus fisci causam tuam prævenit. Quod si post bonorum » obligationem rationibus meis cœpit esse obligatus, in ejus bona » cessat privilegium fisci. » — Cette loi, nous dit-on, s'attache uniquement à l'antériorité pour régler la préférence d'une manière générale, sans distinguer suivant l'époque de l'acquisition des biens. On voit que cette objection combat non-seulement le privilége consacré par la loi 28, mais le concours même des deux hypothèques.

Je réponds : 1° la loi 2 eût-elle la généralité qu'on lui attribue, il n'en résulterait pas nécessairement qu'elle contredit la loi 7,

§ 1. En effet, la loi 2 est un rescrit; or, il est très-possible que l'énoncé des faits établit que dans l'espèce il n'y avait pas d'acquisitions postérieures aux deux hypothèques; en sorte que le prince n'aurait pas eu à s'en préoccuper. D'ailleurs, un principe général tel que le pose la loi 2, doit être entendu du *plerumque fit*, et ne saurait prévaloir sur les textes spéciaux qui prévoient expressément un cas particulier; sur la loi 7. § 1, et sur la loi 28, sur le *in re postea adquisita*, dont nos adversaires font si bon marché. 2° La généralité que l'on veut donner à la solution de la loi 2 n'est nullement justifiée. Qu'est-ce qui prouve, en effet, que l'hypothèque de la femme embrassât les biens à venir? Lorsque l'hypothèque a cette étendue les textes l'expriment (L. 7, § 1 : *quæ habiturus sum obligaverim;* L. 21 : *Omnia bona sua, quæ habebat habiturusque esset;* L. 28 : *de jure fisci : Quæ habet habiturusque est;* L. 15, § 1, *de pignorib.: Cætera etiam bona debitoris, quæ nunc habet et quæ postea adquisierit;* L. 31, § 2, *de pignorib.*). Certes, si l'on rapproche ces textes de la loi 9, *Quæ res pign.* C., il n'est pas trop hasardé de conclure qu'au temps des jurisconsultes l'*obligatio rerum omnium debitoris* ne paraissait pas comprendre les biens à venir. Eh bien, la loi 2 ne nous dit même pas que *tous* les biens du débiteur étaient hypothéqués à sa femme : *Priusquam res mariti tibi obligarentur.* Si cette phrase est suffisante pour exprimer la généralité de l'hypothèque sur les biens présents, elle n'indique nullement que cette généralité dût s'étendre sur les biens à venir. S'il pouvait y avoir doute sur l'étendue de l'hypothèque constituée sur *res omnes debitoris*, comment admettre que les expressions de la loi 2 désignent l'hypothèque la plus générale qui pût exister? Cette conjecture est d'ailleurs contraire à la tournure de cette phrase, *priusquam res obligarentur*, qui ne permet guère de supposer que parmi ces *res quæ obligabantur*, l'auteur de la loi ait eu en vue des choses qui n'étaient pas dans le patrimoine du débiteur lors de cette constitution d'hypothèque.

Je dis donc que la loi 7, § 1, et la loi 28 prévoyant explicitement le conflit de deux hypothèques sur les biens à venir, c'est dans ces lois qu'il faut chercher la solution de cette question : il faut beaucoup de bonne volonté pour trouver des antinomies dans la loi 21, *qui p.*, et la loi 2, *de priv. fisci*, qu'on ne peut appliquer à ce cas qu'au nom d'une généralité très-problématique ; car elles n'en parlent pas, et elles avaient en vue la solution d'autres difficultés.

En résumé, la loi 28 me semble contenir, dans une intime connexité, la preuve de l'exactitude de ces deux propositions :

I. Deux hypothèques constituées sur des biens à venir, viennent sur les biens acquis postérieurement à la seconde, par concurrence et non dans l'ordre des dates.

II. Le *privilegium* du fisc fut appliqué au concours avec des créanciers hypothécaires de même rang, comme il s'appliquait dans le principe au concours avec des chirographaires.

Cela est en parfaite harmonie avec la loi 7, § 1, et ainsi la loi 28 s'explique logiquement, suivant son sens naturel, sans contrarier ni les textes ni les principes.

§ 13. — Je dois encore exposer quelques considérations qui viennent à l'appui de ces deux propositions.

I. Et d'abord : *Le privilége du fisc devint opposable aux créanciers hypothécaires de même rang.* Le fisc eut d'abord, pour la plupart de ses créances, et notamment pour ses créances contractuelles, un simple *privilegium inter personales actiones.* Cela résulte de la loi 10 *de pactis,* où Ulpien nous transmet ces mots d'un rescrit d'Antonin le Pieux (1) : » Fiscum quoque in his casi» bus, in quibus hypothecas non habet et caeteros privilegiarios, » et aussi de la loi 21 *Qui potiores,* où Scævola, qui écrivait sous Marc Aurèle (2), suppose que le fisc est convenu expressément d'une hypothèque générale. Mais cette convention, d'un usage très-fréquent à Rome (L. 15, § 1 *de pignorib.*), dut être presque toujours exigée par les agents du fisc pour mettre leur responsabilité à couvert, et devint sans doute de style dans les contrats du fisc ; en sorte qu'on en vint à la sous-entendre lorsqu'elle n'avait pas été exprimée. Cet état du droit est présenté comme bien établi dans une constitution de Caracalla, datée de 213 (L. 2, C. *in quib. causis pign.* VII, 15) : « Certum est ejus qui cum fisco contrahit, » bona veluti pignoris titulo obligari, *quamvis specialiter id non* » *exprimatur.* »

Or, à partir de ce moment, si l'on n'admet pas que le fisc ait

(1) Mort en 161. — (2) Successeur d'Antonin, mort en 180.

pu exercer son privilége à l'encontre des créanciers hypothécaires de même rang, j'ai montré que ce privilége n'avait plus aucune application; car il est clair que le fisc, mis en dehors de la masse chirographaire par son hypothèque générale, qui s'étend aux meubles comme aux immeubles, n'aura plus occasion d'invoquer son privilége contre les créanciers chirographaires. Pourtant, même après que le fisc a eu une hypothèque générale tacite, nous voyons qu'il est encore question de son *privilége :* je n'attache pas beaucoup d'importance à l'intitulé du titre 73, liv. VII, C. *de privilegio fisci,* ni aux autres textes récents où ce mot a pu être détourné de son sens technique; mais je prends un texte fondamental : le § 10, liv. V, t. 12 des *Sent. de Paul :* « Privilegium » fisci est inter omnes creditores primum locum tenere. » Il faut remarquer que les *Sentences de Paul* sont certainement postérieures à Septime Sévère (mort en 211), comme le démontre l'intitulé du tit. XXX, liv. II, *ad orationem divi Severi;* et peut-être Paul les a-t-il écrites longtemps après, car il succéda à Papinien, mort en 230. Mais cet ouvrage eût-il suivi de très-près la mort de Sévère, il est très-probable que lorsqu'il fut fait, l'hypothèque tacite du fisc pour les créances contractuelles existait déjà, puisqu'elle était bien établie en 215. D'ailleurs, Paul lui-même, dans la loi 2 *de reb. cor. qui sub tutel.,* loi tirée aussi d'un *libr. sing. ad orationem divi Severi,* suppose l'existence de cette hypothèque tacite. Enfin, la loi 2, C. *de servo pignori dato,* VII, 8, qui est de Septime Sévère, nous parle de l'hypothèque tacite générale, qu'elle qualifie de *privilegium fisci,* par opposition à une hypothèque spéciale et expresse.

Eh bien, si cette hypothèque avait ôté toute utilité au *privilegium personæ* du fisc, comprendrait-on que Paul, dans un ouvrage laconique, mais exact, comme ses *Sentences,* eût dit : « Privilegium fisci est inter omnes creditores primum locum tenere? » N'eût-il pas dit plutôt : Le privilége du fisc consiste en ce qu'il a toujours hypothèque? Ce passage de Paul prouve donc que le *privilegium fisci* a conservé une utilité propre, même après qu'on a pu dire : « Fiscus semper habet jus pignoris. » comme le dit Hermogénien, loi 10, § 1, *de jure fisci.* Ajoutons que Paul ne nous dit pas que ce *privilége* ne s'exerce qu'*inter personales actiones;* au contraire : et ces expressions, *inter omnes*

creditores, qui seraient inexactes avant l'existence de l'hypothèque tacite, s'expliquent très-bien dès qu'on sait que le privilége
ne pouvait plus servir que contre des créanciers hypothécaires de
même rang.

II. Même impossibilité de comprendre l'application du privilége du fisc après l'établissement de l'hypothèque légale pour ses
créances contractuelles, si l'on n'admet pas le concours de deux
hypothèques générales sur les acquisitions postérieures. En effet,
hors de ce cas, le concours de deux hypothèques ne pouvant pro-
venir que de leur constitution simultanée, sera chose très-rare et
tout à fait exceptionnelle. Au contraire, si l'on admet le système
du concours sur les acquisitions postérieures, le conflit entre
l'hypothèque tacite du fisc et d'autres hypothèques générales
étant assez fréquent, le privilége du fisc a conservé une utilité
habituelle, qui nous explique pourquoi nous ne voyons, par aucun texte, que le privilége du fisc ait été complétement remplacé
et rendu inutile par l'hypothèque légale. L'application de son
privilége aurait été seulement déplacée.

On nous fera peut-être cette objection : Les *privilegia* étaient
des préférences *inter personales actiones*. Si les Romains avaient
appliqué le privilége du fisc à son concours avec des créanciers
hypothécaires, cette application aurait pu se présenter avant
qu'il eût une hypothèque tacite pour les créances contractuelles ;
comment se fait-il donc qu'il n'en soit pas question plus tôt ? —
Je n'admets pas le point de départ de cette objection : je ne crois
pas qu'on puisse contester l'exactitude d'un principe ou d'une
de ses applications, par ce motif qu'on ne pourrait pas apporter
à l'appui des textes antérieurs au iiie. siècle Il suffit que les
textes où on les trouve soient concluants. — Mais il y a plus :
on comprend très-facilement que l'application que fait la loi 28
du privilége du fisc n'a pas pu être faite plus tôt. Il faut remarquer, en effet, qu'aucune des hypothèques tacites générales du
fisc ne paraît de beaucoup antérieure à la jurisprudence établie
par Papinien. (Les textes les plus anciens relatifs à ces hypothèques sont de Septime Sévère pour les créances contractuelles,
L. 11 C. *de servo pignori ;* — de Caracalla pour les impôts, et
les créances contre le primipile. L. 1, C. *in quib. causis* et L. 7,
C. *de privilegio fisci.*)

Or le privilége du fisc a été certainement créé pour le cas où il serait en concours avec les créanciers chirographaires ; et dans le principe, lorsque le fisc convenait d'une hypothèque, cette sûreté étant plus avantageuse que le privilège, on ne dut pas avoir l'idée que le privilège pût s'appliquer en même temps qu'elle. Mais lorsque le fisc eut hypothèque générale pour toutes ses créances contractuelles, il ne peut plus se trouver en conflit avec des créanciers chirographaires : dès lors on comprend que le privilège perdant complétement son utilité primitive, on ait songé à l'appliquer au cas analogue où le fisc se trouvait en concours avec d'autres créanciers à hypothèque générale, sur les biens acquis postérieurement aux deux hypothèques. — On conserva ainsi au fisc la prééminence qui lui avait été reconnue sur les créanciers qui avaient des droits égaux, c'est-à-dire sa qualité de personne privilégiée, qui sans cela se serait trouvée effacée, absorbée par son hypothèque légale.

On voit maintenant combien il est facile de répondre à l'objection tirée de ce que nous n'avons pas la constitution dont parle Ulpien. Cette constitution n'ayant pas créé une hypothèque privilégiée, mais ayant confirmé seulement une application des principes acceptée sans contestation par les jurisconsultes, cette constitution présentait un très-mince intérêt, et on comprend très-bien qu'elle n'ait pas été insérée dans le Code, alors qu'elle était déjà mentionnée dans le Digeste, où se trouvait à sa véritable place la solution elle-même. — En quoi d'ailleurs l'omission de cette constitution dans le Code peut-elle constituer de la part de Justinien un oubli des intérêts du fisc, oubli qu'on trouve assez invraisemblable pour faire douter du sens apparent de la loi 28 ? — La disposition étant écrite très-clairement dans le Digeste, sous le titre *de jure fisci*, quel avantage, quel droit nouveau le fisc eût-il retiré de l'insertion au Code de la constitution rappelée par la loi 28 ? — Aucun. L'omission au Code de la constitution dont parle la loi 28, n'a donc rien d'invraisemblable, et ne constitue nullement une dérogation aux tendances fiscales de Justinien.

Enfin, après avoir combattu toutes les objections qu'on oppose à notre système, nous pouvons en opposer une dernière aux adversaires du concours. Nous savons qu'ils ne peuvent invoquer aucune loi qui prévoie explicitement l'hypothèse, et qu'ils en arivent à faire prévaloir les textes obscurs ou équivoques sur ceux qui sont clairs. Mais il est encore un texte qu'ils ne peuvent prendre tel qu'il est; c'est la loi 8 *qui potiores :* « Si pignus *specia-* » *liter* respublica acceperit, dicendum est praeferri eam fisco de- » bere, si postea fisco debitor obligatus est, quia et privati praefe- » runtur. » Pour ceux qui appliquent dans tous les cas l'ordre des conventions, Ulpien aurait pu écrire *generaliter*, que sa solution serait exactement aussi vraie. Mais alors pourquoi a-t-il écrit *specialiter ?* Nos adversaires sont obligés de voir là un mot complétement insignifiant. Pour nous, lorsque Ulpien pose ainsi une question : « *Si pignus specialiter* acceperit, » nous pensons que la circonstance qu'exprime *specialiter* a quelque intérêt, et que ce mot n'est là que parce que la solution ne serait pas absolument applicable au cas qu'exprimerait *generaliter*. Et en effet, *specialiter* se réfère ici à l'hypothèque spéciale de biens présents, comme dans la loi 15, § 1 *de Pignorib*. Or, dans le système du concours, si l'hypothèque de la cité était une hypothèque générale des biens présents et à venir, lors même que le fisc serait postérieur, son droit frapperait d'après le droit commun les acquisitions postérieures au même moment que l'hypothèque antérieure de la cité, et alors, par l'application de son privilége, le fisc serait préféré. On comprend bien par là pourquoi Ulpien, qui, dans le liv. III de ses *Disputationes*, avait écrit la loi 28 *de jure fisci*, a soin, au liv. VII du même ouvrage (L. 8 *qui pot.*), de restreindre sa solution par le mot *specialiter*.

§ 11 A. — Nous avons dû, à propos de l'effet de l'hypothèque des biens à venir, examiner la nature de l'hypothèque tacite du fisc pour ses créances contractuelles, et nous avons reconnu que ce n'était pas une hypothèque privilégiée. Pour ne pas scinder cette matière importante, nous allons examiner à ce point de vue les autres hypothèques du fisc, bien que ces détails dussent logiquement prendre place dans notre section IV : des exceptions à la règle *prior tempore*.

§ 11 B. — Dès qu'on eut reconnu au fisc une hypothèque tacite pour ses créances contractuelles, il dut avoir hypothèque « sur les biens de ses administrateurs pour les obligations résultant de leur gestion, du moment de leur entrée en fonctions. » —

C'est une conséquence de ce que l'administration des affaires fiscales est déférée par un contrat (Voyez *Schilling*, trad. de M. Pellat, § 213, note 4.)

De là donc devait naître l'hypothèque contre le primipile, si elle n'était déjà née. Le primipile était « un employé chargé de faire rentrer les prestations en nature de denrées destinées à la subsistance de l'armée, et de les faire verser dans les magasins établis à cet effet sur les frontières. » (*Schilling*, § 213, note 5). Mais cette hypothèque jouissait d'une faveur toute particulière : elle peut s'étendre sur le bien dotal de la femme en cas d'insuffisance des biens du primipile et de ses *nominatores* : (L.4 *in quib. caus.* VIII, 15: « Satis notum est, et ratione constitutum
» bona eorum in dotem data quæ nuptæ sunt his qui primipili
» sarcinam subeunt, obnoxia necessitati ejus teneri : verum cer-
» to ordinent scilicet tunc demum ad hoc periculum mulieris pa-
» titrimonium respiciat, si universis viri ac nominatorum faculta-
» tibus exhaustis, nihil residuum invenietur. — 285. »

» Ceci est bien particulier à cette hypothèque, car la L. 2 *neuxor*
» *pro marito* IV, 12, dit : « Ob maritorum culpam uxores inquietari
» leges vetant; proinde rationalis noster si res quæ a fisco occupatæ
» sunt dominii tui esse probaveris, jus publicum sequetur.—287.»

Et sous Caracalla, l'hypothèque sur les biens du primipile était encore soumise à cette règle générale, comme l'atteste la L. 1 de *Privilegio fisci* VII, 73 : « Bona mariti tui ob reliqua adminis-
» trationis primipilariæ a fisco occupata sunt. Res quas tuas esse
» liquido probaveris, ab aliis separatæ tibi restituantur. » Son extension subsidiaire sur la dot de la femme, était bien établie au temps de Dioclétien.

Mais cette hypothèque était-elle privilégiée ? Plusieurs auteurs, notamment Schilling, § 221, l'admettent, en se fondant sur la L. 3, C. *de primipilo*, XII, 63 : « Utilitas publica præferenda est
» privatorum contractibus ; et ideo si constiterit fisco satisfactum
» esse ob causam primipili, poteris obligatam tibi possessionem do-
» tis titulo petere ut satis doti fieri possit. » Nous sommes du même avis : mais il faut ici quelques explications pour montrer en quel sens nous entendons que cette hypothèque était privilégiée.

La L. 3 de *primipilo* sur laquelle s'appuie cette opinion, ne nous paraît qu'une suite naturelle de l'idée exprimée dans la L. 4 *in quib. caus.* C. En effet, dans cette loi 4 il s'agit du cas où les biens apportés en dot par la femme sont des corps certains que le mari doit rendre en nature : si ce sont des immeubles, ils ne sont susceptibles ni d'aliénation, ni d'hypothèque, même avec le consentement de la femme. Lorsque la femme exercera l'action *rei uxoriæ* ou *ex stipulatu*, elle pourra donc reprendre ces biens nonobstant toutes aliénations, ou toutes hypothèques, spéciales ou générales, grevant le patrimoine du mari. La créance de la femme produit donc ici les mêmes effets que produirait un droit de propriété. Eh bien, d'après la L. 4, le droit du fisc l'emportera même sur ce droit de la femme, s'il n'a pas d'autre moyen de se faire payer. C'est une dérogation à la Loi *Julia*, et une application pure et simple, mais rigoureuse, de l'idée que le mari est propriétaire du fonds dotal.

Dans la L. 3 *de Primipilo*, c'est encore la femme qui est en lutte avec le fisc, et elle lui oppose non pas son droit de reprendre en nature certains biens dotaux, mais une hypothèque sur les biens du mari, c'est-à-dire que la femme n'exerce qu'une créance de quantité (soit que la dot ne consistât pas en corps certains constitués sans estimation, soit que les corps certains que le mari devait rendre, aient péri par sa faute ou aient pu être aliénés par lui). Eh bien, puisqu'on avait décidé dans la L. 3 que l'hypothèque du fisc était opposable au droit de la femme, lorsqu'il avait toute l'énergie d'un droit de propriété, on a dû, par une pente naturelle, décider que le fisc était préférable à la femme lorsque celle-ci n'avait qu'une hypothèque sur les biens de son mari.

Supposons en effet qu'un homme reçoive en dot de sa femme deux fonds, l'un sans estimation, l'autre avec estimation, et qu'il lui donne une hypothèque pour garantir la restitution de l'estimation ; puis il accepte les fonctions de primipile, et par la suite devient insolvable : n'était-il pas bizarre que la femme pût, en raison de l'antériorité de son hypothèque, primer l'hypothèque du fisc sur les biens du mari, pour obtenir le montant de l'estimation du bien vendu ; tandis que le fisc pouvait exercer son hypothèque sur le fonds non estimé, que la femme avait le droit de reprendre nonobstant les aliénations du mari ? On voit que sous l'empire de cette L. 4 *in pub. c.* qui nous semble s'être introduite à la faveur de l'idée que le mari est propriétaire de la dot, il se produisait une anomalie étrange ; on aurait pu dès lors prédire à coup sûr qu'elle ne tarderait pas à être effacée au profit du fisc.

C'est ce que démontre la L, 3 *de Primipilo*, qui, émanant de Dioclétien et Maximien, est postérieure de deux ans au moins à la L. 4 *in quibus causis.*

Cette hypothèque, devenue ainsi opposable à l'hypothèque même antérieure de la femme, dut, par une conséquence nécessaire, être préférable à tous les créanciers postérieurs à la femme, quoique antérieurs au fisc, mais non aux créanciers antérieurs à la femme. Elle cessait complétement d'être privilégiée lorsqu'elle n'était pas en présence d'une hypothèque de la femme pour la restitution de sa dot. On voit aussi par là que les sûretés accordées à la créance de la femme ont dû profiter à l'hypothèque du fisc contre le primipile. Nous reviendrons sur ce point dans la section IV.

Quant à expliquer la L. 3 *de Primipilo* par l'antériorité du fisc, outre qu'il n'en est pas question dans la loi, c'est un procédé tout à fait en désaccord avec le motif de la décision : *Utilitas publica præferenda est privatorum contractibus, et ideo.....* Cette phrase n'a plus de sens si le fisc n'est préféré qu'à raison de son antériorité, et il n'est pas croyable qu'il s'appuie sur un privilége toujours odieux, alors qu'il pourrait invoquer le droit commun.

§ 11. C. —*Hypothèques tacites du fisc pour les contributions.* Il ne faut pas confondre ici deux hypothèques tacites bien différentes.

I. L'une consiste dans l'affectation spéciale de tout fonds au paiement des termes arriérés de l'impôt foncier, en vertu d'un rescrit d'Antonin (Marc-Aurèle) et Vérus (*divi fratres*) (1), L. 7 *de publicanis*, 39, IV : « Imperatores Antoninus et Verus rescrip-
» serunt in vectigalibus ipsa prædia, non personas conveniri ; et
» ideo possessores etiam temporis præteriti vectigal solvere de-
» bere ; eoque exemplo actionem, si ignoraverint, habituros. »

Papinien, L. 5, § 2 *de Censibus*, 50, IV, appelle ce droit du fisc *jus pignoris*; et il nous dit, L. 36 *de Jure fisci*, 49, XIV : « Præ-
» diis a fisco distractis, præteriti temporis tributum eorumdem
» prædiorum emptorem spectare placuit. »—Ce droit de gage spécial constitue donc une hypothèque privilégiée, et la plus énergique qu'on puisse imaginer, puisqu'elle n'est pas purgée par la

______

(1) Successeurs d'Antonin le Pieux. Vérus mourut le premier en 172.

vente du fonds affecté, que ferait, à raison d'une autre hypothèque, le créancier privilégié lui-même.

II. Le fisc avait aussi pour les contributions une hypothèque
tacite générale : L. 1 *in quib. c. pign.*, C. VIII, 15 : « Universa
» bona eorum qui censentur, vice pignorum tributis obligata
» sunt. » Rien n'indique que cette hypothèque soit privilégiée;
et la L. 1 *Si propter public. pensit.* C. IV, 46, qui dit : «Potior est
» causa tributorum quibus priore loco omnia bona cessantis obli-
» gata sunt, » suppose bien le fisc antérieur.

§ 11 *bis.* — Cette loi est de Caracalla. Dans l'espèce, les créanciers hypothécaires du débiteur voulaient évincer l'acheteur du
fisc; et pour repousser leur prétention, la loi s'appuie sur ce que
l'hypothèque tacite du fisc, à raison des impôts, était antérieure.
Cette loi nous autorise donc à croire qu'au temps de Caracalla les
autres créanciers eussent triomphé s'ils avaient été antérieurs.
Cela mérite d'être remarqué, parce qu'on est arrivé plus tard à
décider que la vente faite sur la poursuite du fisc purgeait les
hypothèques, même antérieures, des créanciers qui ne s'étaient
pas opposés à la vente. Il est curieux de suivre la marche de cette
règle : inconnue sous Caracalla, elle se présente sous Dioclétien,
mais d'abord timidement, et subordonnée à l'appréciation d'une
foule de circonstances : L. 6 de *Remissione pignoris*, C. VIII, 26 :
« Si eo tempore quo praedium distrahebatur, *programmate admo-*
» *niti creditores, cum praesentes essent*, jus suum executi non sunt,
» *possunt videri* obligationem pignoris amisisse. 280. » - Il est vrai
que ce texte ne dit pas expressément que la chose était vendue
par le fisc, mais cela me paraît résulter clairement de ces mots
programmate admoniti, qui montrent bien qu'il ne s'agit pas ici
d'une hypothèque conventionnelle ordinaire, puisque, dans ce
cas, le créancier pouvait vendre à l'amiable, sans formalités. Ces
mots, *programmate admoniti*, peuvent, il est vrai, se référer à la
vente faite en vertu d'une *pignoris capio;* mais on sait que ce
mode d'exécution avait été introduit précisément pour les créances du fisc, et il me paraît probable que pour toutes les hypothèques le fisc observait dans la vente des choses engagées des formalités analogues à celles qui étaient prescrites pour le *pignus in
causa judicati captum.* La L. 8 nous apprend en effet que les
gages du fisc étaient vendus à l'encan.

Cette faveur, que la loi 6 propose comme possible en certains cas, n'a pas tardé à devenir constante. En 290, une constitution du même empereur (L. 8, *ibid.*) dit : « Si hypothecas fisco dis- » trahente, creditores silentio tradiderunt negotium, *palam est ac- » tionem suam amisisse, quam in rem habebant; nam fiscalis hastæ* » *fides facile convelli non debet.* » — On voit quel pas a été fait. En 286, les créanciers pouvaient être forclos en certains cas, lorsque plusieurs circonstances attestaient qu'ils avaient été avertis. En 290, on n'admettra pas facilement que la vente faite par le fisc puisse tomber. — Voy. aussi *Inst. de usu cap.* § 19.

Remarquez que bien que, ces lois soient placées sous le titre *de remissione pignoris*, elles disent que les créanciers ont *perdu* leur droit (*amisisse*). Et la loi 8 montre clairement qu'on se fonde sur des motifs d'intérêt public, bien plus que sur l'abandon présumé que ces créanciers feraient de leur droit. Car, d'après la loi 8, § 15, *quibus modis pign.* 20, VI, cet abandon n'est pas présumé par cela seul que le créancier a connu la vente.

Cette loi 8 *de remissione* confirme cette idée, qu'en général les hypothèques du fisc, et notamment son hypothèque pour les créances contractuelles, n'étaient pas privilégiées. En effet, l'intérêt qui a dicté cette loi 8, prouve que le fisc se trouvait souvent en présence de créanciers qui lui étaient préférables, ce qui ne serait presque jamais arrivé, surtout au temps de Dioclétien, où la plupart des autres hypothèques privilégiées n'existaient pas encore, s'il avait eu des hypothèques générales privilégiées.

L'effet que cette loi 8 donne à la vente faite par le fisc, ne constitue pas pour lui un privilége proprement dit : on prescrit seulement aux autres créanciers un certain terme pour faire valoir leurs droits. Ils peuvent les exercer dans leur intégrité, s'ils sont diligents. La faveur faite au fisc peut se justifier, et par l'intérêt public, et par cette considération que la vente faite sur la poursuite du fisc recevait une publicité qui pouvait avertir les autres créanciers (*programma*, affiche).

§ 15. *Hypothèque de la chose d'autrui.* — Il y a sur ce point à examiner deux questions : 1° L'hypothèque consentie sur la chose d'autrui peut-elle avoir quelque efficacité ? 2° Si une pareille hypothèque a été consentie à plusieurs créanciers, quel sera l'ordre ?

Il faut distinguer plusieurs hypothèses :

A. *Hypothèque d'une chose due*. — Si le constituant était créancier de la chose, il paraît bien résulter de la loi 3, § 1, qu'on observera l'ordre des dates entre les créanciers hypothécaires, tant antérieurs que postérieurs à l'acquisition de la chose par le débiteur. Mais ce n'est pas là, à proprement parler, l'hypothèque de la chose d'autrui, comme nous l'indique la loi 1 *pr. pignorib.* qui a soin de séparer ces deux hypothèses (*In speciem alienæ rei collata conventione, si non fuit ei, qui pignus debat, debita*). On peut dire que ce que le débiteur a hypothéqué ici, c'est la créance qu'il avait : l'hypothèque des créances était admise par les Romains, et résultait même de la convention d'hypothèque générale de tous les biens du débiteur (L. 18, *pr. de pigneratitia* 13, VII ; L. 1, C. *quæ res pign.* 8, 17).

Mais *quid* si le débiteur a hypothéqué une chose sur laquelle il n'avait aucun droit?

B. — S'il a ajouté cette condition : *si mea facta sit*, l'hypothèque est valable, loi 16, § 7, *de pignorib.* Mais quels en sont les effets?

Ici encore, bien que la chose sur laquelle doit porter l'hypothèque n'appartienne pas actuellement au constituant, ce n'est pas réellement l'hypothèque de la chose d'autrui. En effet, cette circonstance que la chose n'appartient pas au constituant a préoccupé les parties; elles ont su et exprimé que l'hypothèque ne pouvait pas actuellement grever la chose; mais elles ont voulu que si la chose était jamais acquise par le débiteur elle fût affectée à la sûreté du créancier. Elles ont envisagé la chose comme faisant partie, dans l'avenir, du patrimoine du constituant. En un mot, les parties font ici pour un objet déterminé ce qui se fait d'une manière générale quand un débiteur hypothèque *omnia quæ habiturus est*. Je crois donc que l'hypothèque de la chose d'autrui sous la condition *si debitoris facta sit*, peut être appelée très-exactement *hypothèque spéciale d'un bien à venir*, et doit rationnellement se régir par les mêmes règles que l'hypothèque générale des biens à venir (Schilling, § 210, note 15). Cette assimilation nous paraît justifiée par la loi 7, § 1, *qui pot.* qui fait concourir ces deux hypothèques, l'une spéciale, l'autre générale, sur le bien acquis plus tard par le débiteur. Ce système du concours reçoit, suivant nous, quant au conflit de deux hypothèques générales, une confirmation éclatante de la loi 28 *de jure fisci*, qui trouve dans ce système une interprétation parfaitement conforme à son sens apparent, et en harmonie avec les principes.

Une fois le système du concours admis pour les hypothèques générales, la loi 7, § 1, nous oblige invinciblement à l'appliquer au conflit de deux hypothèques spéciales d'un bien à venir. Car, si l'hypothèque générale ne prend rang sur un bien à venir qu'au moment de son acquisition, il est indispensable que la même règle s'applique à l'hypothèque spéciale, pour que l'hypothèque générale puisse concourir avec elle, comme le suppose la loi 7, § 1. En effet, que l'on suppose l'hypothèque spéciale antérieure, concomitante, ou postérieure à l'hypothèque générale, celle-ci ne devant prendre rang qu'au moment de l'acquisition, si l'hypothèque spéciale devait, elle, prendre rang à sa date, elle serait nécessairement préférable à l'hypothèque générale, et ne pourrait en aucun cas concourir avec elle.

C. — Si l'hypothèque a été constituée sur la chose d'autrui purement et simplement, alors seulement il y a à proprement parler hypothèque de la chose d'autrui, hypothèque consentie *a non domino*. La loi 14 donne dans ce cas la préférence au premier en date, en supposant des hypothèques constituées par le même *non dominus*.

Voyons bien sur quoi se fonde cette décision : ce que les parties voulaient faire ici, c'était créer une hypothèque actuelle, immédiate sur la chose. Mais cette chose n'appartient pas au constituant; l'hypothèque n'est donc pas valable. Il peut cependant arriver que le créancier exerce son hypothèque sur cette chose. Il en sera ainsi : 1º si le propriétaire ne se présente pas; l'erreur continuant, tout se passe alors comme si la chose appartenait au constituant, sauf que le créancier hypothécaire ou son acheteur pourra être évincé par le propriétaire, à moins qu'il n'ait prescrit; 2º il se peut que le véritable propriétaire ratifie les hypothèques consenties par un tiers sur sa chose; ou enfin 3º que le débiteur qui a constitué des hypothèques sur la chose d'autrui en devienne propriétaire.

Au premier cas, rien de particulier à dire; la chose a été traitée comme si elle appartenait au débiteur.

2me cas : *Le propriétaire ratifie* (L. 20 *de pignerat.*) : « Alie-
» na res pignori dari voluntate domini potest. Sed et si igno-
» rante eo data sit, et ratum habuerit, pignus valebit. » Ainsi la ratification du propriétaire valide le gage consenti sur sa chose par
un tiers. Mais à quel moment cette hypothèque prendra-t-elle
date? La loi 16, § 1 *de pignorib.*, répond : « Si nesciente domino
» res ejus hypothecæ data sit, deinde postea dominus ratum ha-
» buerit, *dicendum est, hoc ipsum, quod ratum habet, voluisse eum*
» *retro recurrere ratihabitionem ad illud tempus quo convenit.* Vo-
» luntas autem fere eorum demum servabitur qui et pignori dare
» possunt. » Ainsi on présume que la volonté du propriétaire en
ratifiant est de faire remonter l'hypothèque à l'époque de la convention : si donc il y a plusieurs hypothèques consenties par le
débiteur et ratifiées par le propriétaire, elles viendront chacune
à leur date.

Sur cet effet rétroactif de la ratification, il faut remarquer :
1° qu'il est fondé sur une présomption de volonté, et qu'il s'évanouirait devant l'expression de la volonté contraire. En effet, le
propriétaire n'est nullement obligé de ratifier les hypothèques
consenties sur sa chose : il peut en ratifier une seule, et la dernière s'il le veut. A plus forte raison pourrait-il en les ratifiant
leur donner un ordre autre que celui de leurs dates.

2° Lors même que cet effet rétroactif n'a pas été écarté par la
volonté du ratifiant, il ne saurait être absolu : supposons en effet
une hypothèque consentie par Paul sur ma chose le 1er janvier, à
Primus; le 1er février, je constitue une hypothèque à Titius sur
cette chose, et le 1er mars je veux ratifier l'hypothèque consentie
par Paul : est-ce que l'intention, présumée chez moi, de faire
rétroagir ma ratification *ad illud tempus quo convenit* peut avoir
pour effet de faire passer l'hypothèque consentie par Paul le
1er janvier avant celle que j'ai moi-même constituée le 1er février?
Evidemment non : ma ratification ne peut établir un droit sur
ma chose qu'autant que je pourrais le constituer moi-même au
moment où je ratifie et dans la même mesure. C'est là une application de l'idée exprimée par la loi 16, § 1 : « Voluntas autem fere
» eorum demum servabitur, qui et pignori dare possunt. » Mais
supposons maintenant que le 15 janvier Paul eût constitué une
seconde hypothèque à Secundus sur ma chose; et que le 1er mars

je ratifie purement et simplement les hypothèques de Primus et de Secundus : elles seront toutes les deux primées par celle constituée par moi à Titius ; l'effet de ma ratification n'est donc pas de reporter réellement la validité de l'hypothèque au moment de la convention. Néanmoins les hypothèques de Primus et de Secundus seront validées dans l'ordre de leurs dates : c'est le véritable sens de cette proposition que, par cela seul que le propriétaire ratifie, *vult retro recurrere ratihabitionem ad illud tempus quo convenit*, car ce n'est là qu'une présomption de volonté, une question d'intention. Qu'est-ce en effet que la ratification? C'est l'approbation de ce qui a été fait, et la volonté d'y donner effet, manifestée par celui de qui dépend l'exécution de l'acte ratifié. Lors donc que je ratifie les deux hypothèques constituées par Paul, je témoigne la volonté de donner autant que possible à ces deux conventions l'effet qu'elles devaient avoir en supposant Paul propriétaire : c'est-à-dire que le droit de Primus ne pouvait plus être diminué par les actes postérieurs de Paul. Puisque ma ratification n'est autre chose que la volonté d'exécuter les conventions faites par Paul avec Primus et Secundus, elle doit avoir pour effet de faire préférer Primus à Secundus, si je n'ai pas témoigné d'intention contraire. On voit que, pour que cet effet se produise, il n'est nullement nécessaire que la validité des hypothèques ratifiées remonte réellement à l'époque de chaque convention; et dès lors, bien que ce résultat fût impossible, parce que le propriétaire aurait depuis cette époque consenti des hypothèques qui ne pourraient être primées par l'effet de ratifications postérieures, pas plus que par de nouvelles constitutions; une ratification pure et simple ne conserverait pas moins l'ordre des dates entre les hypothèques consenties par un *non dominus*. Il n'y a donc pas là un véritable effet rétroactif.

3ᵉ cas : *Le débiteur qui a constitué des hypothèques sur la chose d'autrui, en devient propriétaire :* Paul, L. 41 *de pignerat.* dit : « Rem alienam pignori dedisti, deinde dominus rei ejus esse » cœpisti : datur utilis actio pigneratitia creditori. » Voy. aussi L. 6 C. *si aliena res* 8, 16. Remarquez qu'ici il n'est pas besoin d'une ratification expresse : par cela seul que le constituant devient propriétaire de la chose, il doit ratifier les hypothèques qu'il a constituées. Car l'hypothèque de la chose d'autrui fait

naître contre celui qui la consent l'action *pigneratitia* contraire
(L. 6, C. *si aliena res pign.*) : que peut demander le créancier par
cette action ? L'indemnité du préjudice que lui cause la nullité
de l'hypothèque ; or si la chose est entrée dans les biens du constituant, en sorte que l'exercice du droit d'hypothèque soit possible, l'indemnité que peut exiger le créancier est exactement
représentée par la ratification. Et comme le débiteur ne peut se
refuser honnêtement à cette ratification, le droit prétorien donne
au créancier l'action utile, c'est-à-dire, qu'au fond le débiteur
est traité exactement comme s'il avait ratifié. C'est une ratification légale. Or nous savons l'effet de la ratification : elle valide
l'hypothèque à sa date ; non pas en lui donnant réellement cette
date : à l'égard des tiers qui ont des droits valablement acquis
sur la chose, le principe est que la ratification ne peut avoir d'autres effets que ceux d'une constitution nouvelle. Mais les hypothèques ratifiées remontent fictivement à leurs dates respectives,
en ce sens qu'elles auront entre elles l'ordre de ces dates : car la
ratification doit donner aux conventions l'effet qu'elles étaient destinées à produire. Ce respect des conventions est présumé même
chez le propriétaire qui ratifie des hypothèques constituées par
autrui ; mais il est facultatif chez lui, comme la ratification elle-
même. — Au contraire il est obligatoire pour le débiteur qui devenu propriétaire ratifierait les hypothèques qu'il a consenties sur
la chose d'autrui. Il est lié non-seulement par les conventions,
mais par l'ordre de ces conventions ; et de même qu'il n'est pas
libre de ne pas ratifier ces hypothèques, il ne l'est pas davantage
de les ratifier dans un autre ordre. L'action hypothécaire utile
qu'on donne ici aux créanciers leur sera donc toujours donnée
dans l'ordre des dates ; car cette action utile n'est que l'exécution
forcée de l'obligation de ratifier qui incombe au débiteur. Elle
a pour fondement l'action *pigneratitia* contraire par laquelle le
créancier pourrait demander une indemnité au débiteur à défaut
de validité de l'hypothèque. Or il est bien certain que cette action
personnelle étant intentée par le créancier Secundus, il devrait
tenir compte pour l'appréciation de son préjudice de ce que si
la chose avait appartenu au débiteur, l'hypothèque qui lui a été
consentie ne serait venue qu'après celle de Primus. Il est évident du reste que l'ordre des conventions est ici le seul compa-

tible avec l'équité, qui est, d'après la loi **5** *si aliena res* , C., le fondement de cette action hypothécaire utile. — Du moment donc que le constituant devient propriétaire, toutes les hypothèques qu'il avaient consenties sur la chose d'autrui grèvent cette chose dans l'ordre de leurs dates : et celles qu'il constituerait depuis qu'il est propriétaire seront forcément postérieures.

Je pense qu'on voit bien maintenant la profonde différence qui sépare l'hypothèque de la chose d'autrui, de celle d'un bien à venir (hypothèque générale, ou hypothèque d'une chose *si débitoris facta sit*).

§ 16. — Comparons ces deux cas :

I. Les hypothèques constituées sur la chose d'autrui peuvent devenir efficaces *ex post-facto*. Alors on observe entre elles l'ordre des dates. Pourquoi? C'est par application des principes de la ratification ; mais cet effet de la ratification n'est pas réellement un effet rétroactif. Il en résulte que l'ordre des dates sera respecté lors même que les hypothèques ratifiées ne pourraient pas réellement remonter à la date des conventions, par exemple, parce que voulant ratifier le 1er mars les hypothèques consenties sur ma chose par Paul à Primus et à Secundus le 1er et le 15 janvier, j'aurais moi-même constitué le 1er février une hypothèque sur la même chose ; bien plus, lors même qu'au 1er et au 15 janvier je n'aurais pas pu constituer d'hypothèques sur la chose, par exemple, parce que je n'en étais pas encore propriétaire ; il suffit que je sois propriétaire au moment même où je ratifie, puisque la ratification ne fait pas réellement remonter la validité de l'hypothèque à une époque antérieure. En un mot, la prétendue rétroactivité de la ratification est purement relative au rang des hypothèques ratifiées entre elles.

II. Ces principes sont évidemment inapplicables à l'hypothèque d'un bien à venir ; j'ai montré qu'en droit romain, pour appliquer au conflit de plusieurs de ces hypothèques sur les acquisitions postérieures, l'ordre des conventions, on ne pouvait s'appuyer que sur le principe de la rétroactivité de la condition. Or cet effet de la condition n'est pas susceptible de plus ou de moins : il est ou il n'est pas. Lorsqu'il se produit, il a pour effet de placer réellement l'existence du droit à une époque antérieure à l'évé-

nement de la condition. C'est ainsi qu'une hypothèque constituée
sans condition primera celles constituées depuis purement et
simplement, même avant l'arrivée de la condition. Mais il est clair
que pour que la condition rétroagisse à une époque antérieure,
pour que le droit ait commencé à exister à cette époque, il est indispensable que, dès cette époque, les conditions constitutives du
droit fussent réunies. Sans cela l'effet rétroactif est impossible,
et on ne peut lui attribuer aucunes conséquences, même relatives. *Quod non est, nullum potest producere effectum.*

Appliquons cette idée à notre question : j'ai hypothéqué la
chose d'autrui *si mea facta sit*, le 1er janvier à Primus, le 15 à
Secundus et le 30 j'acquiers la chose ; eh bien ! pour décider en
droit romain, que ces deux hypothèques viendront dans l'ordre
des dates, vous êtes obligés de dire : Ces deux hypothèques étaient
soumises à une condition qui a eu un effet rétroactif. Si cela est
vrai, cela veut dire ceci, que l'arrivée de la condition a placé au
1er janvier le commencement de l'existence réelle de l'hypothèque
de Primus, et au 15 janvier la naissance du droit de Secundus.
Mais cela est impossible, puisque, le 15 pas plus que le 1er, le
constituant n'était propriétaire de la chose. La rétroactivité de la
condition n'existant pas, la conséquence qu'on en tire, quant à
l'ordre des hypothèques, s'évanouit, et c'est sur d'autres principes qu'il faudrait appuyer ici la règle *Prior tempore potior
jure.*

On voit par là que dans la question de savoir comment se
règle le conflit de plusieurs hypothèques sur des biens à venir, il
ne faut pas argumenter, comme on le fait souvent, des textes qui
parlent de l'effet des hypothèques constituées *a non domino*,
comme la L. 9, § 3. Cette hypothèse est régie en effet par des
principes inapplicables à l'hypothèque des biens à venir.

§ 17. — Les personnes qui assimilent ces deux cas, nous ob-
jecteront peut-être ceci : La loi 16, § 7, dit : « Aliena res *utiliter*
» potest obligari sub conditione, si debitoris facta it. » — Or vous
admettez que cette hypothèque valablement constituée, pourra subir le concours de toutes celles que voudra constituer le débiteur
avant l'acquisition de la chose. Au contraire, celui qui aura reçu
purement et simplement hypothèque sur la chose d'autrui, se
trouvera, si le débiteur acquiert la chose, avoir acquis un droit

qui n'a plus pu êtrediminué par les actes postérieurs du débiteur. N'est-il pas bizarre que celui dont l'hypothèque était nulle dans le principe, soit ainsi traité plus favorablement que celui qui avait acquis une hypothèque valable sur une chose qui n'appartenait pas encore au débiteur?

Je réponds : I. Si l'on envisage les deux hypothèses séparément, la différence des résultats s'explique tout naturellement par la différence des principes applicables. Le créancier à qui je donne hypothèque sur une chose *si mea facta sit*, celui-là se contente d'une sûreté bien éventuelle, bien incertaine. Je puis laisser à jamais son droit dans le néant, en évitant d'acquérir cette chose. Il ne peut y avoir désappointement de sa part. Je ne vois dès lors rien d'étonnant à ce qu'on admît qu'il pouvait subir le concours de ceux qui auraient reçu depuis une semblable hypothèque. — Que si l'on compare à ce créancier, celui qui a reçu hypothèque sur la chose d'autrui, cette chose étant plus tard acquise par son débiteur, on ne peut pas dire que l'un est traité plus favorablement tant qu'ils exercent leurs droits isolément, et qu'ils ne sont pas en conflit sur la même chose.

II. Mais *quid* si ce conflit existe? — C'est alors qu'il importe de se rappeler que l'action utile, qui fait valoir l'hypothèque de la chose d'autrui, est fondée sur une ratification supposée intervenue au moment même où le bien entre dans le patrimoine du débiteur. Il faut donc appliquer à cette action hypothécaire les principes de la ratification. Or la loi 16, § 1 *de pignorib.* dit : « Vo- » luntas eorum servabitur qui et pignori dare possunt. » Dans ces mots il y a deux idées. 1° Celui-là seul peut ratifier qui pourrait constituer une hypothèque. 2° La ratification par le propriétaire de l'hypothèque consentie par autrui ne peut avoir, vis-à-vis des tiers qui ont des droits sur la chose, d'autres effets que ceux d'une constitution nouvelle.

Si donc nous supposons que j'aie hypothéqué à Titius une chose *si mea facta sit*, que, avant ou après, j'aie hypothéqué purement et simplement à Seius cette même chose dont je n'étais pas propriétaire, et qu'ensuite j'en acquière la propriété, comment se réglera le conflit entre Titius et Seius? — Titius avait, à partir de la convention, un droit valablement acquis, à ce que la chose lui fût affectée si elle devenait la propriété du débiteur : sans doute celui-ci pouvait (dans notre opinion) lui faire subir le concours de créanciers postérieurs, soit en hypothéquant la même chose sous la même condition, soit en constituant des hypothèques générales , mais il ne pouvait, par aucun acte postérieur, donner à un créancier une hypothèque qui primât celle de Titius.

Il est donc bien certain d'abord que, par son action utile, Seïus ne pourra pas primer Titius. — Pourra-t-il concourir avec lui ?

Il est bien vrai que le débiteur aurait pu conférer ce droit à Seïus, même après l'hypothèque de Titius, et on est tenté de croire, au premier abord, que la ratification légale qui s'opère au profit de Seïus, doit avoir ce résultat ; parce que étant censée s'opérer au moment même de l'acquisition de la chose, elle ne paraît pas postérieure à la naissance de l'hypothèque de Titius.

Mais je crois que cette solution serait fausse : l'action utile donnée à Seïus n'est que l'exécution forcée de l'obligation de ratifier du débiteur devenu propriétaire. Eh bien, je suppose que le débiteur fasse ce qu'il doit faire, et que, dès qu'il a acquis la chose, son premier acte soit de ratifier l'hypothèque qu'il avait consentie à Seïus, c'est-à-dire de lui en constituer une nouvelle pour lui tenir lieu de celle-là ; Seïus aura alors l'action directe, absolument comme dans le cas de la loi 20 *de Pigneratitia*. Or, il est bien clair que cette ratification, si prompte qu'elle soit, laissera toujours le premier rang à Titius, dont l'hypothèque a grevé la chose de plein droit, au moment même de son acquisition par le débiteur. Dès lors l'action utile, qui n'est donnée que pour vaincre le refus du propriétaire et suppléer à sa ratification, ne peut pas avoir des effets plus étendus.

Remarquons que cette ratification n'est, de la part du débiteur devenu propriétaire, que l'exécution, en temps qu'elle est possible, de la convention faite avec Seïus. Je crois donc que Seïus peut toujours exiger cette ratification, c'est-à-dire obtenir l'action hypothécaire utile, sur le refus du débiteur. Mais le créancier ne sera pas toujours obligé de se contenter de cette action utile ; en effet, si la convention de Seïus était antérieure à celle de Titius, on voit que la ratification ou l'action utile ne met pas Seïus au même état que si, au moment où avait été consentie son hypothèque, le débiteur avait été propriétaire ; car, dans ce cas, il aurait primé Titius, qui le primera nonobstant la ratification. Ainsi l'action hypothécaire utile ne peut pas ici indemniser complètement Seïus; il pourra donc ne pas s'en contenter et agir par l'action personnelle *pigneratitia contraria*.

§ 18. — Après avoir exposé quels nous paraissent devoir être les effets de l'hypothèque de la chose d'autrui, validée après coup par l'acquisition de la chose au constituant, il nous reste à examiner si cette acquisition postérieure validera l'hypothèque dans tous les cas indistinctement.

Sur ce point, deux questions :

Première question : *La mauvaise foi du créancier, qui a su que la chose était à autrui, est-elle un obstacle à la confirmation du gage?* L'affirmative est soutenue par Noodt, Pothier, Cujas et M. Machelard (1); la négative par Corvinus, Voët, Merlin et M. Troplong.

Interrogeons les textes :

L. 1 *de Pignorib.* (Papinien) : « ... In speciem alienæ rei col» lata conventione, si non fuit ei, qui pignus dabat, debita, postea » debitori dominio quæsito, difficilius creditori, qui non ignoravit » alienam, utilis actio dabitur; sed facilior erit possidenti retentio.»

On a beaucoup discuté sur la portée de ces mots : *difficilius, facilior.* Je crois qu'on a voulu trouver un sens trop précis à ces comparatifs, et que le texte est assez clair, si on lui conserve sa tournure un peu vague, comme l'a fait M. Pellat dans sa traduction : « On accordera difficilement une action utile au créancier » qui n'a pas ignoré que la chose était à autrui; mais il aura plus » facilement la rétention s'il possède. » Au premier aspect, voici la situation : ces deux hommes sont tous les deux de mauvaise foi; le créancier a accepté hypothèque sur une chose qu'il savait à autrui, peut-être dans la pensée peu louable qu'il parviendrait à la vendre sans garantie (L. 10 et L. 12, § 1 *de distractione pign.*), avant que le propriétaire réclamât. Le débiteur, qu'il ait su ou non qu'il n'était pas propriétaire, fait preuve de mauvaise foi, lorsqu'ayant acquis la chose, il refuse de ratifier l'hypothèque qu'il a consentie. Dès lors l'idée dominante, c'est qu'il faut laisser la possession là où elle est. Pourtant l'expression vague *difficilius* annonce que Papinien ne refuserait pas toujours au créancier l'action utile. C'est qu'en effet la mauvaise foi du débiteur, qui

____

(1) Textes commentés, 1855-1856, p. 114.

refuse d'exécuter quand il le peut la convention qu'il a consentie, est toujours odieuse ; au contraire, le créancier a pu accepter une hypothèque sur une chose qu'il savait à autrui, sans aucune intention déloyale ; il savait peut-être ou croyait que le débiteur acquerrait cette chose, et cette idée a pu être confirmée chez lui par l'offre que lui a faite le débiteur d'une hypothèque. Il y a donc tels cas où le créancier qui a su que la chose était à autrui inspirera de l'intérêt ; lui refuser dans tous les cas l'action utile, ce serait souvent offrir une prime à la mauvaise foi du débiteur.

Mais alors il semblerait naturel que le créancier qui est en possession eût toujours la rétention : pourquoi donc ici encore cette expression vague, *facilior ?* Je crois bien que vis-à-vis du débiteur, le créancier en possession aura toujours la rétention. La loi 7, § 2 *de Soto Maced.*, donne sans distinction l'exception de dol au créancier contre le débiteur qui revendiquerait. Même décision dans la loi 17 *de Fundo dotali*, au cas de vente de la chose d'autrui. Mais, quoique Papinien ne paraisse traiter que des rapports du créancier et du débiteur, il a eu sans doute en vue un autre cas où le créancier pourrait se voir enlever la possession, parce qu'il aurait su que la chose qu'on lui engageait n'était pas au débiteur : de sorte que Papinien aura évité de formuler sa solution d'une manière absolue. Et, en effet, il me paraît très-plausible d'admettre que, si le créancier de mauvaise foi étant en possession se trouvait en présence d'un autre créancier qui aurait reçu de bonne foi hypothèque du même *non dominus* devenu depuis propriétaire, le créancier de bonne foi devrait l'emporter, quoique postérieur. Cette solution est conforme à ce principe, que la possession de la chose est sans influence sur la priorité entre les créanciers, lorsqu'ils tiennent leurs droits de la même personne (L. 14), à moins que leur situation ne soit égale (L. 20, § 1 *de Pignerat.*; L. 10; L. 16, § 8 *de Pignorib.*). Or, ici, la mauvaise foi de l'un et la bonne foi de l'autre constituent une inégalité de condition qui me paraît devoir exclure l'application du *privilegium possessionis.*

Les autres textes relatifs à l'hypothèque de la chose d'autrui ne mentionnent pas la distinction que fait Papinien au cas où le créancier a été de mauvaise foi ; est-ce à dire qu'ils y soient contraires? — Je ne vois sur ce point aucune antinomie entre les textes : car Papinien ne refuse pas absolument l'action utile au créancier de mauvaise foi, et les autres textes, si absolus qu'ils paraissent, sont dominés par cette idée que l'action utile ne sera donnée que conformément à l'équité (L. 41, *de Pignerat.* : « Im-» *probe* resistit quominus utilis actio moveatur; » et L. 5, C. *Si aliena res*, 8, 16): « Cum res quæ necdum in bonis debitoris est, » pignori data ab eo, postea in bonis ejus esse incipiat; ordina-» riam quidem actionem super pignore non competere manifes-» tum est: *sed tamen æquitatem facere, ut facile utilis persecutio* » *exemplo pigneratitiæ detur.* »

Du reste nous avons un puissant argument d'analogie dans ce qui a lieu en cas de vente de la chose d'autrui, suivant Papinien lui-même (L. 42, *de Usurp.* 41, 3). « Cum vir prædium dotale » vendidit *scienti vel ignoranti* rem dotis esse, venditio non valet; » quam, defuncta postea muliere in matrimonio, confirmari con-» venit, si tota dos lucro mariti cessit. » Il est vrai qu'on a contesté l'analogie, parce que, a-t-on dit, la convention d'hypothèque produit un droit réel, au lieu que la vente ne produit que des obligations. Mais il est bien certain que malgré ces expressions *venditio non valet* et *confirmari convenit*, ce n'est pas la validité de la vente comme contrat productif d'obligations qui faisait question ici. Il s'agit, comme au cas d'hypothèque, d'une question de droit réel; c'est-à-dire que si le mari avait livré, lorsqu'en-suite il est devenu propriétaire, cette propriété a été acquise à l'acheteur, qui ne pourra plus se voir enlever la chose, sauf à se faire indemniser par le vendeur (L. 17, *de Fundo dotali*); si la tradition n'avait pas eu lieu, *confirmatur venditio*, cela veut dire que le vendeur ayant acquis la propriété, l'acheteur peut exiger qu'il la lui transfère, et le vendeur ne peut pas s'y refuser en lui offrant indemnité, sous prétexte que la vente est nulle. Sans doute ce fait que la convention d'hypothèque est par elle-même créatrice d'un droit réel, n'est pas sans influence sur la solution, mais il ne faut pas exagérer cette influence, et je ne puis pas y reconnaître le fondement d'une distinction absolue à faire entre le cas où le créancier a ignoré et celui où il a su que la chose était à autrui. Voici, à mon sens, l'idée qui doit servir de guide : C'est que l'action hypothécaire utile, ou la confirmation du droit de l'acheteur ont pour base une obligation du constituant ou du vendeur. Dès lors, voici la différence entre les deux cas : comme la vente oblige toujours le vendeur à transférer à l'acheteur tout le droit qu'il a sur la chose, l'acquisition qu'il fera de la propriété confirmera dans tous les cas le droit de l'acheteur (L. 42 *de Usurp.*). Dans la convention d'hypothèque le but est de constituer un droit réel ; ce but ne peut être atteint si la chose n'appartient pas au constituant, mais celui-ci est toujours obligé d'indemniser le créancier du préjudice que lui cause ce fait que la chose est à autrui. Or, le constituant étant devenu propriétaire, cette obligation sera de ratifier, et par conséquent donnera lieu à l'action hypothécaire utile, *toutes les fois que le créancier ayant pu compter que la chose lui serait hypothéquée, trouvera dans la ratification seule une exacte indemnité.*

Cela arrivera : 1° si le créancier a cru que la chose était au débiteur ; 2° même s'il a su qu'elle était à autrui, lorsque sachant que le débiteur allait l'acquérir, il a pu penser que celui-ci, devenu propriétaire, constituerait l'hypothèque en ratifiant la convention. Mais on comprend que ce deuxième cas sera exceptionnel, et que, en principe, le créancier qui a su que la chose était à autrui, ne peut pas prétendre qu'il comptait sur l'hypothèque. C'est pourquoi, bien que le constituant soit devenu propriétaire, on ne donnera en général à ce créancier que l'action *pigneratitia* contraire pour obtenir une indemnité (L. 16, § 1, *pignerat.*). L'action hypothécaire utile lui donnerait évidemment plus que cette indemnité, puisque, sachant que la chose était à autrui, il n'a pas dû compter qu'elle lui serait hypothéquée. L'action utile sera donc rarement donnée *creditori qui non ignoravit alienum.* Papinien est donc parfaitement d'accord avec lui-même dans la loi 1 *de Pignorib.* et dans la loi 42 *de Usurpat.*

Il n'y a rien de contraire à cette doctrine dans la loi 16, § 1 *de Pignerat.* « Contrariam pigneratitiam creditori actionem com-
» petere certum est. Proinde si rem alienam, vel alii pigneratam,
» vel in publicum obligatam dedit, tenebitur, quamvis et stellio-
» natus crimen committat. Sed utrum ita demum si scit, an et si
» ignoravit ? et quantum ad crimen pertinet, excusat ignorantia;
» quantum ad contrarium judicium, ignorantia eum non excusat,
» ut Marcellus scribit. Sed si sciens creditor accipiat vel alienum,

» vel obligatum, vel morbosum , contrarium ei non competit. »

Il ne s'agit pas ici de notre cas, mais de celui où le débiteur n'ayant pas acquis la chose qu'il a hypothéquée, la convention n'est pas susceptible d'exécution : en effet, à côté du cas de *res aliena*, on met sur la même ligne deux autres cas où il en est évidemment ainsi (*alii obligatum, vel morbosum*). Alors Paul se demande si le créancier qui était de mauvaise foi peut demander des dommages-intérêts? Non, car s'il éprouve un préjudice, il l'a bien voulu. Mais lorsque le débiteur a acquis la chose, on comprend qu'il n'y a pas la même raison pour refuser toujours l'action hypothécaire utile au créancier. Car il pourra dire quelquefois : Sans doute je savais que la chose était à autrui, mais je savais aussi que le débiteur allait l'acquérir, et c'est sur quoi je comptais.

Quant au débiteur, sa bonne foi ne le soustrait pas à l'action en dommages-intérêts, même lorsqu'il n'acquiert pas la chose. A plus forte raison ne met-elle pas obstacle à l'action utile, s'il en devient propriétaire. D'ailleurs, bien qu'il ait ignoré, lors de la convention, que la chose était à autrui, il y a toujours mauvaise foi de sa part lorsque, devenu propriétaire, il refuse de ratifier l'hypothèque qu'il a consentie.

Enfin je ferai observer que si et le débiteur et le créancier savaient que la chose était à autrui, et s'ils ne se sont pas mutuellement caché cette circonstance, elle n'a pas pu rester étrangère à la convention. Alors ce qu'ils ont voulu faire, ce ne peut être que l'hypothèque d'un bien à venir. C'est comme si le débiteur avait hypothéqué cette chose sans cette condition: *si mea facta sit*, bien que cela n'ait pas été dit expressément.

Deuxième question. — *Suffit-il, pour que le créancier qui a reçu hypothèque sur la chose d'autrui obtienne l'action hypothécaire utile, que la même personne réunisse les deux qualités de constituant et de propriétaire?*

Non, dit Paul, L. 41 *de Pignerat.*, il faut que ce soit le constituant qui devienne propriétaire, en sorte qu'on puisse lui reprocher son propre mensonge; mais il ne faut pas donner l'action utile contre le propriétaire d'une chose engagée sans sa volonté, bien qu'il ait succédé à celui qui a consenti l'hypothèque.

Mais Modestin n'admet pas cette distinction : L. 22 *de Pignorib.*

« Si Titio, qui rem meam ignorante me creditori suo obligaverit,
» heres extitero, ex post-facto quidem pignus non convalescit, sed
» utilis pigneratitia dabitur creditori. »

On a tenté entre ces deux lois plusieurs conciliations. La plus
spécieuse est celle de Noodt, qui, opposant les deux phrases finales
de la L. 22 : *pignus non convalescit, sed utilis pigneratitia dabitur
creditori*, voit dans cette action l'action personnelle. Pothier re-
jette cette conciliation par ce motif que dans l'espèce il y avait
hypothèque et non gage proprement dit, et que l'action *pigneratitia in personam* ne naîtrait que du gage. Je trouve cette réponse
de Pothier insuffisante, parce qu'il est très-probable qu'il y avait
des actions personnelles analogues à la *pigneratitia* directe et contraire pour faire exécuter les obligations nées de la convention
d'hypothèque, et il ne serait pas étonnant que cette action fût
qualifiée de *pigneratitia utilis*. Mais la conciliation de Noodt n'en
est pas moins inacceptable ; car la divergence d'opinion entre
Modestin et Paul est pour ainsi dire palpable dans ces deux textes.
En effet : 1° Dans la loi 41, qui est pourtant sous le titre *de pigneratitia*, *pigneratitia utilis* signifie *hypothecaria utilis*, comme le
prouve le synonyme *persecutio* employé quelques lignes plus
bas. De plus, Paul ne se contente pas de donner la solution, il apporte à l'appui des motifs subtils qui semblent bien
annoncer qu'il y avait controverse. Or Modestin avait sans doute
sous les yeux l'hypothèse de Paul, car il la prend presque mot à
mot pour y faire une réponse contraire ; ce qui est en parfaite
harmonie avec le titre de la loi 22(*Differentiarum lib.* VIII), tirée
d'un ouvrage où Modestin disait son avis sur des points contro-
versés. Vouloir donner ici à *pigneratitia utilis* un autre sens que
dans la loi 41 c'est aller contre toute vraisemblance, d'autant plus
que la place que les compilateurs ont donnée à la L. 22, dans le
tit. *de Pignorib.* nous montre qu'ils l'ont entendue comme traitant de l'ction réelle.

Enfin si la loi 21 n'était que la consécration de la loi 41, ce
serait un résultat déplorable suivant nous : car l'opinion de Paul
nous paraît une véritable erreur : Paul n'accorde l'action hypothécaire utile que lorsqu'on peut reprocher au propriétaire son
mensonge personnel. Mais pourquoi cela ? Il nous est impossible
de voir là autre chose qu'une vaine subtilité. Quand c'est le pro-

priétaire qui succède au constituant, celui-ci était soumis à raison de son mensonge ou même de sa simple faute, à l'action personnelle du créancier (*L*. 16, § 1 *de Pignerat.*); le propriétaire qui succède au constituant réunit donc en lui, exactement comme le constituant qui succède au propriétaire, l'obligation d'indemniser le créancier du défaut d'exécution, et la possibilité d'exécuter la convention. Eh bien, tout ce qu'il faut pour qu'il y ait lieu à l'action utile, n'est-ce pas que l'indemnité soit exactement représentée par la ratification, par la constitution de l'hypothèque devenue possible? et n'en est-il pas ainsi aussi bien dans un cas que dans l'autre? Cependant suivant Paul, dont Noodt veut faire prévaloir la décision, le créancier n'aurait contre le propriétaire héritier du constituant, qu'une action personnelle utile pour faire réparer le dommage. Or n'est-il pas clair que lorsque la ratification est possible, le préteur donnera une action réelle utile qui en tiendra lieu et empêchera le dommage de naître, et ira ainsi droit au but qu'une action personnelle pourrait ne pas atteindre?

Enfin le principe sur lequel repose la L. 22 est formellement appliqué, en cas de vente de la chose d'autrui, par la L. 1, § 1, *de except. rei venditæ*, 21, 3.

L'opinion de Modestin est donc la seule vraie, et elle est la plus récente; il est donc permis de croire qu'elle avait prévalu sur celle de Paul. C'est l'avis du Cujas, *Observ.* xix, 20.

§ 19. — Dans les trois cas d'hypothèques consenties sur une chose dont on n'est pas propriétaire, hypothèque de biens à venir, hypothèque d'une chose due, hypothèque de la chose d'autrui, ces hypothèques sont préférables à celles que le débiteur a consenties depuis qu'il a la propriété de la chose. La L. 3, § 1, le dit pour l'hypothèque d'une chose due, et il est clair qu'il en est de même dans les deux autres cas. En effet, que ces hypothèques viennent en concours, ou qu'elles soient validées dans l'ordre de leurs dates, dans les deux cas elles frappent l'objet au moment même où il entre dans le patrimoine du débiteur : elles sont donc nécessairement antérieures au moins d'un instant de raison à celles constituées depuis l'acquisition.

Toutefois, un résultat contraire paraîtrait devoir se produire en certains cas, à en croire Africain, L. 0, § 3. D'après cette loi, l'arrivée de la chose d'autrui dans les biens du débiteur ne valide pas immédiatement toutes les hypothèques qu'il a consenties antérieurement, mais la première seule : la seconde ne peut être validée qu'autant qu'à l'extinction de la première la chose serait encore dans les biens du débiteur. La loi ne suppose que deux créanciers, Primus et Secundus, à qui Titia avait engagé la même chose *avant qu'elle fût propriétaire :* or, supposons de plus que, depuis qu'elle est propriétaire, elle engage la chose à Tertius, puis elle la vend à Paul. Nous ne voyons pas d'obstacle à la validité de l'hypothèque de Tertius, constituée par le propriétaire de la chose. La L. 9, § 3, suppose bien que le gage de Primus a été validé (*priore dimisso*) ; puis Primus est payé, et alors elle nous dit : Le gage de Secundus n'est pas confirmépour cela, car *nullum tempus invenitur quo convalescere possit.* Ceci paraît contradictoire avec la validité de l'hypothèque de Tertius. En effet, Tertius est postérieur à Secundus, et son droit a été consenti précisément dans les circonstances où le Jurisconsulte n'admet pas que le gage de Secundus ait pu être confirmé. Malheureusement il n'y avait pas dans l'espèce soumise à Africain le gage que nous supposons consenti à Tertius entre l'acquisition et l'aliénation de la chose ; de sorte que nous ne savons pas quelle eût été sa décision vis-à-vis de Tertius. Mais s'il avait eu à répondre sur ce point, il me semble qu'il ne pouvait prendre que deux partis : — ou rétracter sa solution et reconnaître la validité du gage de Secundus, comme celle du droit de Tertius, en donnant la préférence à Secundus ; — ou bien repousser aussi l'hypothèque de Tertius. Mais alors, pour être logique, Africain aurait dû admettre en principe que lorsqu'un propriétaire aurait donné successivement hypothèque sur sa chose à deux créanciers, le second verrait s'évanouir son droit, ou plutôt l'espérance de son droit, si la chose était aliénée par le débiteur avant que le premier fût désintéressé. C'est ce qu'on pourrait être tenté de conclure de cette phrase : *Tunc enim priore dimisso sequentis confirmatur pignus, quum res in bonis debitoris inveniatur,* en l'entendant dans un sens général. Si l'on objectait la L. 12 pr., où Marcien dit que le second créancier peut agir régulièrement contre tout possesseur, quoique le premier ne soit pas désintéressé, on répondrait qu'Africain est antérieur de près d'un siècle à Marcien, et que sans doute au temps d'Africain on n'avait pas admis d'une façon absolue que la même chose pût être hypothéquée à deux créanciers; en sorte qu'une seconde hypothèque ne pouvait valoir que si, au moment où elle pouvait être confirmée par l'extinction de la première, la chose se trouvait dans les biens du constituant. — Mais cette conjecture est démentie par plusieurs textes. Les L. 11 *Qui potiores* et 15 *de Pignorib.*, qui sont de Gaïus, contemporain d'Africain, montrent bien que l'usage d'hypothéquer la même chose à plusieurs créanciers était déjà établi, et la seule condition exigée par Gaïus pour que la seconde hypothèque puisse s'exercer sur tout le fonds, c'est que la première soit éteinte; mais il n'exige nullement que cette extinction arrive, la chose appartenant encore au débiteur.

Nous croyons donc que si Africain avait eu à statuer sur l'hypothèque de Tertius, il l'aurait déclarée valable, et aurait été amené par là à valider aussi celle de Secundus.

Ce qui montre bien la fausseté du raisonnement qu'il oppose au gage de Secundus, c'est qu'il met à l'application de ce raisonnement la condition que l'acheteur soit de bonne foi : ce n'est donc pas la présence de Primus qui met obstacle à la confirmation du gage de Secundus; car si ce motif, que la chose n'est pas dans les biens du débiteur lorsque le premier créancier est désintéressé, s'oppose à la confirmation du gage du second, c'est une impossibilité juridique, c'est un obstacle absolu, qui existerait tout aussi bien quand l'acheteur serait de mauvaise foi. — D'un autre côté, si la bonne foi de l'acheteur doit avoir quelque influence sur la validité des hypothèques consenties par le débiteur avant d'être propriétaire de la chose, cette influence devrait faire repousser le premier créancier aussi bien que le second. — Nous ne comprenons pas, du reste, pourquoi la bonne foi de l'acheteur serait protégée contre les hypothèques constituées par le débiteur avant d'avoir la propriété de la chose, plutôt que contre celles, non moins occultes, qu'il peut avoir constituées aussitôt qu'il est devenu propriétaire. A ce point de vue les hypothèques consenties antérieurement ne doivent pas être traitées autrement que si elles étaient constituées au moment même de l'acquisition de la chose. Comment donc Africain est-il arrivé à cette singulière décision ? —

Il faut remarquer que, d'après le texte de la loi, il y avait *pi-*

gnus. Titia détenait sans doute la chose, bien qu'elle n'en fût pas propriétaire; et elle avait conféré la possession au premier créancier, probablement par constitut possessoire : quant à Secundus elle lui avait sans doute promis qu'il aurait la possession après Primus; peut-être même avait-elle fait un second constitut possessoire en sa faveur (ce qui ne suffisait pas pour faire perdre la possession à Primus, *voy.* Bonjean, § 329, p. 384, 4° Perte de la possession par autrui) : ces mots de la loi : « Titia prædium alienum *Titio pignori dedit,* post Mævio, » paraissent bien indiquer une hypothèse de ce genre. Quelle qu'elle soit, au juste, ce qu'il est essentiel de remarquer, c'est qu'il y avait *pignus;* Africain paraît s'être attaché à cette circonstance, et s'être laissé dominer par les principes du *pignus* pur, d'après lesquels le droit réel ne pouvait naître qu'avec la possession et cessait avec elle. En partant de cette idée la décision d'Africain s'explique parfaitement : car si nous supposons que Primus a reçu la possession, et l'a gardée, son droit se trouve confirmé au moment où Titia devient propriétaire; mais tant que Primus garde la possession, Secundus ne l'a pas, de sorte que son droit ne naît pas encore; si Primus était payé, la possession abandonnée par lui pourrait commencer pour Secundus, et alors le gage de celui-ci naîtrait. Mais avant que Primus soit payé, Titia aliène la chose, ensuite Primus est désintéressé. Comme à ce moment Titia n'est plus propriétaire de la chose, elle ne peut plus la grever de droits réels; c'est vainement que Secundus commencerait alors à posséder, et il est très-exact de dire avec le texte : « Quia neque tunc, quum Secundo obligaretur, neque quum Primo solveretur in bonis mulieris fuit, nullum tempus inveniri quo pignus Mævii convalescere possit. » Ainsi Africain a raisonné ici comme si l'hypothèque avait été une institution distincte, sans influence sur les principes primitifs du *pignus.* Or, il n'en était pas ainsi : on donnait l'action quasi-servienne même à celui qui avait voulu avoir la possession du gage, mais qui ne l'avait pas reçue; c'est même, suivant nous, pour ce cas qu'a été créée l'action quasi-servienne, et c'est par extension qu'on est arrivé à décider d'une façon générale qu'elle pouvait naître d'un simple pacte, sans qu'il eût été dans l'intention du créancier d'obtenir la remise du gage (avant l'échéance). Quelque opinion que l'on adopte sur cette question d'origine, ce qui est incontestable, c'est que l'*hypotheca* absorba le *pignus*, et que là où la convention montrait l'intention d'établir un *pignus*,, on reconnaissait que si la tradition n'avait pas eu lieu, il y avait au moins une hypothèque. Si l'hypothèque fut, comme le prétendent certains auteurs, une étrangère importée tout à coup à Rome, il dut y avoir nécessairement un certain temps pendant lequel ces deux institutions fonctionnèrent côte à côte sans se confondre, et suivant les règles propres à chacune d'elles, c'est-à-dire pendant lequel on ne donnait l'action hypothécaire qu'à celui qui avait fait un simple pacte ; celui qui avait voulu avoir un *pignus* n'ayant de droit réel qu'à partir de la possession. — Or, nous n'avons rencontré, pour notre part, aucun texte qui indique un pareil état du droit. Ce que je veux démontrer ici, c'est que notre loi 9, § 3 ne pourrait pas être invoquée en ce sens : elle ne constitue pas une application pure et simple des règles du *pignus*, sans mélange du principe de l'hypothèque. En effet, sous le *pignus* pur, la nullité du droit de Secundus tient à ce que ce droit ne peut naître qu'avec la possession, et il n'a pu avoir cette possession qu'à une époque où son droit ne pouvait plus naître, le constituant n'étant plus propriétaire. Il y avait donc un obstacle radical à la confirmation de son droit, et la mauvaise foi de l'acquéreur est complétement indifférente. Cependant Africain met cette mauvaise foi pour condition à la nullité du droit de Secundus.

Ce texte, loin de prouver que le *pignus* ait continué à se régir par ses règles propres depuis l'invention de l'hypothèque, lui fait subir l'influence du principe de l'action quasi-servienne. Seulement Africain a commencé ici par donner la solution selon le pur droit civil ; et c'est alors qu'il voit qu'elle n'est pas en parfait accord avec le principe prétorien qui admettait l'existence d'un droit réel au profit du créancier avant la tradition, et protégeait ce créancier par une action semblable à la servienne : conformément à cette jurisprudence, Africain admet que le gage de Secundus pourra valoir ; mais il est encore sous l'empire de son raisonnement sur la validité du *pignus* ; et lorsque l'acheteur est de bonne foi, il ne voit pas d'obstacle à ce que ce raisonnement s'applique. Cette influence qu'Africain a attachée ici à la bonne foi, peut s'expliquer, je crois, à l'aide de l'idée que j'ai émise au

commencement de ce travail (*introduction*), à savoir que l'hypothèque était née dans des cas où il y'avait eu promesse de *pignus*
non réalisée, et où, pour faire triompher la bonne foi, le préteur
avait commencé à donner une action à l'imitation de la servienne,
quoique le créancier n'eût pas eu la possession. C'est en partant
de cette idée que l'action quasi-servienne avait pour but de faire
triompher l'équité et la bonne foi, qu'Africain aura été amené à
ne valider le gage de Secundus que si l'acheteur était de mauvaise foi. Il lui aura semblé que l'équité n'exigeait pas que l'action quasi-servienne fût donnée à Secundus contre l'acheteur de
bonne foi, et il en aura conclu que ce cas restait sous l'empire
des principes du *pignus*. Mais c'est là un point de vue superficiel
et trompeur. Africain n'a pas remarqué, en écrivant les derniers
mots de ce texte, que par cela seul que Secundus pouvait acquérir un'droit réel avant de posséder, le raisonnement fondé sur les
principes du *pignus* selon le droit civil, tombe complétement.
En effet, ce raisonnement repose en entier sur ce principe, que
tant que Secundus n'avait pas la possession, son droit ne pouvait
pas naître. Même au point de vue de l'équité, la bonne foi de
l'acheteur ne peut avoir aucune influence sur le droit de Secundus en particulier; car une fois admis que ce droit peut naître
sans possession, il se trouve confirmé dès l'acquisition de la chose
par Titia, quoiqu'à cette époque Primus possède encore; cette
confirmation est donc opérée avant la vente, et dès lors elle ne
saurait dépendre de la bonne ou de la mauvaise foi de l'acheteur.
Sans doute on comprendrait qu'on donnât à la bonne foi de'
l'acheteur une certaine influence sur le sort des hypothèques antérieures; mais cette influence atteindrait alors Primus aussi
bien que Secundus, et *à fortiori* les hypothèques constituées sur
la chose depuis que Titia est devenue propriétaire. Mais on sait
que ces principes n'étaient nullement ceux du droit romain,
où une clandestinité absolue ne nuisait en rien à l'hypothèque.
Cette condition de bonne foi de l'acheteur, par laquelle Africain
semble vouloir mettre l'ancien droit civil en harmonie avec l'innovation prétorienne, est donc ici une véritable incohérence.
Nous avons cherché à expliquer comment le jurisconsulte a pu
en arriver là. Si nous nous sommes trompé, qu'on nous permette au moins de rappeler ces paroles de Pothier : « Africanus

» difficiles juris controversias exactissime pertractat ; sed in his
» magna in disputando subtilitas, et in sermone obscuritas ob-
» servatur ; unde et illud jam olim apud juris studiosos vulgatum
» adagium : Lex Africani, est ergo difficilis. »

SECTION III.

Conflit des hypothèques de même date. — Corollaire de la règle *Prior tempore potior jure.*

§ 20. — La règle *Prior tempore potior jure* a pour corollaire une deuxième règle que Pothier formule ainsi : *Qui concurrunt tempore, concurrunt jure.* En effet, dès que plusieurs créanciers sont en présence, sans qu'aucun puisse prouver lequel est antérieur, soit qu'ils aient reçu leurs hypothèques au même moment, soit que l'ordre des constitutions ne soit pas connu, il est naturel qu'ils aient des droits égaux. Mais les Romains, imbus des principes du gage, qui ne pouvait exister qu'au profit d'un seul créancier, n'ont pas divisé les attributs de l'hypothèque, et ont donné au premier créancier presque tous les avantages qu'elle procure. Dès lors on ne comprend guère comment cette division de droits pourra s'opérer entre créanciers de même rang.

Le principe du concours est pourtant posé dans les textes : *Si pluribus res simul pignori detur, omnium æqualis causa est,* dit la loi 20 § 1 *de pignerat.*

Mais l'application de ce principe n'est pas exempt de difficultés.

Trois textes nous en offrent le développement et posent deux hypothèses bien distinctes : l. 1, *de Salviano interdicto* (47, 35), § 1. « Si colonus res in fundum duorum pignoris nomine intu-
» lerit ita *ut utrique in solidum obligatæ essent,* singuli adversus
» extraneum Salviano interdicto recto experientur; inter ipsos
» vero si reddatur hoc interdictum, possidentis conditio melior
» erit. — *At si id actum fuerit, ut pro partibus res obligaretur :*
» *utilis actio et adversus extraneos, et inter ipsos dari debebit, per*
» *quam dimidias partes possessionis singuli adprehendent.* »

Ce texte de Julien est copié presque mot à mot par Ulpien dans la loi 10 *de pignorib.* qui seulement a substitué l'action servienne à l'interdit Salvien, ce qui donne à la solution une portée plus générale.

§ 21. — Examinons d'abord la deuxième hypothèse : il a été convenu que la chose serait hypothéquée à chacun pour parties. — Ce sont ici des parties indivises, des moitiés indivises dans l'espèce : ce sont en réalité deux choses distinctes hypothéquées à chaque créancier; lorsque l'un d'eux voudra exercer son droit en demandant la possession, soit contre un tiers, soit contre l'autre, il y aura lieu à un partage, qui aura pour effet de changer l'hypothèque que chacun avait sur une moitié indivise, en hypothèque sur une moitié divise. On voit donc que l'effet de ce partage demandé et obtenu par le créancier hypothécaire lui-même pour arriver à l'exercice de son droit, est tout différent de l'effet d'un partage qui aurait lieu entre deux co-propriétaires, dont l'un aurait grevé d'une hypothèque sa part indivise. En effet, dans ce cas, l'hypothèque ne se fixe pas sur la portion divise échue au constituant, mais elle continue à affecter la moitié indivise de chacune des deux portions. (L. 3, § 2). — Le § 2 de la loi *de Salviano* donne la même solution au cas inverse, où le débiteur aurait obligé à un seul créancier une propriété indivise.

Ce droit qu'on donne au créancier qui a reçu hypothèque sur une part indivise de se faire mettre en possession d'une portion divise, est fort remarquable, car il n'était pas une conséquence forcée de cette hypothèque : on aurait pu ne lui donner que le droit de vendre la part indivise. — Mais les parts indivises se vendent mal (1) en général : il était donc de l'intérêt du débiteur lui même, comme de celui du créancier, que l'on permit à celui-ci de faire transfor-

---

(1) C'est la considération qui paraît avoir fait admettre l'indivisibilité de l'hypothèque à l'égard des héritiers du créancier. La loi 11 § 4 de *Pigncrat.* suppose en effet que l'un des héritiers ayant reçu sa part — les autres ne peuvent plus faire vendre le tout : il faut pour qu'ils le puissent qu'ils rendent d'abord ce qui a été payé, et fassent renaître ainsi l'intégrité de la dette; mais l'indivisibilité a fini par être admise d'une façon absolue dans ce cas. Loi 1, C. Si unus 8, 32.

mer la part indivise soumise à son hypothèque en une région déterminée qu'il pût appréhender et vendre. Ce droit appartient au
créancier, soit contre le créancier qui aurait hypothèque sur l'autre
part indivise, soit contre les tiers (*adversus extraneos*), par conséquent contre le propriétaire même de la part indivise non affectée.
Mais il faut bien remarquer que ce qui a été hypothéqué, c'est
une part indivise : le créancier doit donc bien se garder dans sa
demande d'énoncer son droit, comme portant sur une portion
divise quelconque ; car la moitié de cette portion serait toujours
à tort comprise dans la demande, et le créancier succomberait pour plus-pétition : c'est une conséquence de ce que l'action *in factum* n'ayant pas de *demonstratio*, la désignation de
l'objet du droit est rejetée dans l'*intentio*, et ne peut être exagérée
sans danger (Gaius IV, 60). La loi 8, § 3 *quib. mod. pignus* applique cette idée à un cas tout a fait analogue au nôtre. Le créancier devra donc formuler ainsi son *intentio :* « Si paret Aᵒ Aᵒ
» Titiam dimidiam partem fundi Corneliani pro indiviso pignori
» obligasse, et eam rem in bonis Titii fuisse quum de pignore
» conveniebat. »

Mais alors comment s'y prendra le créancier pour demander à
être mis en possession d'une portion divise? — Je pense que
cette demande devait être placée dans la *condemnatio* de cette
manière, *ni restituat dimidiam partem pro diviso, vel solvat,
condemna.*

Dans ce cas donc l'action hypothécaire tendait et aboutissait à un véritable partage, à un échange entre le créancier hypothécaire et le propriétaire de l'autre partie indivise.
Appelons M et M′ les deux moitiés indivises de la chose.
Si nous appelons A la moitié divise, dont la possession est attribuée au créancier, et B celle qui est laissée au défendeur, on
voit que l'hypothèque avait été constituée sur $\frac{A}{2} + \frac{B}{2}$: pour
arriver à un exercice plus avantageux de ce droit, le créancier obtient de faire porter son hypothèque sur $\frac{A}{2} + \frac{A}{2} = A$, mais
en revanche il renonce à l'exercer sur aucune partie de B; et le
possesseur garde $\frac{B}{2} + \frac{B}{2}$ libre de l'hypothèque. Ce partage
demandé par le créancier lui-même, a donc (c'est son but) un effet tout différent de celui qui aurait lieu entre les deux co-pro-

priétaires, et qui laisserait subsister l'hypothèque sur la moitié indivise de chacune des deux portions déterminées (L, 7 § 4 *qui-but modis pign*).

Mais ce but du partage demandé par le créancier hypothécaire peut-il toujours être atteint? il semble que non. Car s'il est vrai que les Romains s'attachaient strictement au principe abstrait que le partage est attributif, voici ce qui peut arriver : Le co-propriétaire défendeur a pu constituer aussi une hypothèque sur sa moitié indivise; à Titius par exemple. Eh bien, supposons que Primus, l'autre créancier, demande et obtienne la possession de la moitié divise A : le but est que l'hypothèque de Primus qui portait sur M, égal à $\frac{A}{2} + \frac{B}{2}$, porte désormais sur $\frac{A}{2} + \frac{A}{2}$. Mais avant ce partage, était née l'hypothèque de Titius, qui portait sur M' $= \frac{A}{2} + \frac{B}{2}$. Si donc Primus veut exercer son hypothèque sur la portion divise A, cette région se compose de $\frac{A}{2}$ M $+ \frac{A}{2}$ M' et, le partage étant attributif, Primus sera primé sur $\frac{A}{2}$M' par l'hypothèque de Titius. Donc la mise en possession d'une moitié divise ne représentera pas ici l'exercice de l'hypothèque d'une part indivise. Cependant, les textes nous disent de la façon la plus absolue que les créanciers qui ont reçu hypothèque sur des parts indivises, ont action, *et inter ipsos, et adversus extraneos per quam dimidiam partem possessionis apprehendant singuli.* Comment concilier cela avec l'effet attributif du partage ? — On pourrait dire d'abord qu'on a fait ici une dérogation speciale à ce principe, dérogation utile et facile à justifier. — En effet, dans l'espèce que nous venons de poser, Titius est préférable à Primus sur $\frac{A}{2}$ M' mais si c'était Titius qui agit le premier et qu'il voulût faire porter son droit sur la région B, il serait primé sur $\frac{B}{2}$, M par Primus. Or s'ils agissaient ensemble, ils auraient un moyen bien simple d'arriver à transporter le droit indivis de Primus sur la région A, celui de Titius sur la région B : pour cela Primus renoncerait à son droit sur $\frac{B}{2}$ M' et Titius à son droit sur $\frac{A}{2}$ M '. Dès lors on comprend qu'on en soit arrivé à décider, *utilitatis causâ*, que, par cela seul que Primus, par exemple, demandait à exercer son droit indivis sur la moitié divise A, il renonçait à son droit sur

$\frac{B}{2}$ M, et qu'en conséquence Titius ne pourrait plus agir sur $\frac{A}{2}$ M'.

Cette idée est appliquée de la manière la plus formelle par la L. 3, § 2. — Deux frères co-propriétaires d'une pièce de terre, la partagent par régions séparées que j'appelle A et B : Primus avait avant le partage hypothéqué sa part indivise M; cette hypothèque porte sur $\frac{A}{2} + \frac{B}{2}$ — donc Secundus, dont la part indivise M' a été transformée en la région A, y trouve une hypothèque grevant $\frac{A}{2}$ (M) : pour l'imdemniser, Primus lui permet de vendre (c'est-à-dire lui hypothèque) la moitié indivise de la région B. Pour exercer ce droit, Secundus veut se faire mettre en possession d'une moitié divise, de B. Soit a cette moitié : si le partage est attributif, voici ce que va dire le premier créancier de Primus : J'avais hypothèque avant vous sur la moitié indivise de B, c'est-à-dire sur $\frac{B}{2}$ M ou m : vous venez de recevoir hypothèque sur m' : eh bien votre droit porte sur $\frac{a}{2} + \frac{b}{2} = m'$ et le mien sur $\frac{a}{2} + \frac{b}{2} = m$, vous prétendez exercer votre droit sur $\frac{a}{2} m' + \frac{a}{2} m$, mais je vous suis préférable sur $\frac{a}{2} m$. — Secundus peut lui répondre : C'est vrai, mais vous n'êtes pas bien fondé à réclamer votre droit sur $\frac{a}{2} m$, puisque je vous abandonne le mien sur $\frac{b}{2} m'$. — Et Papinien donne raison à Secundus, « parce que la seconde hypothèque, accordée au frère, paraissait affecter, dans la moitié échue à l'autre frère, la partie que celui-ci n'avait pu valablement obliger sans le consentement du propriétaire, comme excédant sa part indivise. » Mais qu'est-ce à dire ? sinon que le partage au moyen duquel les créanciers hypothécaires transforment en régions divises les portions indivises sur lesquelles ils avaient hypothèque, les met au même état que s'ils avaient reçu dès le principe hypothèque sur ces régions séparées ? Papinien ne présente pas cette solution comme une dérogation aux principes. Il est donc certain que les jurisconsultes romains ne s'attachaient pas d'une façon absolue au principe que le partage est attributif.

Mais puisqu'ils admettaient cette dérogation très utile à ce principe, comment se fait-il qu'ils n'aient pas fait un pas de plus, et que lorsque le partage a lieu entre les co-propriétaires eux-mêmes, les hypothèques suivent les parts indivises, et ne soient pas transportées sur des régions séparées ; tandis qu'elles le seraient si le partage était fait sur la demande du créancier hypothécaire ? Comment expliquer cette différence entre les deux cas ? Peut-être l'effet du partage entre les co-propriétaires n'était-il pas précisément fondé sur cette idée abstraite, féconde en résultats fâcheux, que le partage est attributif : du moins la loi 31 *de usu et usuf.*, § 11, en donne une meilleure raison. C'est que le droit de l'usufruitier (ou du créancier) portant sur la moitié indivise de tout le fonds, *non potuit arbiter, inter alios judicando, alterius jus mutare, quod et receptum est.* En effet, on comprend que lorsque le co-propriétaire qui a hypothéqué sa part indivise demande le partage, si l'hypothèque devait forcément s'exercer sur la portion que le constituant aura dans son lot, le créancier aurait pu être lésé, car cette portion n'est peut-être pas l'équivalent de la moitié indivise. Nonobstant le partage, qui est *res inter alios acta*, le créancier hypothécaire conserve donc son droit sur la moitié indivise de tout le fonds. Au contraire, lorsque c'est le créancier hypothécaire qui demande le partage, pour exercer son droit sur une moitié divise, qu'il pourra appréhender et vendre plus facilement, il n'a à s'en prendre qu'à lui si la région qu'on assigne à son droit n'équivaut pas exactement à la portion indivise.

On voit que l'effet du partage, en droit romain, se comprend sans supposer que l'on admit comme un principe applicable d'une manière générale, qu'il était attributif. La solution de la loi 7, § 4 *in quib. mod.*, s'explique fort bien par l'idée que le partage pouvant nuire au créancier hypothécaire ne peut lui être opposé quand il est *inter alios actum.*

Mais une objection se présente : Lorsque c'est le créancier hypothécaire qui fait faire le partage, ce partage peut bien nuire au constituant, comment peut-il lui être opposable ? C'est que le constituant peut être regardé comme ayant donné mandat au créancier de faire faire le partage, dans le cas où il aurait besoin d'exercer son hypothèque. Car alors il y a intérêt pour le débiteur comme pour le créancier, à vendre une région divise, plutôt qu'une part indivise qui se vendrait mal.

Ainsi en réalité, dans cette première hypothèse, où il a été entendu que la chose serait hypothéque *pro partibus*, les deux créanciers ont hypothèque sur deux objets distincts, sauf qu'ils ont à faire transformer en régions séparées, au moyen d'un partage, les parts indivises sur lesquelles portent leurs hypothèques.

Mais quelles sont ces parts, si la convention ne les a pas fixées ?

Julien et Ulpien parlant de deux créanciers les appellent des moitiés : mais Marcien, lui, nous dit, loi 16, § 8 : « Si duo pariter » de hypothecâ paciscantur, in quantum quisque obligatam ha- » beat, utrum pro quantitate debiti, an pro partibus dimidiis » quæritur. — Et magis est ut pro quantitate debiti pignus ha- » beant obligatum. »

Y a-t-il ici divergence entre Ulpien et Julien d'une part, et Marcien de l'autre? Je ne le pense pas. Ulpien et Julien, parlant de deux créanciers, disent la *moitié*, en se référant au cas le plus simple où leurs créances seraient égales, mais non pour adopter la division par portions viriles. Cela est d'autant plus probable, que le texte de Julien traitait de l'hypothèque qu'ont deux co-propriétaires sur les choses apportées par le fermier.

Il est tout naturel de supposer que ces deux co-propriétaires étaient co-propriétaires pour moitié. Et Ulpien, lui, copiait Julien.

Maintenant la solution de Marcien est-elle bonne? Je le crois : car il s'agit ici de résoudre une question d'intention ; il faut chercher, dans le silence des parties, comment elles auraient fixé les portions de la chose sur lesquelles doivent porter leurs droits respectifs. Il est vraisemblable qu'elles ont voulu avoir des garanties égales : or cette égalité disparaît si la division de la chose entre leurs hypothèques n'est pas proportionnelle au montant des créances.

§ 22. — II. La deuxième hypothèse est celle où le débiteur a hypothéqué en même temps sa chose à deux créanciers, *ita ut utrique in solidum obligata esset;* à ce cas la loi 16, § 8, assimile celui où *eâdem die pignus utrique datum est separatim;* cela désigne le cas où deux créanciers qui n'ont entre eux aucun rapport, ont reçu hypothèque le même jour, sans qu'on puisse établir l'heure de chaque hypothèque : alors il faudra bien les traiter comme contemporaines.

A ces deux cas ajoutons celui de plusieurs hypothèques sans date, circonstance qui n'annule pas l'hypothèque. Ces hypothèques viendraient postérieurement à toutes celles qui auraient une date, mais concourraient entre elles.

Enfin, suivant nous, le cas de deux hypothèques de biens à venir en concours sur des biens acquis postérieurement.

Voilà les cas où il y a lieu à un concours proprement dit, la chose tout entière étant obligée à plusieurs créanciers dont les droits sont égaux. Alors : *Æqualis omnium causa est*, dit la loi 20, § 1, *de Pigneral*. Voyons comment les Romains appliquaient cette égalité :

1° *Contre les tiers possesseurs.* — Chacun pourra exercer efficacement pour le tout l'action servienne, ou l'interdit Salvien, dans les cas où il pouvait s'appliquer.

2° *Entre eux.* — La loi 1, § 1, *de Salv.*, nous dit d'abord : *Inter ipsos vero si reddatur hoc interdictum, possidentis conditio melior erit.*

Dans la loi 2 Ulp., lib. 70, *ad Edict.* confirme cela : *In Salviano interdicto si in fundum communem duorum pignora sint ab aliquo invecta ; possessor vincet.* Mais il ajoute : *Et erit eis descendendum ad Sercianum judicium.* Cela semble bien annoncer que, par l'action servienne, le demandeur pourra obtenir un résultat différent, et obliger le possesseur à partager avec lui la possession ou du moins les avantages.

Mais cette conclusion est directement contredite par la loi 10, *de Pignorib.*, où Ulpien, dans le même ouvrage auquel est empruntée la loi 2, *de Salv.*, dit : « Si debitor res suas duobus si-
» mul obligaverit, ita ut utrique in solidum obligatæ essent,
» singuli in solidum adversus extraneos Serviana utentur : inter
» ipsos autem si quæstio moveatur, possidentis meliorem esse
» conditionem : dabitur enim possidenti hæc exceptio : *Si non*
» *convenit ut cadem res mihi quoque pignori esset.* »

Le résultat est donc le même qu'au possessoire. Pourquoi donc Ulpien renvoie-t-il le créancier vaincu au possessoire, à se pourvoir par l'action servienne? Est-ce qu'on peut dire qu'il n'apercevait pas quels en seraient les résultats? Cela n'est pas admissible.

Voici comment j'explique cette loi 2 *de Salviano :* Ulpien ne distingue pas dans cette loi si l'intention des parties a été que les choses apportées par le locataire sur le fonds commun fussent engagées à chaque copropriétaire pour le tout ou pour une portion : et il décide, dans l'un et l'autre cas, que celui des deux qui sera en possession triomphera par l'interdit Salvien : et, en effet, on comprend très-bien qu'au possessoire on n'entre pas dans les détails de la convention; dès que le copropriétaire qui est en possession prouve que la chose lui est hypothéquée, c'est assez pour que l'interdit Salvien soit rendu en sa faveur : si alors le demandeur prétend que *id actum est, ut pro partibus res obligaretur,* il doit intenter l'action servienne; et, s'il fait sa preuve, le défendeur devra lui céder la possession d'une portion de la chose.

La loi 1, § 1, *ibid.,* est en parfaite harmonie avec cette explication. En effet, elle traite distinctement des deux hypothèses : » pour la première : « Si colonus res in fundum duorum pignoris » nomine intulerit, ita ut utrique in solidum obligata essent; » elle ne parle que de l'interdit Salvien.

Pour la seconde : « Si id actum fuerit ut pro *partibus res obligaretur,* » elle ne parle que de *l'action servienne.*

Pourquoi? N'est-ce pas que dans la première l'action servienne devant produire le même résultat que l'interdit Salvien, on n'agira presque jamais au pétitoire? Dans la seconde, au contraire, l'interdit Salvien serait favorable au possesseur ; mais par l'action servienne le demandeur pourra le contraindre à céder la possession d'une partie de la chose. Il est bien clair dès lors que le créancier qui n'est pas en possession exercera toujours l'action servienne, puisqu'elle lui procurera une possession qu'il ne peut pas obtenir par l'interdit.

Il est donc bien établi que lorsque la même chose a été hypothéquée en même temps à deux personnes pour le tout, le possesseur sera préféré.

Voyons maintenant quels seront pour lui les avantages de cette possession :

1° Il pourra se contenter de la retenir jusqu'au paiement; 2° il aura seul le droit de vendre, puisque seul il pourra livrer la chose; 3° la vente qu'il consentira purgera les hypothèques des autres créanciers de même date; car l'exception par laquelle il peut les repousser, en engendre une au profit de son acheteur.

Nous voilà déjà loin de la règle formulée par Pothier : *Qui concurrunt tempore concurrunt jure ;* et la portée de cette phrase : *Æqualis omnium causa est,* est singulièrement restreinte par l'effet de la maxime : *In pari causa melior est causa possidentis* (l. 128 *de Reg. jur.*).

Mais du moins l'autre créancier de même date pourra-t-il venir en concurrence sur le prix, lorsque le possesseur se sera décidé à vendre? Rationnellement il semble qu'il ne puisse en être autrement; cependant je ne crois pas qu'il en fût ainsi chez les Romains. Je ne trouve aucun texte d'où l'on puisse conclure que celui qui a le droit de posséder et de vendre la chose, n'a pas par cela même le droit de se payer le premier sur le prix. En un mot, au point de vue des jurisconsultes romains, les avantages de la préférence paraissent indivisibles. Et ce que j'avance me semble prouvé par ce que dit Ulpien, que le possesseur aura contre l'autre créancier cette exception, *si non convenit ut eadem res mihi quoque pignori esset.* Or, quel sera l'effet de cette exception? Ce ne peut être que de faire repousser complétement le demandeur. S'il voulait obtenir la possession, il ne le pourrait donc qu'en désintéressant complétement le possesseur à qui la chose a été obligée *in totum.* Par le mécanisme du système formulaire, le possesseur se trouve ici dans la même position que s'il était antérieur (1).

Du reste, Ulpien ne se borne pas à dire que le créancier qui a la possession conservera seulement cet avantage, il dit d'une façon absolue : *Inter eos si moveatur quæstio, melior est causa*

---

(1) Il pourra pourtant y avoir une différence : c'est que si le défendeur qui a triomphé perd la possession sans pouvoir se la faire par un interdit, et qu'elle arrive à l'autre créancier, celui-ci se défendra à son tour par la même exception (*si non convenit ut eadem res* etc.), et le demandeur ne pourra pas opposer la réplique de la chose jugée. Car ce qui a été jugé ce n'est pas qu'il était antérieur, ni que l'adversaire n'avait pas d'hypothèque : la chose jugée ne contredit donc nullement l'exception invoquée. — Au lieu que si dans le premier procès le défendeur était antérieur, il pourrait opposer l'exception : *si non mihi ante sit res obligata :* (L. 12, *qui pot.*), en sorte que la chose jugée pourrait lui servir s'il perdait la possession.

possidentis. Ce n'est là, du reste, que l'application du principe général de la loi 128, *de Reg. juris.*

En résumé, il y a entre créanciers de même date un véritable *privilegium possessionis,* comme entre créanciers de dates différentes il y a le *privilegium temporis.*

§ 23. — Mais si aucun des créanciers contemporains à qui la chose a été hypothéquée *in solidum* n'a la possession, et que tous la demandent en même temps, il faudra bien alors arriver à un véritable concours. — Peut-être même le *privilegium possessionis* n'était-il pas applicable dans tous les cas où un seul avait la possession : par exemple dans le cas de la loi 7 pr. Cette loi dit d'une façon absolue *ambo concurrent in pignus.*

— Je n'ai pas trouvé de texte qui dise clairement comment s'exercera ce concours : donnera-t-on aux deux créanciers la possession en commun, et seront-ils réduits à la retenir jusqu'à ce qu'ils puissent se mettre d'accord pour vendre ? — Ou bien les mettra-t-on en possession de portions distinctes de la chose ? — Quel que soit le parti que l'on prenne, ici se représente la question de savoir comment se partagera ou la chose ou le prix. Pas de difficulté dans le cas de la loi 7 pr.: il s'agit de deux pupilles avec l'argent de qui une chose a été achetée, ils ont tous les deux hypothèque sur cette chose, *et ambo concurrent in pignus pro his portionibus, quæ in pretium rei fuerit expensæ.* — On comprend qu'il n'y a pas les mêmes raisons de faire des parts proportionnelles entre deux personnes qui ont reçu ensemble hypothèque *in solidum,* ni surtout entre celles qui ont reçu hypothèque *eodem die,* mais *separatim* et sans qu'on sache l'ordre des constitutions. Mais la loi 10, § 8, qui veut que l'on fasse les parts proportionnelles aux créances, n'est-elle pas applicable à notre hypothèse? — Je ne le pense pas ; je crois que Marcien, en examinant comment se feront les parts, a uniquement en vue le cas où la chose avait été hypothéquée aux deux créanciers *pro partibus.* En effet, si l'on compare à la loi 10 cette loi 10, § 8, il paraît probable que celle-ci a été tronquée. Je crois qu'après le mot *paciscantur,* Marcien examinait d'abord les rapports des créanciers entre eux et disait comme la loi 10 : Si la chose a été hypothéquée *in solidum, melior est causa possidentis ; — secus* si la chose leur a été engagée *pro partibus.* — Les compilateurs auront supprimé cette partie du texte qui ne faisait que répéter la loi 10 ; mais ils auront conservé la suite, parce que Marcien examinait une question non soulevée par la loi 10, à savoir, lorsque la chose aurait été dans l'intention des parties engagée *pro partibus,* quelles devaient être ces parts si l'on ne les avait pas fixées. ·

Cette loi écartée, je ne vois pas dans les textes de solution pour le cas qui nous occupe, et je vais examiner la question à un point de vue purement rationnel.

Pour le cas où la chose a été engagée *pro partibus,* j'ai dit que l'opinion de Marcien (parts proportionnelles aux créances) paraissait conforme à l'équité et à la logique. Mais il faut bien remarquer qu'il s'agissait là d'une question d'intention : les deux créanciers avaient reçu ensemble hypothèque sur des parties indivises, mais distinctes de la même chose, et il s'agissait de savoir, dans silence de la convention, quelles étaient ces parties. — Ici la question est toute différente ; nous supposons des personnes qui n'ont eu aucun rapport ensemble, mais il n'y a pas d'intervalle connu entre les dates de leurs hypothèques. Chacune a voulu avoir hypothèque sur la chose entière, puis elle se trouve en présence d'autres personnes qui ont acquis un droit pareil. Chacun a un droit sur toute la chose, mais *concursu partes fiunt.* Il n'y a pas de question d'intention, il s'agit de savoir quelle doit être, d'après la nature du droit hypothécaire, la loi de ce concours.

— Écartons d'abord le partage par parties viriles, qui n'a ici aucune raison d'être.

— Essayons le partage proportionnel. — Je suppose que la chose vaut 10,000 ; Primus est créancier de 10,000, Secundus de 6,000, Tertius de 4,000 : si chacun d'eux était seul, Primus prendrait 10,000, Secundus 6,000, Tertius 4,000 : total 20,000 : mais il n'y a que 10,000 pour les satisfaire tous, c'est-à-dire la moitié de ce qu'il faudrait. Chacun prendra la moitié de ce qu'il eût pris s'il avait été seul : Primus 5,000, Secundus 3,000, Tertius 2,000. Je ne vois ici aucune objection au partage proportionnel aux créances.

Mais changeons l'espèce.

— Supposons deux créanciers : Primus de 90,000, Secundus de 10,000 : — le partage proportionnel donne 9,000 à Primus,

1,000 à Secundus. — Or Secundus va dire : Ceci est injuste ; si j'avais été seul, j'aurais été payé de mes 10,000 ; vous, seul, vous auriez eu 10,000. Si donc nos droits avaient pu s'exercer isolément sur la chose, comme nous devions y compter, ils nous auraient fait obtenir des sommes égales, et voilà que, par le concours, il y a une énorme inégalité entre nous.

Cette inégalité est d'autant plus choquante que Primus avait eu soin de se faire donner un gage qui répondît de la totalité de sa créance, il n'en obtiendra qu'un 10e ; et Secundus, qui ne s'était fait garantir qu'une faible partie de sa créance (un 9e), ne perdra presque rien au concours.

On voit qu'il y a en effet ici un vice, qui consiste à traiter Primus comme si sa créance avait dû être intégralement payée ; tandis que, si forte qu'elle fût, il ne pouvait jamais obtenir que 10,000, exactement comme Secundus. En un mot, ce qui concourt ici, c'est, non pas les créances mêmes, mais les droits hypothécaires : or le droit hypothécaire est limité dans son étendue par la valeur de la chose. Il faut donc, comme le montre du reste le raisonnement émis plus haut pour justifier la proportionnalité, ne compter pour leur valeur nominale que les créances inférieures ou égales à la valeur de la chose. Celles qui sont supérieures, comme elles ne pouvaient avoir, au moyen de l'hypothèque exercée sans concours, pas plus d'efficacité que celles qui sont égales, doivent être ramenées à cette valeur.

J'ai dit qu'ici il n'y avait pas de question d'intention ; ne faudrait-il pas cependant examiner cette intention au cas où la chose a été engagée à deux personnes en même temps, *ita ut utrique in solidum res sit obligata?* Non, ici l'intention des parties, c'est d'être traitées comme si elles avaient reçu le gage en même temps, mais *separatim*. Cela résulte de l'assimilation que fait Marcien entre ces deux cas : il est bien plus bizarre encore, de voir que, dans ce cas, *melior erit causa possidentis* ; et pourtant cela résulte bien de la comparaison de la loi 10 et de la loi 16, § 8. Il est vrai que nous ne comprenons guère une pareille convention, qui semble abandonner au hasard les droits des parties. Mais cela n'avait rien d'insolite pour les Romains : n'est-ce pas là, en effet, quelque chose de tout à fait analogue à la corréalité sans société ?

§ 24. — *Conflit d'une hypothèque générale avec une hypothèque spéciale, soit contemporaine, soit postérieure.*

En principe un créancier qui a hypothèque sur plusieurs choses peut choisir celle qui lui plaît (l. **8** *de distractione*). Mais le créancier à hypothèque spéciale ne peut-il pas demander à celui qui a une hypothèque générale, de discuter d'abord les biens non affectés à l'hypothèque spéciale ? Non : la loi **2** *h. t.* laisse dans ce cas au créancier à hypothèque générale le droit absolu de choisir, à moins que la convention même ne l'astreigne à suivre un certain ordre. Il en résultera que l'option du créancier à hypothèque générale sera à l'enchère, soit entre le créancier à hypothèque spéciale et la masse chirographaire intéressée à la déchéance du droit de celui-ci, soit entre deux créanciers ayant hypothèque spéciale sur des biens différents.

Ce résultat fâcheux n'est pas inhérent à l'usage des hypothèques générales, car il serait facile de prévenir toute difficulté par une réglementation positive. Mais nous allons plus loin, et nous ne croyons pas que cette solution soit conforme aux saines notions du droit. Sans doute, à un point de vue purement abstrait, l'hypothèque générale embrassant tous les biens ne peut être écartée de celui qu'a choisi le créancier; mais le droit ne saurait obéir à de pures abstractions, si, comme nous l'ont enseigné nos maîtres, il est la direction des actions humaines par la justice. L'idée de justice, étant le fondement et la loi suprême des rapports sociaux, n'est pas du domaine exclusif du législateur, et le jurisconsulte en fait un légitime et fécond usage, lorsqu'il la fait servir à tempérer, en l'absence de loi positive, l'application absolue d'un principe abstrait. Or il n'est pas juste que le créancier à hypothèque générale exerce son droit sans intérêt légitime, d'une manière dommageable pour d'autres créanciers : régler l'exercice de ce droit d'une façon conforme à la justice, ce n'est pas en restreindre l'étendue (1).

---

(1) C'est ce que la jurisprudence a admis en principe chez nous : Dans un seul ordre ouvert pour la distribution du prix de plusieurs immeubles, le créancier à hypothèque générale n'a que le droit de demander sa collocation en ordre utile, sans qu'il puisse désigner l'immeuble sur lequel il veut être colloqué. Mais cette règle cesse, dès que ce créancier a intérêt à exercer son hypothèque générale sur un certain immeuble, — par exemple pour conser-

Un rescrit de Sévère et d'Antonin (l. 2 *de pignorib.* C.) apporte au principe rigoureux du droit romain un équitable tempérament en décidant que si le créancier à hypothèque générale a aussi hypothèque spéciale sur certains biens, il doit s'attaquer à ceux-là avant de faire porter son hypothèque générale sur les biens affectés spécialement à un autre créancier. C'est ce qu'on nomme *beneficium excussionis reale.* (Schilling, § 218, note 32.)

SECTION IV.

Des exceptions à la règle : *Prior tempore potior jure.*

§ 25. — Nous devons d'abord mentionner certains cas où cette règle ne sera pas applicable, sans qu'on puisse dire qu'il y ait exception.

I. D'abord il peut se faire que le créancier qui a la priorité renonce à s'en prévaloir. Cette renonciation résulte tacitement du consentement qu'a donné le créancier antérieur à ce qu'elle fût hypothéquée à un autre. Ce sera une question de fait que de savoir s'il a abandonné son hypothèque ou seulement son rang. (L. 12, § 4. Voy. toutefois la L. 12 *pr. quib. mod. pign.*)

II. La règle *prior tempore potior jure* « est sans application au cas où sur le même objet il y a concours de plusieurs droits de gage prétorien, lesquels sont égaux entre eux, sans égard à l'antériorité du temps. L. 5, § 3 et 4 D. *ut in possess. leg.* 36, 4. » (Schilling, § 220 note 12.)

III. Un autre cas où la règle ne s'applique pas est celui où deux créanciers ont reçu successivement hypothèque de deux personnes qui n'étaient ni l'une ni l'autre propriétaires. La loi 14 *in fine* h. t. décide que celui qui est en possession est préféré.

---

ver effet à une hypothèque spéciale, ou à une hypothèque générale postérieure qu'il aurait pour une autre créance. — Si les immeubles, quoique compris dans une seule vente, sont vendus à plusieurs acquéreurs, il a même le droit, pour prévenir les inconvénients d'une folle enchère, de choisir celui qui lui inspire le plus de confiance. — *V.* Devillen. 45, I, 113.

Mais ce n'est pas là une exception : c'est un cas qui ne rentre pas dans la règle. En effet, quel est le fondement de la règle *Prior tempore ?* C'est que celui qui constitue une hypothèque donne un droit réel, droit qu'il ne peut altérer par des actes postérieurs. Car sa chose n'existe plus en quelque sorte, que déduction faite de ce droit : toute disposition qu'il en fera a donc lieu, *salvo jure prioris creditoris.* — Mais quand Primus donne une hypothèque sur le bien A, dont il n'est pas propriétaire, est-ce que cela affecte en quoi que ce soit la faculté que peut avoir Secundus de disposer du même fonds A ? Nullement. — Il n'y a donc aucune raison de préférer le premier créancier au second : et si le vrai propriétaire ne se présente pas pour s'opposer à l'exercice de leurs droits, ou s'il les ratifie, la possession décidera entre eux.

Même décision, lorsqu'une chose a été vendue à deux acheteurs de bonne foi par deux vendeurs non propriétaires, L. 9, § 4 *in fine de Public. in rem act.* 6, 2 (1).

— Enfin, « d'après une ordonnance de l'empereur Léon, un droit de gage qui est appuyé d'un *instrumentum publice confectum*, c'est-à-dire d'un acte dressé sous l'autorité d'un magistrat ou d'un notaire public (*tabularius,* — ce qu'on appelle *pignus publicum*) — ou d'un *instrumentum quasi publice confectum*, c'est-à-dire d'un acte souscrit au moins par trois hommes d'une bonne réputation, sans égard à la date de cet acte — l'emporte sur un droit de gage qui n'a point été établi par un titre de ce genre (ce qu'on appelle *pignus privatum*), » Schilling, 5, § 220.

Mais ce privilège n'est pas une dérogation à la règle que l'antériorité donne la préférence ; il repose plutôt sur cette idée, que le créancier, qui a ainsi un titre *publicum* ou *quasi publicum*, ne peut pas être forcé de reconnaître la prétendue antériorité de celui qui n'a pas fait constater son droit avec la même authenticité.

C'est quelque chose d'analogue aux principes de notre droit sur la date certaine.

— Du reste, suivant Schilling, cette ordonnance ne concernerait que les rapports mutuels des créanciers conventionnels non privilégiés.

(1) On peut voir des développements sur ce point dans l'ouvrage de M. Pellat sur la propriété, p. 528 et suivant.

§ 26. — **Exceptions proprement dites a la règle** *prior tempore.* — Certaines hypothèques, soit tacites, soit conventionnelles, sont préférées à des hypothèques antérieures, parce que la loi attache à la cause de la créance une faveur particulière. Ces hypothèques sont appelées par les commentateurs *hypothèques privilégiées.*

Nous ne pouvons en faire ici qu'une énumération sommaire, ce sont :

1° L'hypothèque spéciale du fisc sur les fonds assujettis à l'impôt foncier. Nous en avons traité ci-dessus, p. 46.

Un droit tout à fait analogue appartient au propriétaire du sol sur lequel existe un droit de superficie ou d'emphytéose, lorsque le superficiaire ou l'emphytéote a hypothéqué le fonds ou la maison. Il faut lire sur ce point les lois 15 *Qui pot.*, 16, § 2 *cod.*, et 17 *de pignerat.* — Et la raison en est facile à comprendre : En permettant au superficiaire ou à l'emphytéote d'hypothéquer le fonds ou la maison, on lui permet d'hypobéquer plus que son droit, puisqu'il n'a pas la propriété. Pour respecter le droit du propriétaire, il faut que le créancier ne puisse vendre que le droit de son débiteur, en sorte que le propriétaire prélèvera toujours la redevance.

2° Nous avons dit que les hypothèques générales du fisc, soit pour ses créances contractuelles, soit pour les contributions, n'avaient jamais été privilégiées : cette assertion n'est nullement infirmée par l'exercice du privilége personnel du fisc, dans les cas où de droit commun il devrait concourir avec d'autres hypothèques (loi 28 *de Jure fisci*). Car il n'y a pas là un privilége spécial, inhérent au droit hypothécaire du fisc.

— Quant à *l'hypothèque contre le primipile,* elle n'était pas non plus privilégiée sous Caracalla. Mais nous savons qu'elle fut étendue en 284 sur les biens dotaux de la femme (loi 4, *in quibus causis*), et c'est par un corollaire de cette idée, qu'elle devint en 286 privilégiée à l'encontre de l'hypothèque que pouvait avoir la femme pour la restitution de sa dot (loi 3 *De primipilo*), et par une conséquence qui me semble inévitable, à l'encontre de tous les créanciers postérieurs à la femme. La femme n'ayant pas d'hypothèque tacite avant Justinien, celle du fisc contre le primipile rentrait dans le droit commun, lorsque la femme n'avait pas stipulé d'hypothèque ; mais après que Justinien eut donné une hypothèque tacite à la femme (en 529 et 530), la conséquence fut que l'hypothèque contre le primipile devint privilégiée à l'encontre de tous les créanciers postérieurs au mariage. Enfin la loi qui rendit l'hypothèque de la femme privilégié étendit nécessairement du même coup le privilége de l'hypothèque contre le primipile. Sans doute à l'époque où fut faite la loi 3 de *Primipilo*, elle ne constituait pas pour le fisc une faveur aussi exorbitante. Mais que dit cette loi ? que l'hypothèque du fisc est préférable à celle de la femme : si donc Justinien, en augmentant les priviléges de la femme, avait voulu que le fisc n'en profitât pas, il aurait dû effacer ou modifier cette loi 3. Or il l'a insérée dans son cdde.

3° *La femme* n'avait avant Justinien, pour la restitution de sa dot, qu'un simple *privilegium inter personales actiones* (L. 1, D. *Solut. matr.*). Justinien a successivement augmenté les droits de la femme. Par une première constitution datée de 529 (L. 30 *de Jure dotium*, v, 12), il lui donne un véritable droit de revendication des choses dotales existantes que le mari doit lui rendre en nature. C'est la généralisation de ce qui avait lieu en réalité pour les fonds dotaux, par l'effet de la loi *Julia*. Sur les choses constituées avec estimation, Justinien donne à la femme une hypothèque spéciale privilégiée, qu'elle pourra opposer à toutes les personnes à qui elle opposerait son droit de revendication sur les choses non estimées; l'idée de Justinien est que l'existence de la chose dans le patrimoine du mari donne dans les deux cas la même efficacité au droit de la femme, qu'il se présente comme un droit de créance ou comme un droit de propriété : *ut per utramque viam, sive in rem, sive hypothecariam, plenissime ei consulatur.*

L'année suivante, en 530, Justinien donne dans tous les cas à la femme une hypothèque tacite générale sur tous les biens de son mari. (L. *un. de rei uxor. actione*, § 1, C. v, 13.)

Enfin vient, en 531, la fameuse L. *Assiduis* (L. 12 *Qui pot.* C.), qui rend privilégiée l'hypothèque générale de la constitution précédente. La femme prime dès lors tous les créanciers hypothécaires du mari, même antérieurs au mariage : « Sancimus, ex

» stipulatu actionem, quam mulieribus jam pro dote restituenda
» dedimus, cuique etiam tacitam donavimus inesse hypothecam,
» *potiora jura habere contra omnes mariti creditores, licet ante-*
» *rioris sint temporis privilegio vallati.* »

Cette loi exorbitante ayant été appliquée jusqu'en 1789 dans le ressort du parlement de Toulouse, l'article 1572 C. N. a pris soin de repousser ce privilége.

Nous pouvons démontrer maintenant que les termes absolus de cette L. *Assiduis* ne permettent pas de conclure que l'hypothèque du fisc contre le primipile ne serait pas, malgré la L. 3 *de Primipilo*, préférée à celle de la femme. En effet, on admettra bien que la loi 4 *In quib. causis pign.* C., qui donne au fisc un recours subsidiaire sur les biens de la femme du primipile, devrait s'appliquer sous l'empire du code de Justinien. Cependant la L. 30 *de Jure dotium* dit de la façon la plus absolue, en parlant des choses dotales qui sont reprises en nature : « Mulierem in his vindicandis *omnem habere prærogativam jubemus, et neminem creditorum mariti qui anteriores sunt, posse sibi potiorem causam in his per hypothecam vindicare.* »

Si on admet néanmoins que la loi 4 *In quibus causis* déroge à cette loi 30, il n'y a aucune raison de ne pas admettre de même que la L. 3 *de Primipilo* déroge à la L. *Assiduis.* Il y a une parfaite symétrie entre ces quatre lois.

4° Sont aussi privilégiées les hypothèques de ceux dont l'argent a servi au débiteur à acquérir, à reconstruire ou conserver la chose hypothéquée à d'autres; L. 3, § 1; L. 5, L. 6, h. t., L. 7 *Qui pot.* C. VIII, 18. La raison de ce privilége nous est donnée par Ulpien : *Hujus enim pecunia salvam fecit totius pignoris causam.* Cette hypothèque privilégiée existe même tacitement au profit de certaines personnes. L. 1 *In quib. causis pign.* 20, II; L. 7 pr. *Qui pot.*; L. 3 pr. *de Rebus cor.* 27, IX; L. 6, C. *de servo pign.* VII, 8. — Voy. Schilling, § 221.

5° Une hypothèque privilégiée appartient aussi à celui qui a prêté de l'argent pour l'achat d'une *militia*, et qui s'est réservé expressément le premier rang dans un acte souscrit par des témoins. — Nov. 97, chap. 4.

6° « Un semblable privilége est accordé à l'*argentarius* qui a avancé de l'argent pour l'achat de toute autre chose, et s'est fait donner une hypothèque par un acte écrit. » Nov. 136, c. 3. (Schilling, § 221, notes 13 et 14).

Quant au classement des hypothèques privilégiées, nous n'avons pas à nous en occuper; le principe est qu'elles sont estimées, comme les priviléges, *ex causá*.

Toutes les fois qu'il y a au profit d'un créancier hypothécaire dérogation à la règle *Prior tempore potior jure,* à plus forte raison y a-t-il aussi exception au corollaire *qui concurrunt tempore concurrunt jure.* Mais la réciproque n'est pas nécessairement vraie; et il pourrait se faire que certains créanciers eussent une faveur qui les fît préférer à ceux qui ont le même rang qu'eux, sans qu'ils dussent pour cela être préférés aux créanciers antérieurs. C'est ce qui arrive, suivant nous, dans la *L.* 28 *de Jure fisci.* Lorsque le fisc se trouve en concours avec d'autres hypothèques sur des biens à venir, son privilége le fait préférer; mais il ne vient qu'après les créanciers qui de droit commun lui sont préférables, car il n'a pas une hypothèque privilégiée.

CHAPITRE II.

DES DROITS DES CRÉANCIERS POSTÉRIEURS.

Nous avons déterminé à qui appartient la préférence, et nous savons que le créancier qui est au premier rang a la part du lion. Il faut voir maintenant quelle est la situation des créanciers postérieurs. Chez les Romains, le droit qui résulte de l'hypothèque consiste pour le créancier préférable à obtenir la possession de la chose, soit contre les tiers détenteurs, soit contre les autres créanciers. C'est en réalité le même droit que l'hypothèque confère aux créanciers postérieurs : mais vis-à-vis des tiers possesseurs ou du débiteur, il est absolu ; vis-à-vis du créancier antérieur, il est subordonné à l'*oblatio pecuniæ*.

SECTION I.

Nature et effets du *jus offerendæ pecuniæ*.

§ 27. — Si le premier créancier a dans leur plénitude tous les avantages de l'hypothèque, si en exerçant son droit il n'est nullement astreint à tenir compte des intérêts des autres créanciers, c'est pour qu'il puisse arriver plus sûrement au paiement intégral de sa créance. C'est là la limite extrême de son droit. Ce but atteint, son hypothèque n'a plus de raison d'être, et ne doit plus faire obstacle aux créanciers postérieurs. — La jurisprudence romaine a trouvé là un moyen pour le créancier postérieur, de donner efficacité à son droit ; il n'a qu'à payer au premier créancier tout ce qui lui est dû en capital et intérêts : pour le recouvrement de ce qu'il paye ainsi à la décharge du débiteur, la loi lui donne l'hypothèque même qui primait la sienne. L. 20 : « Quum tertius » creditor primum de sua pecuniâ dimisit, in locum ejus substitui-

» tur in ea quantitate quam priori exsolvit. » Ni le débiteur ni les autres créanciers ne souffrent de ce résultat. Celui qui a usé de ce droit se trouve ainsi deux fois créancier hypothécaire, au rang de son ancienne créance, et au premier rang pour la nouvelle ; ce qui lui donne la faculté de retenir la chose et de la vendre de la manière qui lui paraîtra le plus propre à lui procurer un paiement intégral. (L. 4 C. *de his qui in pr.* VIII, 19 — L. 12, § 6, *h. t.*)

Si le premier créancier refuse de recevoir, l'*offerens* n'a qu'à consigner L. 1, C. *qui pot.*. Et le premier créancier, qui a refusé le paiement, n'a plus l'action hypothécaire, qui n'avait d'autre but que de le lui faire obtenir (L. 11, § 4).

C'est là ce qu'on nomme le *jus offerendæ pecuniæ*. Ce *jus offerendi* est bien un attribut du droit hypothécaire ; car le créancier qui l'exerce n'a besoin pour être subrogé au rang du créancier qu'il paie, ni du consentement de ce créancier (L. 11, § 4), ni de celui du débiteur (L. 12, § 6), ni d'une réquisition. De ce qu'il est substitué à la place du créancier qu'il paie (L. 20), il résulte qu'il ne pourra réclamer, par l'hypothèque a laquelle il est subrogé, que ce que ce créancier lui-même aurait pu se faire payer (*Sortem, ejusque tantum usuras quæ fuissent præstandæ,* L. 22 C. *de pignorib*).

Quant aux intérêts des intérêts qu'il aurait payés à ce créancier, il est bien évident qu'il ne les obtiendra pas par l'hypothèque de celui-ci, dont l'étendue ne peut être augmentée. Il ne pourrait même pas les demander par une action personnelle ; la L. 12, § 6, les lui refuse d'une façon absolue.... « non enim negotium » alterius gessit, sed magis suum. »

§ 28. *Le créancier qui use du* jus offerendi, *succède-t-il seulement à l'hypothèque qu'avait le créancier désintéressé sur le même objet que lui, ou acquiert-il la créance de celui-ci,* de telle sorte qu'il puisse exercer l'action personnelle de l'ancien créancier, et profiter des autres sûretés qu'il pouvait avoir, notamment des hypothèques sur d'autres biens ?

Il me paraît certain que l'*offerens* succède seulement, sur le bien qui lui est engagé, à l'hypothèque du créancier qu'il paie.

C'est ce que paraissent supposer tous les textes un peu explicites. (L. 12, § 6 : « Sciendum est secundo creditori *rem teneri,* tam in » suum debitum quam in primi creditoris. — L. 16 : In *locum* ejus

» substitcitur.» — L.. 11, § 4 : « Videndum est an secundo credi-
» tori competat *hypothecaria actio*). »

Il n'y a rien à conclure en sens contraire de la L. 1 *de his qui in
prior.* C. qui dit : « Potestas est ut succedas in *jus* respublicæ. » Ce
mot *jus* est vague par lui-même, mais le reste de la loi montre
qu'il s'agit du *jus pignoris*, qu'avait la cité sur le fonds engagé à
l'autre créancier.

Cette idée, que l'*oblatio pecuniæ* ne donne que le rang hypothécaire du créancier désintéressé sur les biens hypothéqués à l'*offerens* lui-même, est en parfaite harmonie avec la nature du *jus
offerendi*, qui peut s'exercer contre la volonté du créancier antérieur. Le créancier qui reçoit une deuxième hypothèque acquiert
le *jus possidendi et distrahendi*, sous cette condition que le premier créancier sera désintéressé. Eh bien, la loi lui permet de
faire arriver cette condition en payant le premier créancier, et
elle lui donne le rang de celui-ci; pourquoi? pour qu'il puisse
arriver, par la rétention ou la vente de la chose, à étendre jusqu'à la deuxième créance l'utilité de l'hypothèque. C'est évidemment là le but du *jus offerendi*, comme le montrent plusieurs textes : L. 22 de *pignorib.* C. «Secundus creditor offeren-
» do priori debitum, confirmat sibi pignus. » L. 5, C. *qui pot.*
C. « Si tu priori omne quod debetur solveris, pignoris tui causa
» firmabitur. » Mais, pour atteindre ce but, en quoi donc est-il
nécessaire que la loi impose au premier créancier la cession de
son action personnelle ou des autres accessoires de sa créance?
Comment la constitution d'une deuxième hypothèque peut-
elle contenir en germe le bénéfice d'une pareille cession? Ne ré-
pugne-t-il pas d'admettre qu'un créancier qui se sera contenté
d'une hypothèque d'un rang postérieur, sur un bien de peu de
valeur, puisse, par cela même que ce bien est déjà hypothéqué à
un autre, acquérir par l'*oblatio pecuniæ* les sûretés, peut-être
très-onéreuses pour le crédit du débiteur, qu'avait ce premier
créancier ; par exemple, une hypothèque générale sur les biens
présents et à venir! Peut-être le débiteur n'avait-il consenti cette
hypothèque au premier créancier, que parce qu'il savait qu'il serait modéré et ne céderait pas son droit à un créancier intrai-
table: le débiteur n'aurait pas voulu accorder une pareille sûreté

au deuxième créancier ; et voilà que celui-ci va pouvoir l'acquérir malgré le premier créancier, et malgré le débiteur. A notre avis, il ne saurait dépendre d'un créancier qui reçoit hypothèque sur un bien déterminé, d'acquérir par sa seule volonté des sûretés beaucoup plus étendues, par une cession forcée que rien ne justifie ici. C'est à lui à voir si le bien qu'on lui engage peut suffire à payer la créance antérieure et la sienne : s'il en est ainsi il pourra rendre sa deuxième hypothèque utile par le *jus offerendi* ; mais s'il a prêté sur un bien hypothéqué au-delà de sa valeur, il ne peut s'en prendre qu'à lui, et nous ne comprenons pas que le *jus offerendi* puisse produire cet effet exorbitant, de lui transporter, pour la créance qu'il paie, les droits du premier créancier sur des biens que lui-même ne s'était pas fait hypothéquer.

§ 29. — Nous trouvons notre proposition confirmée par l'étude de ce qui se passe au cas de *successio* ou subrogation opérée par le débiteur : on dit quelquefois que dans ce cas la loi intervient pour autoriser *le débiteur à disposer de ce qui ne lui appartient pas*, et à transférer au nouveau créancier, qui a fourni des fonds pour désintéresser un ancien créancier, *les hypothèques de l'ancienne obligation*.

En droit romain, ce point de vue ne me paraît nullement exact. Cherchons les conditions de cette subrogation, et nous reconnaîtrons que le débiteur n'y peut disposer que de ce qui lui appartient. Cette subrogation consiste en ce que celui qui fournit de l'argent pour payer un créancier hypothécaire à la condition de lui succéder, prend la place de ce créancier et est préféré aux créanciers intermédiaires.

Ce résultat a été admis par une constitution de Sévère et d'Antonin, citée loi 1, C. *de his qui in prior.* Mais que faut-il pour que ce résultat se produise ? Il faut que *le prêteur ait fait une convention d'hypothèque sur les choses mêmes qui sont hypothéquées* au créancier dont il veut prendre la place. Les lois 12, § 8, *Qui pot.*, 3, *Quæ res Pignori*, 1 C., *De his qui in prior.*, le disent en termes si formels qu'il n'y a pas à douter, ainsi que le fait remarquer Cujas, que cette convention d'hypothèque ne soit sous-entendue dans les textes qui n'en parlent pas (*L. 2, C. de his qui in pr.*).

Ainsi, d'abord il ne suffit pas que le prêteur ait stipulé qu'il prendrait la place du créancier qu'il paie ; il faut qu'il soit convenu expressément d'une hypothèque. Mais cette hypothèque, est-ce celle de l'ancien créancier qu'on permettrait au débiteur de céder? Pas le moins du monde ; et la preuve irréfragable en est dans la loi 2 *de Pignerat.*, qui nous dit que cette subrogation n'est pas possible si au moment du prêt la chose avait été déjà vendue et livrée par le débiteur. Il est donc bien évident que ce n'est pas l'hypothèque du premier créancier que le débiteur cède au prêteur, car l'aliénation de la chose ne porterait aucune atteinte à cette hypothèque, au lieu qu'elle empêche le débiteur d'en consentir une nouvelle.

Que se passe-t-il donc en réalité dans cette subrogation? Prenons l'espèce de la loi 12, § 8 : « En empruntant de Titius, vous
» êtes convenu avec lui que votre fonds lui serait engagé ou hypo-
» théqué; ensuite vous avez emprunté de Mævius, et vous lui
» avez déclaré que ce fonds lui serait obligé, s'il cessait de l'être
» à Titius. Puis un troisième créancier vous prête de l'argent pour
» payer Titius, et convient avec vous que le même fonds lui sera
» hypothéqué, et qu'il prendra la place de Titius... »

Eh bien, on décide que Tertius sera préféré à Mævius, bien que par le paiement fait à Titius la condition opposée à l'hypothèque de Mævius semble accomplie.

Comment justifier ce résultat? Le voici : Tertius a reçu une troisième hypothèque, mais il a mis pour condition que l'argent qu'il prêtait serait employé à écarter Titius. C'est exactement comme si Tertius, troisième créancier hypothécaire, exerçait le *jus offerendi* vis-à-vis de Titius : seulement il l'exerce avec l'argent même qu'il prête et pour lequel il reçoit sa troisième hypothèque; de sorte que cette troisième hypothèque n'existe que jusqu'au paiement fait à Titius (1), et aussitôt que Titius est payé, elle se change pour Tertius en la première hypothèque de Titius ; mais cette troisième hypothèque n'en est pas moins indispensable à la possibilité de cette subrogation. Il faut donc que le débiteur puisse la consentir valablement, et par conséquent qu'il soit encore propriétaire de la chose. Et nous comprenons parfai-

---

(1) La loi 12 § 8 présente l'existence de cette troisième hypothèque d'une façon bien saillante : car elle suppose que l'argent a été remis d'abord au débiteur qui devait le remettre ensuite à Titius.

tement dès lors pourquoi dans la loi 12, § 8, le second créancier, Mævius, qui devait monter au premier rang si Titius était payé, reste néanmoins au second ; car cette convention n'empêchait pas le débiteur de consentir une troisième hypothèque, et le *jus offerendi* appartient à tous les créanciers postérieurs (l. 16, *Plane quum Tertius...*). Mævius n'a donc pas à se plaindre : s'il veut arriver au premier rang, il n'a qu'à exercer lui-même le *jus offerendi*. C'est ce que dit la loi 12, § 9 : « Omnino secundus creditor » nihil aliud juris habet, nisi ut solvat priori et loco ejus suc- » cedat. »

Remarquez qu'il ne suffit pas que le prêteur ait une hypothèque quelconque pour être subrogé, il faut qu'il ait hypothèque *sur la même chose* que le créancier auquel il veut être subrogé.

De là il résulte évidemment que, en supposant que Primus ait hypothèque sur deux fonds, A et B, si Tertius prête de l'argent au débiteur pour payer Primus, à la condition d'avoir hypothèque sur B et de succéder à Primus, il ne lui succédera que sur B et non sur A.

Or j'ai montré que cette subrogation n'est rien autre chose que l'exercice du *jus offerendi*, avec cette particularité qu'il est exercé avec l'argent même pour la restitution duquel est consentie l'hypothèque du subrogé.

Donc, lorsqu'un créancier exerce le *jus offerendi*, il ne succède à l'hypothèque du créancier désintéressé sur un bien, qu'autant que lui-même avait déjà hypothèque sur ce bien. — Puisqu'il ne succède pas à toutes le hypothèques de l'ancien créancier, il est évident qu'il n'acquiert pas sa créance même.

Ce n'est pas à dire que pour la restitution de la somme payée au premier créancier, l'*offerens* n'aura que l'action hypothécaire ; en fait il agira le plus souvent par cette action, puisque c'est pour l'avoir qu'il a payé. Mais si elle lui faisait défaut, par exemple parce que la chose aurait péri, par quelle action personnelle pourrait-il réclamer au débiteur ce qu'il a payé à l'ancien créancier ? De la loi 12, § 8, qui lui interdit de réclamer les intérêts des intérêts, par ce motif : *non enim negotium alterius gessit, sed magis suum,* faut-il conclure que pour ses déboursés ils n'aurait pas l'action *negotiorum gestorum ?* — Je ne le pense pas ; la raison qui lui fait refuser les intérêts des intérêts, c'est qu'ils n'ont pas profité au débiteur. Mais il en est autrement du capital et des intérêts. Quant à ce motif : *magis suum quam alterius negotium gessit,* la loi 6, § 3 *de neg. gest.* dit positivement qu'il n'empêche pas de donner l'action *negotiorum gestorum contraria,* même à celui qui a géré mes affaires *deprædandi animo,* pour tout ce dont *locupletior factus sum.* A plus forte raison ne peut-on pas la refuser ici : et il faut remarquer que le débiteur s'est enrichi de tout ce que l'*offerens* a payé à l'autre créancier.

— Il va sans dire que le créancier postérieur pourra exercer l'action même du créancier qu'il paie, si celui-ci la lui cède. Mais un créancier n'est obligé de céder sa créance qu'à ceux qui sont forcés de le payer. Loi 5 *de solution.* C. VIII, 43.

SECTION II.

Comment cesse le *jus offerendæ pecuniæ* pour le second créancier.

§ 30. — En mettant de côté le cas déjà étudié où c'est le deuxième créancier qui paie le premier pour prendre sa place, nous voulons examiner dans cette section l'effet de l'extinction de la créance du premier créancier sur le droit hypothécaire du créancier postérieur. Cet effet sera de faire cesser le *jus offerendi* dans deux cas très opposés : 1° il cesse, ou plutôt il devient inutile pour le deuxième créancier, lorsque celui-ci, montant au premier rang par le paiement du premier créancier, acquiert l'exercice du *jus distrahendi ;* 2° il cesse complétement lorsque le droit du deuxième créancier est éteint ou purgé. — Nous examinerons ces deux résultats différents dans deux §§ sous chacun desquels nous rencontrerons des cas exceptionnels, où l'extinction de la créance du premier créancier ne change rien à la position du deuxième, parce qu'il y a *succession.*

§ 31. — *En principe, toutes les fois que le premier créancier est désintéressé autrement que par la vente de la chose, le deuxième monte au premier rang.* — Peu importe, quant au créancier postérieur que le premier créancier soit désintéressé par paiement, compensation, dation en paiement (l. 4 *qui pot*).

§ 31 A. — *Mais lorsque la dette du premier créancier est éteinte par novation*, il faut remarquer que l'on peut réserver sur les biens du débiteur le rang hypothécaire de l'ancienne créance, en faveur de la nouvelle obligation (*superioris temporis ordinem manere*, l. 3). Il suffit, du reste, pour conserver le rang hypothécaire, que la nouvelle obligation soit accompagnée d'une convention d'hypothèque sur les mêmes choses (l. 21 pr.). Les jurisconsultes regardent en ce cas le premier créancier comme se succé- ... à lui-même (l. 3 pr.) Il est bien entendu qu'ici comme dans l... s de *successio* opérée par le débiteur, dont celui-ci n'est qu... e variété, l'hypothèque primitive n'est conservée que dans le... nites de l'ancienne créance (12, § 5).

...ite réserve du rang hypothécaire ne souffre pas difficulté, ... nd la novation a lieu par changement de dette ou de créancier. On ne comprend guère, au premier abord, pourquoi il serait plus difficile d'admettre, lorsqu'elle a lieu par changement de débiteur, que les hypothèques de la créance primitive soient réservées sur les biens de l'ancien débiteur, sans son consentement; car il n'a pas de bonne raison pour le refuser, au grand préjudice peut-être du créancier. Cette réserve est pourtant repoussée chez nous par l'art. 1280 C. N., puisé dans Pothier, qui appuyait cette doctrine sur le droit romain. On a cru longtemps qu'il s'était trompé en ce point; car la loi qu'il cite (l. 30 *de Novationib.*) n'est pas décisive. Mais M. Demangeat a récemment démontré (*Des obligations solid. en dr. rom.* p. 50), que cette doctrine n'en est pas moins celle du droit romain: c'est ce qui ressort de la loi *Un. au C. etiam ob Chirograph.* M. Demangeat voit le principe de cette théorie romaine dans le mode employé pour faire novation, c'est-à-dire la stipulation, dont les effets sont en général absolus; et il en conclut que si, pour nover l'obligation, il était possible d'employer au lieu d'une stipulation un simple pacte, rien ne s'opposerait à ce que l'hypothèque pût être réservée même sans le consentement de l'ancien débiteur.

Sur ce dernier point, nous ne partageons pas l'opinion de M. Demangeat. Nous savons combien il est téméraire à nous de contredire le professeur dont nous avons eu le bonheur de suivre les leçons trois années, et dont nous connaissons par expérience la science et la sagacité. Mais nous savons aussi qu'il ne verra dans notre respectueuse contradiction que la preuve de cet amour de la vérité que nous avons toujours trouvé dans son admirable enseignement.

M. Demangeat voit dans la succession du créancier à lui-même en cas de novation, la réserve, la persistance de l'ancienne hypothèque elle-même, qui serait attachée à la nouvelle obligation, par la permission de la loi. Ce point de vue paraît bien être celui de l'art. 1278 du Code Napoléon. Mais était-il celui du droit romain ? C'est ce qu'il faut examiner :

Nous avons vu au cas de subrogation consentie par le débiteur, quelle profonde différence séparait le droit romain du droit français. Tandis que chez nous c'est la loi elle-même qui, par sa toute-puissance, donne au subrogé l'action même de l'ancien créancier, ou suivant un autre système, certains accessoires seulement de cette créance ; en droit romain, la loi n'a pas été aussi loin : nous ne trouvons son intervention que dans le *jus offerendi*, par lequel le débiteur peut acquérir de plein droit l'hypothèque même du premier créancier, sans que celui-ci la lui cède : la loi a-t-elle été au-delà, et est-elle intervenue pour dépouiller le premier créancier des accessoires de sa créance, au profit d'un tiers qui prêterait au débiteur pour le payer ? Non, nous pensons avoir démontré que ce n'est pas l'hypothèque même du premier créancier qu'acquiert le subrogé. Le subrogé est simplement un nouveau créancier hypothécaire qui peut profiter de la subrogation loyale qui résulte de *l'oblatio pecuniæ*. Cela me paraît prouvé jusqu'à l'évidence par la loi 2 *de pignerat.* qui montre que là subrogation n'est possible que si la constitution d'une nouvelle hypothèque est possible, c'est-à-dire si le débiteur est encore propriétaire de la chose hypothéquée au premier créancier.

En cas de novation, est-ce au contraire l'ancienne hypothèque qui subsiste ? Voyons d'abord si les principes généraux le permettent. Ulpien dit (l. 1 *de Nov.* 4-2) : « Novatio est prioris debiti » in aliam obligationem transfusio atque translatio ; hoc est cum » ex præcedenti causa ita nova constituatur *ut prior perimatur*. » Ainsi, par la novation, la première obligation est éteinte. Venuleins, (l. 31, § 1 *de Nov.*), dit qu'elle est *similis solutioni ;* et M. Demangeat ajoute très-justement : « Toutefois, quand il s'agit de la novation par changement d'objet ou par changement de débiteur, peut-être serait-il encore plus exact de la comparer à une dation en paiement. » Il suit de là que la novation, en principe, doit éteindre les accessoires qui garantissaient la première créance, comme le ferait un paiement ou une dation en paiement (l. 4 *qui pot.*). C'est, en effet, ce que dit la loi 4 C. *de Fidej.* 8, 41 : *Novatione legitime perfecta debiti in alium translati prioris contractus fidejussores vel mandatores liberatos esse non ambigitur, si modo in sequenti se non obligaverunt.* » La loi 18 *de Nov.* 4-1, n'est pas moins formelle, quant aux sûretés réelles : *Novatione legitime facta liberantur hypothecæ et pignus.* M. Demangeat formule aussi ce principe : « L'obligation primitivement contractée étant éteints, tous les accessoires, tels que fidéjussion ou hypothèque, seront naturellement éteints en même temps qu'elle. » Puis il ajoute : « Nous avons seulement à rechercher si ce résultat ne pourrait pas être empêché par une convention spéciale, *s'il ne serait pas permis de rattacher à la nouvelle obligation les accessoires de l'ancienne.* »

A la question ainsi posée, qu'on nous permette de répondre d'abord non, d'une façon absolue. Mais on nous objecte tout de suite la loi 12, § 5. « Papinianus, lib. xi, respondit, si prior credi- » tor, postea novatione facta, eadem pignora cum aliis accepit, in » suum locum eum succedere. » Je réponds : Tout ce que la loi permet de réserver ici, c'est le *rang :* c'est ce que dit le passage même de Papinien invoqué dans la loi 12, § 5 : « Creditor accep- » tis pignoribus, qua secunda conventione secundus creditor ac- » cepit, novatione postea facta, pignora prioribus addidit. *Superio- r ris temporis ordinem manere primo creditori placuit,* tanquam » in suum locum succedenti.» Mais l'ancienne hypothèque ne subsiste pas ; et puisque la première condition pour que le créancier puisse ainsi se succéder à lui-même, c'est une nouvelle convention d'hypothèque, convention que supposent tous les textes que nous connaissons sur ce point (l. 3 pr., l. 12, § 5, l. 21, — l. 11, § 1 *de pignerat.*, l. un., C. *etiam ob Chirograph.*), il est bien clair que cette succession, au rang de la première hypothèque, ne pourra être consentie que par celui qui peut constituer une nouvelle hypothèque. De là, deux conséquences : 1° Le débiteur lui-même ne pourra pas, en faisant novation, réserver au créancier son rang hypothécaire sur les biens qui se trouveraient entre les mains d'un tiers acquéreur. M. Demangeat admet cette solution, mais pour d'autres motifs. 2° A plus forte raison, un tiers qui s'oblige, *animo novandi*, envers le créancier, ne peut-il pas réserver le rang hypothécaire sur les biens qui appartiennent au débiteur, parce qu'il ne peut pas constituer une hypothèque sur ces biens : Donc, *si au moment de la novation il était propriétaire du bien hypothéqué*, il pourrait conserver au créancier son rang, en lui constituant alors une hypothèque. C'est ce que dit textuellement la loi un. *etiam ob Chir.* : « *Quod si pactum, inter te eumque qui, postea dominus fundi constitutus, novam obligationem susceperat, intercessit, ut idem fundi tibi pignoris nomine veneretur*, pignoris habes persecutionem. » Il me paraît, en effet, que d'après ce texte, c'est après avoir acquis la propriété du fonds, que le tiers a contracté la nouvelle obligation.

Ces solutions ne sont pas contestables : il faut bien reconnaître qu'on ne peut réserver la première hypothèque dans la novation que là où on pourrait en constituer une nouvelle. Nous sommes donc autorisés à dire que c'est le rang seul et non l'ancienne hypothèque qui est maintenue. — Mais nous n'avons pas jusqu'ici aplani la difficulté ; car on peut nous dire : La réserve du rang est certainement une dérogation à l'effet absolu de l'extinction de la première créance; il faut donc admettre ici une intervention de la loi : Eh bien, pourquoi la loi n'a-t-elle pas été jusqu'à permettre la réserve de l'hypothèque même, qui eût été souvent équitable ?

C'est ici que nous repoussons l'explication qui se fonde sur ce que la novation produisait des effets absolus; car on a bien dérogé à ces effets absolus en ce qui concerne le rang, dès lors on aurait pu y déroger quant à l'hypothèque même. De plus, M. Demangeat dit que si la novation avait pu s'opérer par un pacte, il n'y aurait pas eu d'obstacle à ce que les hypothèques pussent être réservées sans le consentement du débiteur. Nous croyons, quant à nous, qu'il y avait un autre obstacle, et voici comment nous expliquons que le rang seul puisse être réservé. Chez nous, la loi regarde souvent comme existants des droits qui, d'après les principes, seraient éteints; ou bien, elle transporte par sa seule autorité les droits d'une personne à une autre : mais les Romains n'admettaient pas facilement ces dérogations aux règles sur l'extinction des obligations. Pour arriver à des résultats analogues, ils employaient des détours qui les mettaient d'accord avec les principes ; c'est ainsi que le fidéjusseur qui paye peut exercer les actions du créancier, s'il a eu soin de se les faire céder, parce qu'alors *potius emisse quam solvisse videtur*. En un mot, les Romains ne comprenaient guère les subrogations légales : ils en ont pourtant admis une dans le *jus offerendi*, et ils ont ainsi créé un moyen ingénieux de procurer aux créanciers possesseurs, à leur rang, la jouissance de l'hypothèque. Mais cette subrogation légale est quelque chose de tout à fait exceptionnel.

Eh bien, dans le cas qui nous occupe, faut-il voir aussi une intervention spéciale de la loi, intervention qu'on pourrait critiquer d'avoir été si timide ? Non, il n'y a dans la *successio* d'un créancier à lui-même, comme dans la subrogation opérée par le débiteur, qu'une application des principes du *jus offerendi*.

Analysons, en effet, ces opérations, nous verrons qu'elles ont la plus grande analogie.

I. — 1° J'ai deux créanciers hypothécaires, *Primus* et *Secundus:* je veux remplacer Primus par Tertius ; pour cela j'ai un moyen bien simple : j'emprunte de Tertius une somme égale à celle que je dois à Primus, et je lui donne une deuxième hypothèque : Tertius paye et Primus monte ainsi au premier rang ; alors je rends à Tertius l'argent que je lui ai emprunté, la troisième hypothèque s'éteint, et Tertius est mon créancier à la place de Primus.

2° Mais on voit que ce serait une vaine subtilité d'exiger que Tertius exerce ce *jus offerendi* avec d'autres fonds que ceux qu'il a prêtés. — On a donc dû admettre sans difficulté que Tertius succéderait à Primus lorsque le débiteur paierait à Primus l'argent même que Tertius lui a prêté. — 3° Enfin on a aussi admis qu'il en serait de même, bien que Tertius eût remis directement l'argent à Primus, en sorte que la troisième hypothèque n'aurait jamais eu d'existence réelle. Mais au fond l'opération a conservé tous les caractères qu'elle a dans le 1° : et la troisième hypothèque conserve son existence virtuelle en ce sens que, si elle ne peut être constituée et si elle ne l'a pas été en effet, l'opération n'est pas possible.

II. — 1° Supposons maintenant que pour remplacer Primus par Tertius, je m'engage par stipulation envers Tertius *animo novandi*; ici, il n'y a plus aucune intervalle entre la naissance de la dette de Tertius et l'extinction de celle de Primus; mais n'est-ce pas encore au fond la même opération, parvenue à un degré plus elliptique? Et n'est-il pas clair que c'est par les mêmes principes que s'explique dans ce cas la réserve du rang hypothécaire? Or, nous savons que ces principes ne peuvent que donner à une nouvelle hypothèque le rang de l'ancienne, mais non conserver cette ancienne hypothèque. Tous les textes que nous connaissons sont en harmonie avec cette interprétation : « Novata debiti obligatio » pignus perimit, nisi convenit ut pignus *repetatur*. » *Repetatur*; ce mot exprime que le gage recommence, qu'il est reconstitué et non pas qu'il continue. Les autres textes supposent tous des conventions d'hypothèque, et non pas des réserves : et Papinien dit expressément que c'est le rang qui subsiste. — 2° Si nous passons à la novation par changement d'objet, nous voyons qu'elle peut aussi être considérée comme l'abrégée d'une opération qui se prêtait à l'application du *jus offerendi*. Supposons, en effet, que j'ai deux créanciers hypothécaires, Primus et Secundus. — Primus me doit cent mesures de blé, et je fais novation par changement de créancier et de dette, en promettant 100 écus à Tertius, moyennant quoi je suis libéré envers Primus. — L'analogie avec les deux cas précédents est facile à voir : c'est au fond, pour le résultat, comme si j'empruntais à Tertius pour payer Primus, au cas où Primus aurait consenti à me libérer des cent mesures de blé moyennant une dation en paiement de cent écus: la succession de Tertius à Primus s'opère donc encore suivant les mêmes principes. — Eh bien, lorsque c'est Primus lui-même qui consent à nover la créance de cent mesures de blé par une nouvelle créance de 100 écus, il fait vis-à-vis de lui-même ce que faisait Tertius tout à l'heure: c'est comme s'il se donnait en paiement à lui-même les cent écus, pour éteindre sa créance de blé; il reste créancier de ces cent écus; et de même que Tertius pouvait tout à l'heure succéder au rang de Primus, dont la créance était éteinte par la naissance de la nouvelle, de même ici on admet

Primus à garder, pour sa créance de cent écus, le rang qu'il avait
pour sa créance de blé, *tanquam in suum locum succedenti*. — Mais
il succède toujours aux mêmes conditions, conformément aux
principes du *jus offerendi* : il faut donc qu'il puisse être, au moins
virtuellement, à même d'exercer ce droit, c'est-à-dire qu'il ait
fait une convention d'hypothèque..

C'est donc parce que la réserve du rang hypothécaire n'est
qu'une conséquence déduite par une série d'analogies, du *jus
offerendi*, que dans la novation par changement de débiteur, la
réserve du rang hypothécaire exige une convention d'hypothèque
faite avec ce débiteur, s'il est encore propriétaire de la chose.

§ 32 B · L'hypothèque du premier créancier survit au paiement de sa créance, toutes les fois qu'il cède ses actions à quelqu'un qu'il constitue mandataire *in rem suam*. Ici ce sont bien les
accessoires même de la créance qui subsistent, parce que la
créance même est censée subsister, ayant été achetée plutôt qu'é-
teinte par le paiement. Le créancier est obligé de céder son droit
sur leur réquisition, à certaines personnes, qui sont forcées de le
payer, mais qui d'après l'équité ne doivent pas le supporter définitivement. C'est le bénéfice *cedundarum actionum* : il appartient
aux cautions et aux coobligés, dont le créancier réclame un paiement intégral. Ce bénéfice rendra plus efficace le recours que ces
personnes peuvent avoir par une simple action personnelle, *man-
dati contraria, negotior. gest* ou *pro socio* ; et il procurera au fidéjusseur ou au *coreus* le recours qu'il n'aurait pas sans cela
contre ses cofidejusseurs ou ses *corei*.

Enfin le même droit appartient au détenteur de la chose hypothéquée, qui, pour garder la chose, est obligé de payer la dette
d'autrui, L. 19. (1) Cette cession fournira au détenteur une ex-

---

(1) L'existence du bénéfice *cedun. lar. act.* au profit du tiers détenteur ne
me parait pas sérieusement contestable. Si la décision de Scævola a une
forme un peu dubitative, cela peut s'expliquer par l'ancienneté de ce jurisconsulte qui écrivait sous Marc-Aurèle, à une époque où les principes du
droit romain n'étaient pas encore fixés sur toutes les questions que pouvait
soulever l'hypothèque, institution récente. Un autre texte relatif à ce point
(la L. 57, *de Legatis I*), semble bien montrer qu'au temps d'Ulpien, le tiers détenteur avait toujours le bénéfice *cedundar. act.* Ce qui parait spécial au cas
dont traite Ulpien, c'est la dernière phrase : *Quod quanquam suo tempore
non fecerit, tamen per jurisdictionem præsidis provinciæ id ei præstabitur.*

ception contre les créanciers postérieurs à celui qu'il a payé, et de plus une action mieux garantie que son action *ex emplo* pour réclamer au vendeur ce qu'il a payé.

De cette loi 29, il résulte bien que si un créancier postérieur était en possession de l'immeuble, il ne serait pas borné au *jus offerendi*, qui ne lui donnerait que l'hypothèque qui prime la sienne; mais il faut exiger la cession des actions du demandeur, ce qui peut lui être très-avantageux, par exemple si le premier créancier avait hypothèque sur d'autres biens. Ce serait là un des rares avantages attachés en droit romain à la possession du gage.

Ce bénéfice *cedundarum act.* appartient-il à n'importe quel possesseur? — La L. 19 dit *justus possessor*. Mais Pothier prétend qu'il faut l'accorder à n'importe quel possesseur, en vertu de la L. 12, § 1, *quib. mod. pign.* qui dit que tout possesseur peut, en payant le créancier, l'écarter de la revendication du gage: mais il ne résulte pas nécessairement de là que tout possesseur puisse en échange de ce paiement exiger la cession des actions: il est vrai que la L. 12 ajoute : « Neque enim debet quæri de jure possesso- » ris, quum jus petitoris removeatur soluto pignore. » Mais cela peut être entendu par relation avec ce qui précède. Cette loi ne montre donc pas d'une façon bien décisive que les mots *justus possessor* n'aient aucune importance dans la L. 29. Toutefois l'opinion de Pothier ne paraît pas contestée.

§32. — *Quand est purgé le droit des créanciers postérieurs ?* — Le premier créancier a seul le droit de vendre la chose d'une manière irrévocable. L'acheteur, en entrant en possession, acquiert le même droit qu'avait le débiteur sur la chose (Schilling, § 217, *note* 18). Cette vente, si elle est régulièrement faite, anéantit les hypothèques postérieures, et par conséquent le *jus offerendi* qui en était l'attribut (l. 3, *de Distractione*, 20, VI; l. 1, C. *Si Antiquior.*, VIII, 20; l. 6, C. *de Oblig.*, IV, 10; l. 12, § 7, *Qui pot.*, D. Mais ce dernier texte n'est pas très-exact, car il semble mettre sur la même ligne le premier créancier et celui qui a acheté de lui. Or, le premier créancier peut se voir enlever la chose par le *jus offerendi*, au lieu qu'elle ne peut aucunement être enlevée à l'acheteur.

Mais le créancier postérieur a aussi le droit de posséder et de vendre la chose, et son droit n'est exclu que par l'exercice régulier que fait le premier créancier de ce même droit. Il faut donc que la vente faite par celui-ci soit loyale et sérieuse, pour qu'elle purge les autres hypothèques.

§ 32 A. — Ainsi, le second créancier conserve son droit contre certains possesseurs qui tiennent pourtant la chose du premier créancier, mais qu'on ne regarde pas comme de véritables acheteurs ; par exemple, le fidéjusseur qui est obligé de payer, ou le créancier postérieur qui a intérêt à payer pour sauver son droit, et qui aurait obtenu de prendre, à titre d'achat, l'objet qui lui avait été donné en gage (l. 5, § 1) : ce possesseur peut être écarté par le *jus offerendi*, car son prétendu achat n'a été qu'un moyen de succéder au gage du premier créancier ; il s'est fait *necessitate juris* (l. 2, *de Distract.*). Or, on comprend que le premier créancier, n'ayant pas d'intérêt à s'y refuser, consentirait facilement à cette vente, quel que fût l'excès de la valeur de la chose sur le montant de la créance.

On ne pouvait donc admettre qu'elle purgeât les hypothèques postérieures. Elle ne transporte à l'acheteur que l'hypothèque du vendeur, même vis-à-vis du débiteur, qui n'a qu'à payer la dette pour reprendre sa chose (l. 6, *de Distr.*).

§ 32 B. — A part le premier créancier, le second seul a le droit de vendre la chose. Donc la vente faite par tout autre personne que le premier créancier ne purge pas le droit du second. Et, si par cette vente le premier est désintéressé, la conséquence paraît devoir être que le second monte au premier rang ; mais cela eût souvent blessé l'équité.

Ainsi la vente consentie par le débiteur à un tiers qui paie le premier créancier ne purge pas les hypothèques des créanciers postérieurs ; mais on comprend qu'il serait injuste qu'il n'eût désintéressé le premier que pour se voir enlever la chose par le second : aussi lui donne-t-on la place du premier créancier qui lui servira à repousser les créanciers postérieurs. Loi 3, C. *De his qui in prior.* : « Si potiores creditores pecunia tua dimissi » sunt, quibus obligata fuit possessio, quam emisse tu dicis, ita

» ut pretium perveniret ad eosdem priores creditores, in jus
» eorum successisti ; et contra eos qui inferiores illis fuerunt,
» justa defensione te tueri potes. » 225.

Pothier remarque avec raison ici que cet acheteur n'a pas réellement hypothèque sur la chose, puisqu'elle lui appartient; mais le prêteur le protége contre les créanciers postérieurs comme il aurait protégé le créancier dont il a pris la place.

Faut-il, pour que l'acheteur ait cette exception, qu'il ait acheté à cette condition expresse de prendre la place du créancier qu'il paie ? Pothier le prétend, il dit que cela doit être sous-entendu en vertu du principe général exprimé dans la loi 1, C. *De his qui in pot.* Mais tous les termes de ce texte : « Hoc enim tunc observa» tur, cum is qui pecuniam postea dat, sub hoc pacto credat, ut » idem pignus ei obligetur, et in locum ejus succedat, » montrent jusqu'à l'évidence qu'il n'avait pas en vue le cas qui nous occupe. En outre, nous avons un texte fort explicite qui prouve que cette condition n'est pas nécessaire; c'est la loi 3, § 1, *de Distractione :* Papinien : « Si tamen debitor, non interveniente creditore, pignus » vendiderit, ejusque pretium priori creditor solverit, emptori » poterit offerri, quod ad alium creditorem de numeris ejus per» venit, et usura medii temporis; nihil enim interest debitor pi» gnus datum vendidit, an denuo pignori obliget. »

Lorsque l'argent payé par l'acheteur au débiteur est arrivé au premier créancier, le second créancier peut néanmoins déposséder cet acheteur par le *jus offerendi.* Il résulte de là que dans ce cas le second créancier ne pourrait jamais évincer l'acheteur sans le rembourser de ce qui a servi à écarter le premier créancier. Il est vrai que le plus souvent cette subrogation se présentera dans le cas où l'acheteur aura eu soin de convenir que son prix servirait à payer le premier créancier, et aura surveillé l'exécution de cette clause; car sans cela il lui sera presque toujours impossible de prouver que c'est son prix qui a désintéressé le premier créancier.

La fin de la loi 3, § 1, nous explique pourquoi cette vente, faite par le débiteur pour payer le premier créancier, ne purge pas les hypothèques postérieures : *Nihil interest, pignus datum debitor vendiderit, an denuo obliget.* Le débiteur a conféré au second créancier le droit de vendre la chose, pourvu que ce droit ne fût pas exercé par le créancier précédent, et, si celui-ci l'exerce, le droit de profiter de l'excédant du prix sur la première créance. Or, si on avait admis que la vente faite par le débiteur pour payer le premier créancier purgeât les autres hypothèques, on eût donné au débiteur un moyen facile de frauder les créanciers postérieurs; il frustrerait le second créancier en vendant lui-même, payant le premier, et dissimulant le reste du prix : le concours du premier créancier à la vente est une garantie contre cette fraude, à laquelle il n'a pas d'intérêt à se prêter. Ou bien le débiteur aurait trouvé un prêteur disposé à prendre la place du premier créancier, et en présentant l'emprunt comme une vente pour un prix égal au montant de la première créance, mais inférieur à la valeur de la chose, le débiteur se serait débarrassé de toutes les hypothèques postérieures. Puis, en remboursant son prêteur, il aurait repris, par un rachat fictif, sa chose libre d'hypothèques. Aussi, regarde-t-on toute vente faite par le débiteur pour désintéresser le premier créancier avec le prix, comme la concession d'une nouvelle hypothèque avec subrogation au rang du créancier désintéressé. Seulement, il est bien clair qu'on ne pouvait pas exiger ici que l'acheteur exprimât cette condition qu'il prendrait la place du premier créancier : il croyait que par la vente et le paiement du prix au premier créancier, il allait acquérir la propriété incommutable de la chose; il ne pouvait donc pas penser à stipuler une hypothèque. La loi décide qu'il ne peut acquérir la propriété que grevée de toutes les hypothèques consenties par le débiteur; mais du moins ne peut-il être plus mal traité que celui qui aurait simplement prêté pour être subrogé au premier créancier. On l'assimile vis-à-vis des autres créanciers à un prêteur subrogé; il doit avoir les avantages de cette assimilation qui lui ôte son droit d'acheteur. On ne pouvait donc lui enlever la possession qu'en lui remboursant ce qu'il a payé.

Il résulte de là que, comme le prêteur subrogé, cet acheteur ne succède qu'à l'hypothèque dont il a libéré le fonds; mais il n'a pas besoin de la requérir de celui qu'il paie : il la tient du débiteur, ou plutôt de la loi, qui vis-à-vis du débiteur ne voit que la concession d'une hypothèque là où le débiteur a voulu transférer la propriété; mais cette hypothèque prend le premier rang par l'*oblatio pecuniæ* faite au premier créancier. On voit donc

que : base de cette subrogation légale de l'acheteur, c'est la cor·
rélation qui existe entre le prix qu'il paie au premier créancier
et le d it réel qu'il reçoit qu'il reçoit du débiteur, droit qui, à
l'ég   des autres créanciers, n'est qu'une nouvelle hypothèque.
C'est alors seulement que se conçoit l'assimilation faite par Papinien : *Nihil interest, debitor pignus datum vendidit, an denuo
pignori obliget.*

Il faut conclure de là, quelque bizarre que puisse paraître ce
résultat, que l'acquéreur qui, sans se préoccuper des créanciers
hypothécaires, aurait payé son prix à l'acheteur, et qui ensuite
paierait le premier créancier pour se soustraire à la nécessité de
délaisser la chose, ne sera pas subrogé de plein droit à l'hypothèque de ce créancier. Il est alors dans la classe des possesseurs
ordinaires dont parle la l. 12, § 1. Mais il a la ressource de ne
payer que moyennant la cession des actions du revendiquant
(l. 19); cession qui pourra peut-être lui procurer, non-seulement
une exception contre les créanciers possesseurs, comme le ferait
la subrogation légale, mais le remboursement de ce qu'il a payé.

La subrogation légale au profit de l'acheteur a lieu sans difficulté lorsque cet acheteur est un créancier postérieur qui emploie son prix à désintéresser le premier créancier (l. 17). Mais
ici, tant que cet acheteur conserve vis-à-vis des tiers sa qualité
primitive de simple créancier postérieur, tout paiement qu'il fait
au premier créancier, même après avoir payé son prix, doit être
considéré comme l'exercice du *jus offerendi*, et emporte subrogation légale.

La translation de propriété faite par le débiteur ne nuit pas
davantage aux créanciers postérieurs, lorsqu'elle a lieu au profit
du premier créancier lui-même, que ce soit sous le nom de vente
ou de dation en paiement. Les créanciers postérieurs conservent
vis-à-vis du premier le droit d'obtenir la possession en lui offrant
la somme que garantissait son hypothèque. L. 1 *Si antiquior,*
C. viii, 20.

SECTION III.

A qui appartient le *jus offerendi*.

§ 33. — Nous avons toujours considéré jusqu'ici le *jus offerendi* comme donné aux créanciers postérieurs, pour qu'ils puissent, en prenant la place du premier créancier, exercer eux-mêmes le *jus retinendi vel distrahendi*. A ce titre, il appartient à tous les créanciers postérieurs, à quelque rang qu'ils soient (L. 16 *plane quum Tertius creditor*, etc.). Il peut donc s'élever un conflit entre eux, si plusieurs offrent en même temps, ou si après que l'un a pris la place du premier créancier par l'*oblatio pecuniæ*, un autre veut exercer vis-à-vis de lui le même droit. Comment régler ce concours ? Je trouve cette question soulevée dans une thèse de doctorat (1), qui répond, en invoquant la loi 20, que la préférence pour l'exercice du *jus offerendi*, se réglera *suivant l'ordre des rangs*. Cette solution nous paraît bonne, mais il est besoin de quelques développements pour montrer jusqu'à quel point elle peut s'appuyer sur la loi 20.

J'examinerai d'abord le cas où le *jus offerendi* est exercé successivement par plusieurs créanciers : Lorsqu'un créancier qui a pris le premier rang par l'*oblatio pecuniæ*, peut être à son tour écarté par un autre créancier qui lui offre seulement ce qu'il avait compté au premier, nous en conclurons que si ces deux créanciers se présentaient ensemble, celui qui tout à l'heure aurait pu chasser l'autre du premier rang sera préféré. Voyons quelles lumières nous fournit sur ce point la loi 20, h. t. (traduction de M. Pellat).

« Si après le premier contrat fait avec votre débiteur, et avant que vous lui fissiez un nouveau prêt, Séius a prêté 50 au même débiteur, qui lui a hypothéqué ce dont la chose qui vous a été engagée surpassait votre créance, et qu'ensuite vous ayez prêté au même débiteur 40, par exemple, on a demandé si l'excédant du prix de la chose sur votre première créance sera hypothéqué à Séius pour 50 ou à vous pour 40. Supposez que Séius est prêt

(1) Par M. Emile Guyot, 1858.

à vous offrir la somme que vous avez prêtée en premier lieu. *J'ai dit qu'en conséquence des principes,* Séius sera préféré sur le surplus du gage, et que s'il offre au premier créancier la somme qu'il a prêtée en premier lieu et les intérêts, ce premier créancier ne viendra qu'après lui pour la somme qu'il a prêtée depuis au même débiteur. » Cette traduction, d'une admirable exactitude, va nous être du plus grand secours pour bien comprendre ce texte ; on en fausse quelquefois le sens en voulant rattacher la phrase : *dixi consequens esse,* à la précédente par une liaison telle que *alors,* ou, *il en résulte que,* on fait ainsi de la phrase *finge Seium paratum esse,* le motif déterminant de la décision ; ce qui est absurde : car on arriverait ainsi à dire que si Séius n'offrait pas à Primus sa première créance, la solution serait autre, c'est-à-dire que Primus passerait avant Séius pour ses deux créances ; ce qui serait contraire à la loi 12, § 3, laquelle n'est du reste que l'application la plus simple des principes de la matière. — Quelle est donc la portée de cette phrase : *finge Seium,* etc ? Elle a pour but de faire apparaître l'intérêt de la question, de préciser le point sur lequel portait la difficulté. De quoi s'agit-il en effet ? ce n'est pas de régler la distribution du prix après que la chose aurait été vendue par Primus, car alors il ne pourrait pas être question de *jus offerendi.* — Mais Primus est en possession et veut vendre ; Séius veut se faire attribuer ce droit, en exerçant le *jus offerendi.* Mais voici la difficulté qui se présente : Primus, étant créancier au premier rang et au troisième, élève la prétention de n'abandonner la rétention qu'autant qu'on lui offrirait, non-seulement sa première créance, mais aussi le montant de la troisième, pour laquelle il a intérêt à garder le *jus distrahendi.* Mais le jurisconsulte n'admet pas cette prétention, et il applique ici ce que nous dit la loi 12, § 3 : Primus est créancier deux fois, au premier rang et au troisième ; c'est exactement pour Séius comme s'il était entre deux créanciers distincts, Primus et Tertius ; il n'a donc à rembourser que la première créance pour acquérir le premier rang.

Une fois que Primus se trouvera ainsi créancier au premier rang pour deux créances, il est bien certain, que Primus, qui se trouve maintenant au troisième rang, pourra l'écarter à son tour par l'*oblatio pecuniæ ;* mais il devra évidemment rembourser les deux créances qui le priment maintenant. Remarquons dès lors que Primus aurait pu, s'il avait voulu, écarter dès l'abord l'*oblatio pecuniæ* de Seius, en lui offrant ce qui lui était dû. Puisque c'est là le résultat définitif auquel Primus pourrait arriver en se laissant d'abord rembourser sa créance n° 1, puis en remboursant à Seius les créances n°ˢ 1 et 2 ; il serait absurde qu'il ne pût pas atteindre immédiatement ce résultat, en remboursant simplement à Seius sa créance n° 2.

De la loi 20 nous pouvons donc tirer ces deux règles :

I. Un créancier placé entre deux hypothèques du même créancier, peut exercer le *jus offerendi* vis-à-vis de la première seulement.

II. Lorsque le créancier antérieur a, outre la première hypothèque d'autres hypothèques contiguës à celle-ci, quoique d'origine distinctes, un créancier postérieur ne peut l'écarter par l'*oblatio pecuniæ*, qu'en lui remboursant toutes les créances garanties par ces hypothèques.

Prenons un exemple, pour appliquer ces règles et pour chercher la solution des questions qu'elles ne résolvent pas : — Soient sur un bien 5 hypothèques 1, 2, 3, 4, 5, appartenant aux 5 créanciers A, B, C, D, E.

$$\begin{array}{ccccc} A & B & C & D & E \\ 1 & 2 & 3 & 4 & 5 \end{array}$$

Si B paie A, il ne pourra être écarté qu'autant qu'on lui offrira les créances 1 et 2 ; si C les lui paie, il ne pourra à son tour être écarté que si on lui offre 1, 2 et 3. Et ainsi de suite ; chaque créancier pourra donc jouir de tous les avantages de l'hypothèque, à son rang, c'est-à-dire à la condition que tous ceux qui le précèdent soient désintéressés.

Mais il peut arriver que B, parfaitement sûr d'être payé, quel que soit le prix de la vente, ne veuille pas exercer le *jus offerendi* (ou qu'il ne le puisse pas) ; — tandis que C, D, E, dont les hypothèques sont placées à la limite de la valeur de l'objet, auraient le plus grand intérêt à acquérir le *jus offerendi*, en payant seulement la créance de A qui est minime. Eh bien, si C, le premier, rembourse A, est-ce que D ou E pourra l'écarter en lui offrant seulement la créance 1 ? — ou bien faudra-t-il lui offrir les créances 1 et 3? La question est délicate : car si les deux créances de C (1 et 3) sont antérieures à D et à E, elles sont séparées par celle de B qui pourrait certainement, lui, les considérer comme appartenant à deux créanciers distincts. Pour arriver à la solution, supposons que ce soit D qui ait le premier remboursé A; il est bien certain alors (aux termes de la L. 20) que C pourrait néanmoins écarter D, comme il eût pu écarter A, en remboursant la créance 1 seule. Je crois qu'à moins de vouloir tourner dans un cercle vicieux, il faut conclure de là : — 1° que si C et D se présentaient ensemble pour prendre la place de A en payant la créance n° 1, C devrait être préféré; — 2° et par conséquent, que si C le premier a exercé le *jus offerendi* vis-à-vis de A, D ne pourra le chasser de cette position qu'en lui offrant les créances 1 et 3. — On voit que D aurait un moyen moins onéreux de se procurer la première place, dans le cas où la créance 2 serait moins élevée que la créance 3. Ce serait d'exercer le *jus offerendi* vis-à-vis de B; il pourrait alors, comme B lui-même, arriver au premier rang, en offrant à C seulement la créance n° 1 (Loi 20, règle I).

Nous pouvons donc formuler cette troisième règle : pour que le premier créancier soit écarté par l'*oblatio pecuniæ*, il faut qu'elle soit non-seulement du montant de la première créance, mais de toutes celles garanties par des hypothèques antérieures à celle de l'*offerens*.

— Je ne met pas en doute l'existence de la faculté que j'ai supposée à un créancier (D), d'exercer le *jus offerendi* vis-à-vis d'un créancier antérieur (B) qui n'est pas le premier. En effet, je vois dans le *jus offerendi* un attribut du droit hypothécaire, qui permet à un créancier postérieur de faire arriver la condition à laquelle est subordonné pour lui le plein exercice des droits que confère l'hypothèque, en désintéressant les créanciers antérieurs. Or, s'il ne peut les payer tous, il fait une partie du chemin et approche du but, en désintéressant l'un d'eux. Je ne vois donc pas pourquoi le deuxième pourrait, plus que le premier, refuser le paiement que lui offre le quatrième, qui a intérêt à lui succéder.

§ 31. — Enfin le premier créancier lui-même peut, s'il le veut, prendre la place du créancier inférieur en le désintéressant : —

C'est ce que Paul dit de la façon la plus claire *Sent.* II, xiii § 8 :
« Novissimus creditor priorem oblata pecunia, quo possessio in
» eum transferatur, dimittere potest. Sed et prior creditor se-
» cundum creditorem, si voluerit, dimittere non prohibetur,
» quanquam ipse in pignore potior sit. »

Peu de textes, assurément se prêtent moins que celui-là à l'hypothèse d'une altération. Pourtant des Allemands d'une grande
réputation (Sinde, Zirnmern, Sintenis) (1), pensent que ce texte
est altéré : voici, je crois, le raisonnement de ces auteurs : —
L'hypothèque a pour but d'assurer le paiement du créancier. Or,
le créancier du premier rang jouissant de tous les avantages de
l'hypothèque, et les créanciers postérieurs ne pouvant que lui
offrir tout ce qui lui est dû, le premier n'a absolument rien à
gagner à prendre la place d'un créancier postérieur ; et on ne
voit pas pourquoi on lui donnerait un droit qui ne pourrait lui
servir à rien.

Voilà une opinion bien savante, trop savante croyons-nous,
pour trouver beaucoup de partisans en France. En effet les jurisconsultes romains étaient des praticiens rompus à la plus subtile analyse, et non des professeurs édifiant des théories de droit
pur. On n'aperçoit dans les fragments qu'ils nous ont laissés aucune trace de cette puissante et rigoureuse synthèse que les Allemands appliquent à la reconstruction du droit romain. Il n'y a
donc rien d'étonnant à ce qu'on trouve dans un texte de Paul
une idée qui n'eût pas trouvé place dans un traité de droit bâti
suivant le plan et la méthode d'un ouvrage allemand, tel que la
Doctrina Pandectarum, par exemple. — D'ailleurs, Paul lui-
même donne le *jus offerendi* au premier créancier plutôt comme
une faculté qu'il n'y a pas de raison de lui refuser, que comme
un droit qui doive lui être nécessaire ou habituellement utile. Et
si cette *oblatio pecuniæ* n'ajoute rien aux chances qu'il a d'être
payé, le premier créancier peut avoir un autre but en l'exerçant :
peut-être désire-t-il ne pas être remboursé immédiatement, crai-
gnant de ne pas trouver pour son argent un placement aussi sûr
et aussi lucratif.

Mais allons plus loin : est-il vrai que le *jus offerendi* ne puisse

(1) Voy. Schilling, traduction de M. Pellat, § 422, note 20. — Schilling repousse l'opinion de ces auteurs.

jamais affermir ou étendre les droits du premier créancier ? — Schilling, § 222, note 19, renvoie pour l'indication de cas où le premier créancier aurait intérêt à exercer le *Jus offerendi*, à l'ouvrage d'un auteur allemand (Gluck), que nous n'avons pas pu consulter. — M. de Fresquet présente trois hypothèses où cet intérêt existerait pour le premier créancier ; mais dans deux de ces hypothèses, le premier créancier (*prior*) n'est pas réellement et incontestablement *potior*. Reste la troisième, qui me paraît satisfaisante : c'est lorsque le créancier postérieur a la possession comme créancier gagiste. En le payant, le premier créancier pourra obtenir cette possession avant l'échéance de sa créance, ce qui peut lui être très-utile, ne fût-ce que pour empêcher la détérioration de la chose, ou sa disparition si elle est mobilière. De plus nous savons que cette possession assurera au premier créancier un privilége contre les créanciers de même rang que lui (L. 10 *de pignorib.*) Il faut supposer, pour que cet intérêt se présente, que la créance du gagiste est échue, pour qu'on puisse le forcer à recevoir le paiement, et que celle du premier créancier hypothécaire ne l'est pas : car l'échéance arrivée, il pourrait obtenir la possession par l'action hypothécaire.

— Nous avons d'ailleurs rencontré dans le cours de ce travail d'autres cas où le premier créancier aurait intérêt à payer le créancier postérieur : — 1° Lorsque le droit de ce créancier postérieur serait un *pignus in causâ judicati captum* (voy. ci-dessus § 6 bis).

— 2° Nous avons admis ci-dessus (§ 33) que si Primus est créancier au premier et au troisième rang, il peut exercer l'*oblatio pecuniæ* à l'égard de Secundus, qui voudrait lui rembourser sa première créance seulement.

— 3° Nous savons que lorsque la chose hypothéquée a été vendue ou donnée en paiement au premier créancier, il reste simple créancier hypothécaire vis-à-vis des créanciers postérieurs, qui peuvent lui enlever la possession par le *jus offerendi* (L. 1 *si Antiq.* VIII, 20) : ce premier créancier a dans ce cas le plus grand intérêt, s'il veut garder la propriété qui lui a été conférée par le débiteur, à écarter les créanciers postérieurs par l'*oblatio pecuniæ* : car il peut se faire que la plus-value de l'immeuble soit plus considérable que le montant de la créance postérieure, ou même que le premier créancier soit attaché à la possession de l'immeuble. Et qu'on ne dise pas qu'il lui suffirait, lorsque le créancier postérieur viendrait exercer le *jus offerendi*, d'exercer le droit qui appartient à tout détenteur d'écarter la demande du créancier hypothécaire en le payant. — Le *jus offerendi* est plus avantageux ici au premier créancier en ce qu'il lui permet de prendre les devants. En effet, sans cela il serait forcé de tenir en réserve la somme nécessaire pour payer le second créancier, jusqu'à ce qu'il plût à celui-ci d'exercer le *jus offerendi*; il courrait ainsi la chance de perdre cette somme et de ne pas l'avoir sous la main le jour où il en aurait besoin pour conserver la possession. Il a d'ailleurs intérêt lorsqu'il veut conserver la chose comme acheteur, à la purger le plus tôt possible des hypothèques postérieures ; car tant qu'elles subsistent, il courrait un grand danger s'il perdait la possession : cette possession pourrait arriver au créancier postérieur, et alors le premier créancier devrait pour la reprendre prouver son antériorité, preuve peut-être difficile.

Enfin, en supposant que le premier créancier se fût interdit de vendre la chose, ce qui l'obligeait à faire trois dénonciations, et par suite à attendre un certain temps (Paul *Sent.* ii, tit. V, 1 et xiii, 5), on peut croire qu'en succédant au droit du deuxième créancier, il aurait acquis le droit de vendre immédiatement si celui-ci l'avait (Argum. l. 3 *quœ res pignori*). Le premier créancier pouvait donc encore dans ce cas avoir intérêt à prendre la place du deuxième par l'*oblatio pecuniæ*.

§ 33. — Puisque le *jus offerendi* appartient aux créanciers antérieurs vis-à-vis des créanciers postérieurs, il pourra se faire que deux créanciers veuillent mutuellement se désintéresser par le *jus offerendi*: comment régler ce conflit ?

D'abord il pourrait y avoir un motif légitime évident pour préférer l'un de ces créanciers. — Ainsi 1° si l'un a acheté le gage, c'est à lui qu'on devra laisser l'exercice du *jus offerendi*, puisque son intérêt n'est pas borné au paiement de la créance, et qu'il a le droit de garder la chose à titre d'acheteur, sauf les hypothèques des autres créanciers.

2° Si Primus est créancier aux rangs 1 et 3, et que Secundus lui offrant la créance 1 seulement, il veuille l'écarter en lui payant la créance 2, il est clair que Primus doit l'emporter : car la résistance de Secundus serait pure chicane, puisqu'une fois qu'il serait créancier aux rangs **1** et **2**, Primus pourrait lui rembourser ces deux créances.

Si on ne trouve pas que l'un des deux créanciers ait un intérêt légitime à exercer, plutôt que l'autre, le *jus offerendi*, et que chacun n'ait que des raisons de convenance pour vouloir rester créancier, je crois que si l'un des deux est en possession, la volonté de celui-là doit prévaloir, en vertu de la maxime générale : *In pari causa melior est possidentis.*

Enfin si l'on ne trouve pas cette cause de préférence entre les deux créanciers, je ne vois ici aucune raison de rendre prépondérante la volonté du premier. Je crois donc que le conflit ne pourra cesser que par l'intervention du débiteur, qui prendra l'argent de celui qu'il veut garder pour créancier, et l'emploiera à payer l'autre dont l'hypothèque passera ainsi au *solvens*.

Du reste, il faut dire que le cas que nous prévoyons dans ce § 35, ne se rencontrera presque jamais. Au point de vue de la pratique, c'est une pure chimère ; nous ne pouvons donc partager l'opinion d'un de nos confrères, (1) qui, traitant avant nous le même sujet, prétend justifier l'art. 1251 1° de ne pas accorder la subrogation au créancier antérieur, par la possibilité d'un pareil conflit qui aurait rendu la subrogation impraticable.

APPENDICE.

§ 36. Il me reste à expliquer la L. 16 *qui pot.* dont j'ai déjà dit un mot dans le § **3.**

« Claudius Félix avait hypothéqué le même fonds à trois
» créanciers, d'abord à Eutychiana, puis à Turbon, puis à Ter-
» tius. Eutychiana n'ayant pas réussi à prouver son droit devant
» le juge, dans un procès contre Tertius, avait succombé et n'a-
» vait point appelé. Turbon à son tour avait eu un procès avec
» Tertius, et l'avait aussi perdu... »

Voici vraisemblablement pourquoi Turbon avait succombé ; Tertius avait sans doute dit au juge : — Turbon reconnaît être postérieur à Eutychiana ; or il a été jugé que j'étais préférable à Eutychiana : donc je suis préférable à Turbon. » Et le juge avait

(1) M. Emile Guyot.

adopté ce raisonnement. Mais Turbon appelle de la sentence, et alors en appel se représente la question que Paul va discuter. Il reproduit d'abord l'argument qui avait triomphé en première instance : « Quærebatur utrum Tertius creditor etiam Turbonem » superare deberet, qui primam creditricem, an ea remota, » Turbo Tertium excluderet. » On invoquait encore au profit de Tertius un nouvel argument, et l'on disait : « Si Tertius avait » désintéressé Eutychiana avec son argent, il aurait pris sa place. » — Eh bien, pourquoi n'en serait-il pas de même ici où Tertius » a écarté Eutychiana par une victoire judiciaire ? » Certaines gens admettaient donc, par ces deux raisons, que Tertius devait être préféré à Turbon. — Mais Paul trouvait que cela n'était pas du tout juste : — Il ne répond pas au deuxième argument tiré de l'analogie avec le *jus offerendi;* mais la réponse est facile. — Supposons Eutychiana créancière de 5,000, Turbo de 15,000, Tertius de 10,000 : si Tertius désintéressait Eutychiana, il prendrait sa place parce qu'il l'aurait rendue vacante; cela ne nuirait en aucune façon à Turbon, qui après comme avant serait séparé du premier rang par une créance de 5,000 dont il pourrait prendre la place par l'*oblatio pecuniæ :* que cette créance appartienne à Eutychiana ou à Tertius, peu lui importe.—Mais lorsque Tertius a fait juger qu'il était préférable à Eutychiana, s'il voulait par ce motif passer avant Turbon, il lui nuirait beaucoup, — car Eutychiana conserve toujours sa créance et son rang vis-à-vis de Turbon, qui serait obligé d'offrir 15,000 au lieu de 5,000 pour arriver au premier rang. — Il n'y a donc pas analogie.

Quant au premier argument, qui se résume ainsi : *Si fortiorem te vinco, a fortiori te vincam,* Paul se contente, pour le condamner, de l'appliquer à deux espèces différentes, et de montrer que dans toutes les deux, un individu invoque la chose jugée contre un tiers qui n'a pas été partie au procès : en effet, Tertius dit à Turbo : J'ai vaincu Eutychiana *fortiorem te,* donc... etc. — Mais Turbon répond : Je reconnais qu'Eutychiana est *fortior me* (soit qu'elle l'ait fait juger contre lui, soit que cela ne soit pas contestable); mais je ne reconnais pas que vous l'emportiez sur Eutychiana, parce que cela n'est attesté que par un jugement auquel je n'ai pas été partie, et dont l'effet est tout relatif : il faut donc que vous prouviez que vous m'êtes préférable, ou du moins que vous prouviez *contre moi* que vous êtes préférable à

Eutychiana : et il ne vous suffit pas pour faire cette preuve d'invoquer une sentence qui n'a pas été rendue contre moi (1). — Aussi Paul résumant son opinion repousse les deux arguments proposés par Tertius : « Igitur nec Tertius creditor successit in » ejus locum quem exclusit, nec inter alios res judicata alii » prodesse aut nocere solet; sed sine præjudicio prioris sententiæ » totum jus alii creditori integrum relinquitur. »

— En conséquence, Turbon reste préférable à Tertius. Voici donc la situation : *Eutychiana est préférable à Turbon*, cela n'est pas contesté, et deux jugements définitifs établissent, l'un que *Turbon est préférable à Tertius*, l'autre que *Tertius est préférable à Eutychiana*. Or, que va-t-il arriver? Turbon va enlever la possession à Tertius, puis Eutychiana l'enlèvera à Turbon; alors Tertius, armé du jugement qui le déclare préférable à Eutychiana, la dépossédera, et ainsi de suite : cela n'aura pas de fin. C'est que les trois propositions ci-dessus, qui règlent la préférence, ont quelque chose d'inconciliable. Des deux premières il résulte qu'Eutychiana est préférable à Tertius, et la troisième déclare Tertius préférable à Eutychiana. Sans doute si chaque créancier pouvait, comme chez nous, arriver à faire vendre la chose d'une manière définitive, la distribution du prix serait facile : Turbon dirait à Eutychiana : Prenez 5,000, puis je prendrai 10,000; alors Tertius dirait à Eutychiana : Comme je vous suis préférable, vous allez d'abord me laisser vos 5,000; après le paiement de Turbon, je serai colloqué pour le reste de mes 15,000, et s'il reste quelque chose ce sera pour vous. — On voit qu'ici les trois propositions s'appliquent simultanément, parce qu'on peut respecter l'effet relatif de la chose jugée, — d'une part entre Eutychiana et Tertius, — d'autre part entre Tertius et Turbon.

Mais en droit romain, la vente faite par un créancier n'est inattaquable de la part des autres que si le vendeur peut justifier de son antériorité. Or ici aucun des créanciers n'ayant une antériorité établie vis-à-vis de tous, quel que soit celui qui vende, il pourra voir son acheteur évincé par l'un des deux autres créanciers. Et la possession parcourra indéfiniment le même cercle vicieux, à moins que Turbon satisfait de la vente faite par Tertius et

____

(1) Sans cela il dépendrait de Primus, en se défendant mal contre Tertius, de détruire le droit de Secundus. La nécessité de l'effet relatif de la chose jugée se montre ici de la manière la plus saillante.

d'accord avec lui, ne se contente de se faire payer sur le prix la part qui lui revient, et, renonçant ainsi à posséder la chose, ôte à Eutychiana le moyen de la reprendre. J'ai dit, *d'accord avec Tertius :* et en effet j'ai montré au § 6 *ter*, que lorsqu'un créancier postérieur a vendu indûment, mais sans dol, le créancier antérieur n'a aucune action personnelle contre lui, pour exercer son droit de préférence sur le prix, et est forcé d'évincer l'acheteur. Si donc cet arrangement n'intervient pas entre les créanciers, n'y a-t-il aucun moyen de sortir d'embarras? Il semble que non : car le droit de posséder et de vendre appartenant au 1ᵉʳ créancier seul et étant indivisible, on ne peut pas, comme pour la distribution du prix, respecter les deux décisions dont l'une attribue le 1ᵉʳ rang à Tertius tandis que l'autre le laisse à Eutychiana, en leur donnant l'effet purement relatif qu'elles doivent avoir. Il y a ici un résultat inévitable de ce que l'ordre n'est pas réglé par une seule décision entre tous les créanciers.

Comment se fait-il que Paul n'ait pas prévu cette difficulté? cela est d'autant plus étonnant qu'il ne se borne pas à énoncer d'une façon générale le principe que la chose jugée ne peut nuire aux tiers, il ajoute : *Sine prœjudicio prioris sententiæ totum jus alii creditori integrum relinquitur :* ce qui semble bien renfermer une solution pratique, exécutable, de la question soumise à Paul. Il est donc vraisemblable que l'opinion de Paul, du moins dans l'espèce pour laquelle elle était donnée, n'aboutissait pas à un cercle vicieux. Cette considération nous a encouragé à chercher la solution de la difficulté, et nous croyons qu'on peut la trouver dans la combinaison de la procédure formulaire et du *privilegium possessionis*.

Quand un créancier hypothécaire qui possède la chose est actionné par un autre créancier, le possesseur est, ou de même date que le revendiquant, ou postérieur ou antérieur. 1° Si le possesseur a une hypothèque de même date, il triomphera en opposant cette exception : *Si non convenit ut eadem res mihi quoque pignori esset (L. 10 de pignorib).*

2° Si le possesseur est postérieur, il pourra triompher par la même exception : en effet, le demandeur commence par prouver son *intentio*, qui est qu'il a hypothèque sur l'immeuble : cela lui suffirait contre un autre possesseur; mais quand le possesseur est lui-même créancier hypothécaire, il ne peut être dépossédé que par un créancier antérieur, et c'est à celui-ci à faire la preuve de son antériorité ; donc à *l'intentio*, le défendeur opposera ici *l'exceptio : Si non convenit ut cadem res mihi quoque pignori esset*, à laquelle le demandeur opposera la réplique *: Si non n ihi ante pignoris nomine res sit obligata* (L. 12, *qui pot.*). Mais on voit que si le demandeur ne peut prouver cette réplique, le défendeur aura triomphé par l'exception *Si non mihi quoque res sit obligata.*

3° Enfin si le possesseur est antérieur au demandeur, il pourrait lui opposer l'exception, *Si non mihi ante res sit obligata :* cette exception *priori utilis est*, dit Marcien (L. 12; et cela est vrai : nous l'avons montré dans la note § 22 in *fine.*) Mais elle a un grave inconvénient, c'est qu'elle oblige le défendeur à prouver son antériorité sous peine de succomber : or il arrivera souvent que le défendeur ne sera pas assez sûr de ses preuves, pour se charger bénévolement de ce fardeau qu'il peut laisser au demandeur. En effet, il n'a besoin pour triompher de *l'intentio* que d'opposer l'exception *Si non convenit ut mihi cadem res*, et ce sera au demandeur à la renverser par la réplique *Si non mihi ante*, en prouvant son antériorité. Il me paraît donc certain qu'à *l'intentio*, le défendeur eût-il une hypothèque antérieure, n'opposait presque jamais l'exception *Si non mihi ante.*

— On doit voir maintenant que la loi 16 trouve un commentaire très-clair dans la loi 10 *de Pignorib.* et la loi 12 *Qui pot.* Il résulte en effet du rapprochement de ces deux textes, que lorsque le demandeur dans l'action hypothécaire, après avoir prouvé son *intentio*, succombera néanmoins, presque toujours, sinon toujours, en fait, le possesseur aura triomphé par l'exception *: Si non mihi quoque res obligata sit.* Rien de plus plausible donc, que d'admettre que c'était là le cas d'Eutychiana dans son procès avec Tertius. Puis Turbon enlève la possession à Tertius, et Eutychiana la reprend à Turbon. Tertius alors intente l'action hypothécaire contre Eutychiana : mais celle-ci peut lui opposer l'exception *Si non mihi quoque res sit obligata;* sans doute Tertius va opposer la réplique *rei judicatæ*, mais il est bien clair qu'il ne peut triompher par cette réplique qu'autant que la chose jugée contredirait la prétention d'Eutychiana (1). Or, il n'en est

(1) Remarquez qu'ici, il est bien certain que Tertius devra agir par l'action hypothécaire contre Eutychiana, bien qu'entre elle et lui il soit intervenu

rien : Que prétend Entychiana? — Qu'elle a hypothèque. Or cela avait été jugé dans le premier procès, car son *intentio* avait été reconnue fondée : Néanmoins Tertius avait été absous. — Pourquoi? — Parce qu'il était en possession, et qu'il avait prouvé que lui-même avait hypothèque. Mais il n'a pas prouvé qu'il eût une hypothèque antérieure à celle d'Entychiana; sa préférence a tenu uniquement à la possession. Or, il a perdu la possession et les

une 1re sentence. Il ne peut pas y avoir ici le doute qui aurait pu s'élever dans la L. 16, § 5, *de pignorib.*, pour savoir si celui qui avait déjà intenté l'action hypothécaire pouvait l'intenter de nouveau pour obtenir *hypothecam sibi adjudicatam.* — En effet, nous supposons que Tertius était défendeur dans le 1er procès, ce que semblent bien indiquer ces mots : *Eutychiana cum de jure suo doceret.* Il n'a donc pas encore exercé l'action hypothécaire contre Eutychiana. — Quant à cette assertion que l'exception ou la réplique *rei judicatæ* doit, pour être nécessairement victorieuse, contredire la prétention à laquelle on l'oppose, elle me paraît incontestable. Mais, en droit romain, celui à qui on oppose l'exception ou la réplique *rei judicatæ*, est-il en sûreté par cela seul que la chose jugée ne contredit pas réellement sa prétention? — Non, les Romains ont poussé très-loin ici l'application de ce principe du système formulaire, que le juge ne peut que répondre simplement à la question qui lui est soumise : Voici, en effet, ce qui résulte de la L. 16, § 5 *de pignorib.* — Un créancier intente l'action hypothécaire, et l'hypothèque lui est *adjudicata;* sa prétention a donc été reconnue fondée. Néanmoins, le défenseur a été absous, par exemple, parce qu'il s'est montré disposé à restituer sur l'*arbitratus* du juge, et *cavit se restituturum* (L. 16, § 3). Mais le défendeur ne restitue pas; comment fera le demandeur pour obtenir le bénéfice du *jussus* de la 1re sentence? — il intentera l'action hypothécaire; — or, on suppose que le défendeur pourra lui opposer l'exception de la chose jugée : il est vrai qu'il avait été absous, mais cette absolution ne contredisait pas le droit du demandeur : il semble donc que le juge devra tenir compte du motif de l'absolution, pour apprécier le mérite de l'exception, et par conséquent, la déclarer non fondée : il n'en est rien. L'exception peut scinder le jugement et s'appuyer sur le fait de l'absolution en l'isolant de ses motifs ; et le juge ne pourra se préoccuper de ces motifs qu'autant qu'ils lui auront été déférés par une réplique ainsi conçue : *Si secundum me judicatum non est.* Ce formalisme, qui nous paraît excessif tenait probablement à la forme de l'exception *rei judicatæ*, conçue de manière à ne soumettre au juge que la question de savoir, s'il y avait eu absolution. Mais il y a dans la sentence une autre partie, la *pronuntiatio*, qui déclare si le droit du demandeur est fondé. Voy. M. Pellat, *de la Propriété*, p. 181, 188, 255 et 421. « Une sentence se prononce en deux temps, dit M. Pellat, p. 256, » se compose de deux parties, également irrévocables : 1° déclaration que » l'*intentio* du demandeur est ou n'est pas fondée; 2° condamnation ou absolution du défendeur, en conséquence de la déclaration affirmative ou » négative. Dans les actions arbitraires, comme la revendication, ces » deux temps, si la déclaration est favorable au demandeur, sont séparés » par l'*arbitrium* ou *jussus*, par lequel le juge indique ou ordonne au défen-

interdits : pour l'emporter maintenant sur Eutychiana il faut qu'il prouve qu'il lui est antérieur. Or la première sentence ne contient pas cette preuve : elle prouve seulement qu'il avait hypothèque, mais elle reconnaissait aussi qu'Eutychiana avait hypothèque, et maintenant qu'elle a de plus la possession, elle va triompher par la même raison qui l'avait fait succomber la première fois : « *In pari causa melior est causa possidentis.* »

» deur, la satisfaction qu'il doit donner au demandeur pour éviter la condamnation, et être absous quoique le demandeur gagne son procès (*licet secundum actorem judicatum sit*). »

L'obéissance du défendeur à l'*arbitrium* du juge n'est pas le seul fait qui puisse entraîner l'absolution du défendeur, bien que l'*intentio* soit reconnue fondée : il en serait de même s'il était reconnu que le défendeur ne possède pas et n'a pas cessé de posséder par dol. Mais il est à remarquer que c'est là la première question que doit examiner le juge dans l'action hypothécaire (loi 16, § 3); en sorte qu'ordinairement, lorsque le défendeur sera absous par ce motif, le juge n'aura pas prononcé sur la prétention du demandeur. Aussi M. Pellat fait-il remarquer, p. 421, que si le défendeur, actionné de nouveau parce qu'il aurait acquis la possession, opposait l'*exceptio rei judicatæ*, le demandeur répliquerait, non pas *de re secundum se judicata*, mais en disant que *alia res est*.

Enfin nous avons vu par le rapprochement des lois 10 *de Pignorib.* et 12 pr. *qui pot.*, qu'il y a un autre cas, très-fréquent, où dans l'action hypothécaire le défendeur sera absous quoique l'*intentio* ait été reconnue fondée, par application de la règle : *In pari causa melior est causa possidentis.*

Revenant maintenant à notre espèce de la loi 16, je me résume, et de ce qui précède je conclus : 1° Eutychiana ne doit pas succomber, par l'effet de la réplique *rei judicatæ* que lui oppose Tertius, puisque ce qui a été jugé n'est pas contraire à son exception. — Mais 2° pour renverser l'effet de cette réplique *rei judicatæ*, Eutychiana devra faire insérer une duplique dans la formule, pour faire porter l'appréciation du juge sur toute la sentence, et non pas seulement sur le fait de l'absolution. — Enfin 3° je suis porté à croire que cette duplique d'Eutychiana pourrait être celle-ci: *si secundum me judicatum non sit*; car son *intentio* avait été reconnue fondée. — Peu importe du reste : ce qui est certain, c'est qu'elle pouvait formuler une duplique qui lui permît de prouver devant le juge que la chose jugée n'établissait nullement qu'elle n'eût pas d'hypothèque, ni que Tertius lui fût antérieur ; dès lors cette sentence ne renverse pas l'exception d'Eutychiana, et Tertius doit prouver qu'il est antérieur. — J'ai dû entrer dans ces détails pour montrer que dans notre espèce Eutychiana pourrait succomber contre Tertius, en vertu de la chose jugée, non parce que cette chose jugée lui serait nécessairement opposable, mais parce qu'Eutychiana ne se serait pas réservé dans la formule le moyen de combattre l'exception ou la réplique *rei judicatæ*.

DU PRIVILÉGE DU CRÉANCIER GAGISTE

CHAPITRE I.

ORIGINE, NATURE ET FONDEMENT DU PRIVILÉGE DU GAGISTE.

1. — Le gage, tel que le définit le Code, est un contrat par lequel un débiteur (ou un tiers pour lui), remet à son créancier une chose mobilière pour sûreté de la dette (art. 2071, 2072, 2077).

Le gage confère au créancier deux droits principaux :

1º Un droit de rétention, art. 2082.

2º Le droit de se faire payer sur la chose qui en est l'objet, par privilége et préférence aux autres créanciers, 2073 et 2012, 2º. Le droit que lui donne 2078 de se faire déclarer par justice propriétaire de la chose n'est qu'un mode d'exercice du droit de préférence.

Ce que je me propose d'étudier ici, c'est le privilége que confère le gage, — les conditions auxquelles ce droit est soumis pour sa naissance et sa conservation.

Mais, qu'est-ce qu'un *privilége?* L'art. 2095 répond : *Le privilége est un droit que la qualité de la créance donne à un créancier d'être préféré aux autres créanciers, même hypothécaires.* Remarquons d'abord que ce caractère d'être préférable aux créanciers hypothécaires, ne se rencontre pas dans les priviléges spéciaux sur les meubles, les meubles n'étant pas susceptibles d'hypothèque (2118). La définition du privilége étant réduite à ceci : Un droit que la qualité de la créance donne à un créancier d'être préféré aux créanciers chirographaires, — est-elle applicable au privilége du gagiste ? — Évidemment non : car le gage est un contrat accessoire, qui peut garantir toute créance, et dont les effet sont tout à fait indépendants de la qualité de la créance. Il n'est donc pas fondé sur les mêmes considérations que les autres priviléges. — C'est là une idée importante, qui n'est pas contestée, et que nous aurons occasion d'appliquer; nous y reviendrons après avoir tracé l'histoire du privilége du gagiste. Nous dirons alors, dans une 2ᵉ section, quels sont la nature et le fondement de ce privilége.

SECTION I. — *Notions historiques sur le privilége du gagiste.*

§ 1. — Droit Romain.

2. — « Sur quoi s'est appuyé le droit civil français, pour formuler ce privilége? Les lois romaines lui sont venues en aide (nous dit M. Troplong, Nantiss. nᵒ 91). Il y a trouvé des raisons et des textes. Il n'a pas hésité à se les approprier. — Les textes qui sont le champ de la discussion sont les L.L. 5, §§ 8 et 17 *de tribut. act.*, 10 *de pignorib.* et 24 *quæ* in *fraudem cred.* Elles me semblent victorieuses; elles attribuent formellement au gage une cause de préférence. *Nisi fuerint creditori pignoratæ,—puto debere dici præferendos domino jure pignoris.* Il n'en a pas toujours fallu autant à la pratique pour marcher avec assurance dans des voies rationnelles. »

Ce passage nous paraît exagérer la part qui revient au droit romain dans les origines du privilége du gagiste. Et l'autorité qui s'attache au nom du magistrat qui a traité avec des vues si élevées la matière du gage, ne nous permet pas de laisser passer cet aperçu sans dire en quoi il nous parait manquer d'exactitude.

Nous espérons montrer que si le point de départ était dans le droit romain, la pratique n'y a pas du moins trouvé toute tracée la voie rationnelle où elle a eu la gloire de marcher.

3. — On sait que l'organisation des sûretés réelles, a passé en droit romain, par trois phases, *fiducia, pignus, hypotheca.* Ces trois

institutions eurent ceci de comunun, qu'elles étaient applicables indistinctement aux meubles et aux immeubles. Cependant l'usage appliquait de préférence l'expression *pignus* aux choses mobilières : L. 238, § 2 *de Verb. signif.* : « Pignus appellatum
» a pugno, quia res quæ pignori dantur manu traduntur; unde
» etiam videri potest, verum esse quod quidam putant pignus
» proprie rei mobilis constitui. » — Et *Inst.* IV, 6, *de actionib.*
§ 7 : « Pignoris appellatione eam proprie contineri dicimus, quæ
» simul etiam traditur creditori, *maxime si mobilis, sit.* »

M. Charles Maynz (*Elém. de droit romain*, § 240) fait remonter avec assez de vraisemblance, cette nuance de langage aux premiers temps de l'invention du *pignus*, alors qu'il se pratiquait concurremment avec la fiducie. « On conçoit que le transport avec
» *fiducie* avait particulièrement lieu à l'égard des immeubles,
» parce que les choses immobilières ne peuvent pas être facile-
» ment soustraites à la revendication du créancier. Par contre, le
» *pignus* s'appliquait de préférence aux choses mobilières, parce
» que le créancier n'est suffisamment garanti que pour autant
» qu'il lui soit possible de tenir la chose sous sa surveillance
» personnelle. »

La fiducie était néanmoins applicable aux meubles (Paul. *Sent.* II, XVIII, 2), et le *pignus* fut pratiqué sur les immeubles, quoi-qu'il ait toujours dû être, même depuis l'introduction de l'hypothèque, le mode le plus habituel d'engagement des choses mobilières. Mais ce n'était là qu'une différence de fait : l'hypothèque, elle aussi, s'appliquait indifféremment aux meubles et aux immeubles; et, en droit, ce qui la différencie du *pignus*, c'est que la possession n'est pas conférée au créancier. Ulp. L. 0, § 2 *de Pignerat.* : « Proprie dicimus pignus quod ad creditorem transit,
» hypothecam cum non transit, nec possessio, ad creditorem. » Du reste, cette circonstance que la possession a été conférée au créancier a si peu d'intérêt en principe, que les jurisconsultes paraissent presque toujours employer indifféremment les mots *pignus* et *hypotheca*. D'ailleurs, la nature mobilière ou immobilière de la chose n'a pas d'influence sur les conditions du droit.

Ainsi, ce qui correspondait, en droit romain, à notre gage, c'est le *pignus* et l'*hypotheca* d'un meuble : l'un comme l'autre, l'un pas plus que l'autre.

4. — Voyons maintenant en quel sens M. Troplong voit dans le droit romain l'origine du privilége du gagiste. Ecartons d'abord la L. 24, *Quæ in fraudem credit.*, qui n'a pas trait à la question, et dont la citation ici est sans doute une erreur typographique. Quant aux §§ 8 et 17 de la L. 5 *de Tributor. actione*, il en résulte que, dans la contribution qui s'établissait par l'action tributoire, les créanciers gagistes ou hypothécaires étaient payés par préférence aux créanciers chirographaires (tels que le maître de l'esclave, par exemple). — Il est très-vrai de dire, à ce point de vue, que le privilége du gagiste nous vient du droit romain. Mais cela est tellement incontestable, qu'on ne voit pas qu'il puisse y avoir la moindre discussion sur ce point : aussi nous semble-t-il que M. Troplong a entendu aller plus loin, et qu'il a attaché ici une importance particulière aux termes *jure pignoris, pigneratæ* de cette L. 5. Et, en effet, M. Troplong, dans son n° 92, présente comme n'étant pas complétement certaine la préférence d'un créancier hypothécaire sur un gagiste postérieur; il donne cette solution comme s'appuyant sur *le jugement de quelques interprètes*. Nous ne savons si elle a été en effet contestée, mais elle n'est, suivant nous, nullement contestable. Nous ne pouvons pas citer tous les textes qui montrent qu'on n'attachait aucune importance pour la préférence à l'existence d'un *pignus* proprement dit; mais cela ressort d'une manière indubitable de la L. 12, § 8 *Qui potiores*, qui, supposant trois créanciers à qui la chose a été affectée successivement, dit pour le premier : *Pactus est ut prædium pignori hypothecæve esset;* pour le deuxième : *Pactus est ut prædium ei teneatur;* et pour le troisième : *Paciscitur ut idem prædium pignori hypothecæve esset.* — Il est bien évident qu'un pareil langage est incompatible avec l'idée d'une préférence pour celui qui aurait un *pignus* proprement dit. D'ailleurs le § 10 de la même loi dit expressément : « In pignore placet, si prior convenerit de pignore, licet posteriori res tradatur, adhuc potiorem esse priorem. »

Enfin, M. Troplong cite la L. 10 *de Pignorib.* Il résulte de ce texte (qu'il faut rapprocher de la L. 16, § 8 *ibid.*, et de la L. 1, § 1 *de Salviano*, 43, 33), qu'entre deux créanciers hypothécaires de même date, *melior erit conditio possidentis.* Peut-on conclure de là que la condition de possession que notre droit a mise au privilége du gagiste vient du droit romain ? C'est ce que je ne saurais admettre ; car d'abord, en droit romain, cette possession est complétement inutile vis à-vis des tiers-acquéreurs ou des créanciers chirographaires : elle ne sert qu'entre créanciers de même date. De plus, outre qu'on ne s'inquiète pas de savoir s'il y a eu *pignus* proprement dit, et qu'une possession toute fortuite peut donner la préférence, il faut remarquer, ce qui est plus grave au point de vue qui nous occupe, qu'ici comme toujours, les jurisconsultes romains n'attachent aucune importance à la circonstance que la chose est ou n'est pas mobilière. A quelque point de vue qu'on se place, la décision de la loi 10 était donc plus propre à obscurcir les vrais principes sur l'influence de la possession qu'à ouvrir à la pratique une voie rationnelle.

5. — En résumé, nous trouvons en droit romain l'*hypotheca* et le *pignus* donnant au créancier, sur les meubles comme sur les immeubles, le droit de préférence que les art. 2073 et 2074 appellent privilége, et de plus, le droit de suite. Mais notre ancien droit coutumier avait soumis l'engagement des meubles à certaines restrictions, telles que Ferrières a pu dire : « Les gages et les hypothèques ont lieu en France, mais ces termes ne s'y confondent point ; de sorte que les gages ne se constituent que sur les meubles et par la tradition qui en est faite au créancier, et les hypothèques ne sont constituées que sur les immeubles. Le créancier n'en a point la possession et n'en est point nanti. » (Ferrières, *Cout. de Paris*, Sur le tit. viii, n° 3.)

§ 2. Droit coutumier. — *Meubles n'ont pas de suite par hypothèque*, — *en fait de meubles la possession vaut titre.* — Du sens et de la portée de ces maximes dans notre ancien droit, et de l'influence qu'elles doivent avoir dans le droit actuel.

6. — Pour apprécier d'une façon exacte la part qui revient au droit coutumier dans la formation de notre droit de gage, il faudrait remonter aux anciennes institutions barbares qui lui ont légué leurs noms (saxon *nam*, d'où en français *nans* ou *nampt*, puis *nantissement*; — *wadium*, *guadium*, mot d'origine teutonique, d'où est venu *gage*. — Voy. M. Troplong, n° 20 et 22).

Peut-être la possession y jouait-elle, dans tous les cas, le rôle important, essentiel qu'elle a dans toutes les législations primitives. Ce qui est certain, c'est que, dans les pays coutumiers, l'intérêt de la circulation des meubles, les besoins du commerce et peut-être aussi le peu d'importance de la richesse mobilière (*res mobilis, res vilis*) (1) conservèrent à la possession des meubles une importance que n'effaça pas l'influence du droit romain, et qui pénétra même dans les pays de droit écrit. Nous pouvons montrer tout de suite, en nous en tenant aux grands traits, combien l'esprit des coutumes était différent de celui du droit romain en matière de meubles. Un premier effet de la possession était que si le créancier gagiste avait laissé sortir de ses mains la possession du meuble et qu'elle fût arrivée (sans vol) à un tiers, le gagiste ne pouvait opposer son droit à ce tiers.

Un autre effet de la possession, mais celui-là favorable au gagiste, fut qu'un créancier mis en possession d'un meuble qui n'appartenait pas au constituant, pouvait opposer son gage au vrai propriétaire, pourvu que celui-ci n'eût pas perdu la possession par vol.

Ce sont là deux faces d'une même idée, deux conséquences d'un même principe, principe indispensable en matière de commerce, et dont M. Troplong nous montre l'autorité incontestée dans la jurisprudence commerciale de l'Italie (nos 75-81).

7. — Dans notre droit civil, il me paraît probable que le même principe a ses racines dans l'esprit du droit coutumier primitif. Si certaines conséquences de ce principe semblent venir d'une Jurisprudence plus récente et d'abord contestée (voy. Troplong, 70-74), c'est que le droit romain était venu avec l'immense prestige qui suivit sa renaissance, opposer son spiritualisme excessif à l'esprit des coutumes. En matière de meubles, celles-ci finirent par rester victorieuses, mais ce ne fut pas sans lutte, comme nous aurons occasion de le voir. — Un point sur lequel les coutumes paraissent n'avoir jamais cédé à l'influence du droit romain, c'est le premier dont nous avons parlé plus haut, celui que le président Favre exprime ainsi : « Apud Gallos » pignorum mobilium persecutio nulla est, si ab alio quam ipso

(1) Delalande sur l'art. 225 de la Cout. d'Orléans.

» debitore possideantur. » (Voy. Troplong, 71). En un mot, les pays coutumiers n'admirent jamais complétement l'hypothèque des meubles ; elle n'y entra que mutilée, destituée du droit de suite. En effet, dès 1510, la Coutume de Paris, dans sa première rédaction, disait : *Meubles n'ont pas de suite par hypothèque*. Sous cet article les auteurs groupèrent les autres effets que le droit coutumier attachait à la possession en matière de meubles. Ils ne virent dans cet article que l'application d'une idée plus large, et ils lui reconnurent l'autorité d'un principe général. Aussi voulut-on en 1580, lors de la réformation de la Coutume de Paris, donner à cet article une rédaction plus en harmonie avec sa portée très-étendue; c'est dans ce but qu'on ajouta à l'article précédent ces mots, *quand ils sont hors la possession du débiteur ; —* ce qu'il faut entendre ainsi : *Meubles n'ont pas de suite par hypothèque, ni en général, lorsqu'ils sont hors la possession du débiteur.* Ce qu'on avait voulu faire c'était, sans supprimer ces mots, *par hypothèque*, leur ôter ce qu'ils paraissaient avoir de restrictif. En un mot, la deuxième rédaction de l'article 170 de la Coutume de Paris, est un pas vers la proclamation de ce principe général : *Meubles n'ont point de suite*, constamment invoqué par les auteurs coutumiers. Plus tard nous trouvons les mêmes décisions présentées (par Bourjon comme découlant de cette maxime : « En fait de meubles la possession vaut titre. »

8. — De ces deux formules, la première est la plus ancienne, et elle a été, par son insertion dans la Coutume de Paris, l'expression législative d'une idée dont la jurisprudence coutumière s'attacha pendant deux siècles à déduire les conséquences. L'influence de la possession en matière de meubles, finit ainsi par prévaloir complétement sur le spiritualisme romain, du moins dans les Coutumes de Paris et d'Orléans. C'est alors, croyons-nous, que certains auteurs, trouvant encore les termes de la Coutume de Paris trop étroits pour les résultats acquis, les rassemblèrent sous cette nouvelle formule : *En fait de meubles la possession vaut titre*, que Bourjon reproduit à chaque instant comme le fondement juridique des décisions de la jurisprudence en cette matière. Il ne faudrait pas croire d'après cela que cette maxime : *En fait de meubles la possession vaut titre*, fût un simple équivalent de celle-ci : *Meubles n'ont point de suite*. En fait elles régis-

saient les mêmes cas : mais la maxime de Bourjon, (En fait de meubles...), n'a pu naître que dans les cas où s'appliquait la règle *Meubles n'ont point de suite*, dont elle fut comme le complément, et dont elle présuppose l'existence. Isolée de cette règle, la formule : *En fait de meubles possession vaut titre*, ne présente par elle-même aucun sens satisfaisant (1). Commençons

(1) On peut voir dans Marcadé (sur 2279, n° iii), les singulières conséquences que la jurisprudence a cru devoir tirer de cette formule, devenue un texte législatif : La jurisprudence a pris à la lettre ce que disait Bourjon, *que la possession d'un meuble, ne fût-elle que d'un jour, vaut titre de propriété, produit tout l'effet d'un titre parfait.* Et Bourjon dit que sur ce point la jurisprudence du Châtelet est constante. — Faut-il ici, comme Marcadé paraît disposé à le faire, mettre son affirmation en doute, parce que Denizart a écrit : « Nous tenons au Châtelet pour maxime certaine que celui qui est en possession de meubles en est *réputé* propriétaire, *s'il n'y a titre contraire ?* » Je ne le pense pas, et je crois que Bourjon et Denizart étaient parfaitement d'accord, au fond, sur la jurisprudence du Châtelet, que tous deux présentent comme incontestée. Bourjon s'exprime en certains endroits exactement comme Denizart dans le passage ci-dessus. — Bourjon, t. II, liv. vi, tit. viii, ch. 3, n° i et ii, dit en effet : « ... . On le juge ainsi au Châtelet sur le fondement *que de la possession naît une juste présomption de propriété, et que cette présomption est ordinairement le seul titre qu'on a par rapport aux meubles* et effets mobiliers, à l'exception de ceux qu'on appelle en droit *nomen*, pour lesquels il y a titre. » — Mais Bourjon lui-même nous montre des cas où cette présomption qui naît de la possession s'évanouirait s'il y avait titre, preuve, ou même présomption contraire (*loc. cit.* ch. 2, no xcix; ch. 3, vi, vii, viii, ix et xxi). — Il faut bien remarquer que toutes les fois que Bourjon dit d'une façon absolue *que la propriété produit tout l'effet d'un titre parfait,* ou *qu'elle vaut titre de propriété,* il a en vue des cas où le possesseur invoque une *justa causa* (dominii vel pignoris adquirendi), émanée *a non domino* (V. t. I, 2e édit., p. 458; I et II, p. 1094, ch. 3; *loc. cit.* ch. 3, xcvi et xcvii; ch. iv, xxii et xxiii), c'est-à-dire les cas mêmes régis par la règle que les meubles n'ont pas de suite (*loc. cit.* xcvi). C'est alors que le possesseur, à l'aide de cette *justa causa* (et de sa bonne foi, V. Marcadé sur 2279, ii), l'emportait sur le titre du véritable propriétaire — Mais le possesseur était-il obligé de prouver la *justa causa* qu'il alléguait? Non, on appliquait ici la règle générale exprimée par Denizart : « *Celui qui est en possession de meubles en est réputé propriétaire s'il n'y a titre contraire,* » et par Bourjon : « *De la possession naît une juste présomption de propriété, et cette présomption est ordinairement le seul titre qu'on a par rapport aux meubles.* » Ce sera donc au vrai propriétaire à prouver l'inexistence de la *justa causa* alléguée par le possesseur, de même qu'il devrait prouver sa mauvaise foi, la bonne foi étant toujours présumée. C'est en ce sens qu'on disait que *la possession valait titre,* et la preuve contraire, que Bourjon ne repousse pas plus que Denizart, serait la preuve de l'inexistence de la *justa causa* alléguée par le possesseur, *justa causa* dont la possession le dispense d'apporter un titre. — On voit quel est le point de contact de ces deux maximes : *Meubles n'ont*

donc par étudier la portée que notre ancienne jurisprudence donnait à la règle de l'art. 170 de la Coutume de Paris.

9. — Ferrières remarque d'abord que cet article est contraire au droit civil : « Néanmoins toutes nos coutumes sont presque semblables à celle-ci, laquelle même nous suivons, comme maxime générale du droit français, en celles qui n'en disposent pas autrement. » — Il nous apprend ensuite que cette maxime signifiait plusieurs choses. Son premier sens est que le tiers

point de suite, et *En fait de meubles la possession vaut titre.* Si on a cru voir dans l'ancien droit des divergences sur leur application (notamment quant à la seconde), cela tient à ce que, rencontrant constamment ces deux formules à l'occasion des mêmes cas, on a été porté à y voir deux expressions différentes d'un principe identique. Elles expriment au contraire des idées profondément distinctes. La première maxime : *Meubles n'ont point de suite*, est une règle du fond du droit, d'où il résulte que celui qui a la possession d'un meuble sur lequel il a reçu (*a non domino*, mais de bonne foi, sauf controverse) la concession d'un droit réel, l'emportera même sur le vrai propriétaire (pourvu que la chose ne soit pas sortie de ses mains malgré lui). — La deuxième maxime : *En fait de meubles possession vaut titre*, n'est autre chose qu'une présomption générale qui dispense celui qui allègue un droit sur un meuble qu'il possède d'en faire la preuve, sauf à son adversaire à faire la preuve contraire. On comprend que cette présomption rend meilleure encore la position du possesseur qui se prévaut de la règle *Meubles n'ont pas de suite* ; elle est cependant complétement distincte de cette règle, qui se comprend fort bien sans une pareille présomption. On aurait très-bien pu assujettir le créancier gagiste ou l'acheteur, qui se prévaut contre le vrai propriétaire de la règle *Meubles n'ont point de suite*, à prouver son achat ou son contrat de gage. C'est donc par une nouvelle faveur pour la possession des meubles qu'il est cru sur son allégation jusqu'à preuve contraire. Il est dispensé de prouver son titre, c'est-à-dire sa *justa causa*, en vertu de la présomption générale qu'on formule ainsi : *En fait de meubles la possession vaut titre.* On conçoit que cette présomption, cette maxime s'appliquait à bien des cas où il ne pouvait être question de la règle *Meubles n'ont point de suite* (Ex. Bourjon, ch. 1, xvi.) Le déposant ou le débiteur qui avait donné un gage pouvait suivre ce meuble, le revendiquer, nonobstant la saisie des créanciers du dépositaire ; mais la possession de celui-ci le faisant présumer propriétaire, il faut, pour que la revendication soit admise, que le dépôt ou le nantissement soient juridiquement constatés. De même, entre le créancier et le débiteur, la possession vaut titre pour le créancier qui prétend avoir un droit de gage sur un meuble qu'il possède : c'est au débiteur à prouver que ce gage n'existe pas. — Bourjon, ch. 3, xcix, admet cette présomption, même vis-à-vis des créanciers du débiteur. — Mais cette application de la maxime *En fait de meubles* était une violation de l'ordonnance de 1673, qui exigeait un écrit, prescription que la pratique ne suivait pas à la rigueur. — Ce qui a jeté de la confusion dans cette matière, c'est qu'on n'a pas remarqué que certaines solutions, que Bourjon présente comme des conséquences de la maxime *En fait de meubles*,

acquéreur des meubles du débiteur ne peut être poursuivi par action hypothécaire par le créancier à qui ces meubles auraient été engagés, ou généralement ou spécialement. — La raison en est : « qu'il n'y aurait personne qui pût acheter aucuns meubles en sûreté, car il serait toujours dans la crainte d'en être poursuivi hypothécairement : ainsi il est de l'intérêt public que les meubles n'aient point de suite par hypothèque, quand ils sont hors la possession du débiteur. »

supposent nécessairement l'existence de la règle *Meubles n'ont point de suite.* — Bourjon était un praticien qui n'y regardait pas de si près, sûr qu'il était d'être compris, car il traitait là de points sur lesquels la jurisprudence était constante. Il s'est d'ailleurs expliqué quelquefois exactement. Ainsi, au ch. 3, xcvi et xvii, il dit que le créancier nanti est préféré à tous, sauf au propriétaire volé, *les meubles n'étant pas sujets au droit de suite, et leur possession tenant à leur égard lieu de titre de propriété.* — Ces derniers mots, *titre de propriété,* alors qu'il s'agit d'un droit de gage, nous montrent que Bourjon était peu scrupuleux sur l'exactitude du style, et qu'il faut, dans un tel ouvrage, rechercher soigneusement le fond des idées, et ne pas s'attacher à quelque formule isolée, si générale qu'elle paraisse, pour en déduire des conséquences qu'on trouverait contredites par l'auteur lui-même.

— Il faut remarquer encore que la présomption de propriété résultant de la possession, n'est pas particulière aux meubles; elle s'applique aussi aux immeubles, Bourjon le dit (2ᵉ éd., t. I, p. 459) : elle fait alors *présomption, mais non preuve de la propriété;* et quant aux meubles, elle n'a pas un effet plus étendu lorsque la règle *Meubles n'ont point de suite,* ne s'applique pas. En un mot, le sens de cette présomption, c'est que celui contre qui on revend que un objet qu'il possède, et qui prétend en être propriétaire, sera présumé l'être, jusqu'à ce que le revendiquant ait prouvé sa propriété. — Lorsqu'il s'agit d'un meuble, si le possesseur se prétend propriétaire, il faudra d'abord que le revendiquant prouve le droit qu'il invoque : c'est là l'effet ordinaire de la présomption. — Maintenant voici ce qui est particulier au meuble : 1° Si le possesseur a reçu la possession de la chose *ex justa causa* (et de bonne foi), il l'emportera sur la propriété antérieure et prouvée du revendiquant; c'est là l'effet de la maxime: *Meubles n'ont point de suite;* on voit que c'est une disposition impérative sur le fond du droit — et non une simple question de preuve ou de présomption. — 2° Le revendiquant a prouvé qu'il avait antérieurement la possession du meuble; dès lors, d'après les principes ordinaires sur la preuve, ce serait au possesseur à prouver à son tour la *justa causa* qu'il allègue, et qui en vertu de la règle *Meubles n'ont point de suite,* lui aurait fait acquérir la propriété avec la possession. (V. loi 13, § 2, *de publician. in rem act.*) Eh bien! ici, on renverse les règles sur la preuve, ce sera au revendiquant à prouver que la *justa causa* alléguée n'existe pas : une nouvelle présomption fait croire ici, jusqu'à preuve contraire, à l'existence du titre allégué par le possesseur, et qui joint à sa bonne foi lui aura fait acquérir le droit en vertu de la règle *Meubles n'ont point de suite.* A quoi tient cette faveur exorbitante? Bourjon nous l'a déjà expliqué en

En ce premier sens cet article avait lieu dans toute la France coutumière, même dans les Coutumes qui n'en parlaient point. « En pays de droit écrit même, les meubles n'ont point aussi de » suite par hypothèque contre un tiers, quoique la disposition de » droit y soit expresse. »

10. — Le deuxième sens de la règle est que « le contrat qui » porte hypothèque, soit générale ou spéciale de tous les biens » meubles et immeubles du débiteur, présents et à venir, n'ac- » quiert au créancier aucune hypothèque ni droit réel sur les

disant que *cette présomption est ordinairement le seul titre qu'on a par rapport aux meubles*. — Mais il exprime sa pensée d'une façon bien plus claire au tome I (2e éd.), p. 1091, en disant que « la jurisprudence contraire serait préjudiciable au bien public, puisque personne, *par rapport aux meubles, n'exige un titre qui soit tout ensemble justificatif et translatif de propriété; et sur ce chacun se confie et se contente de la possession.* » Il y a là, sous une forme un peu elliptique, la justification de toute la jurisprudence relative à la possession des meubles : 1° Personne, par rapport aux meubles, n'exige un titre *justificatif* de propriété; — c'est-à-dire, lorsque j'achète un meuble d'une personne qui le possède, j'ai dû la croire propriétaire, et je n'ai pas pu lui demander de me prouver sa propriété par un titre justificatif, puisqu'on ne fait pas d'écrit pour les transmissions de meubles. — C'est la justification de la règle *Meubles n'ont point de suite*; car lorsque le vrai propriétaire revendiquera contre moi, il ne sera pas fondé à me dire : Vous deviez vous faire justifier par titre que votre vendeur était propriétaire. — 2° Personne n'exige un titre *translatif*, c'est-à-dire, on ne fait pas habituellement d'écrit pour les ventes de meubles; de plus le vendeur, n'ayant pas de titre relatif à ce meuble, n'a pas pu m'en transmettre un. — Donc l'acheteur, actionné par le vrai propriétaire, ne saurait être tenu de produire un titre quelconque à l'appui de l'achat qu'il allègue. La possession seule rend cet achat suffisamment vraisemblable, pour que ce soit au revendiquant à prouver qu'il n'existe pas. — C'est à ce moment, et en ce sens seulement, qu'il est exact de dire que *en fait de meubles la possession vaut titre*; mais cet adage une fois établi on en vint à l'employer abusivement en deux sens : 1° dans des cas où il n'y avait pas lieu à l'application de la maxime *Meubles n'ont point de suite*, et où il n'y avait autre chose que la présomption ordinaire de droit qui résulte de la possession, pour les immeubles aussi bien que pour les meubles (Bourjon, liv. vi, t. VIII, ch. 3, xcix). — 2° Précisément parce que la possession d'un meuble ne valait *titre* que dans les cas où s'appliquait la règle *Meubles n'ont point de suite*, on est arrivé dans la pratique à employer cette formule: *En fait de meubles*, etc., comme synonyme de la précédente. On voit cependant que chacune avait un sens bien distinct, et que pour que la possession valût titre, il fallait d'abord se trouver dans un cas où l'on pût dire: *Meubles n'ont pas de suite*. Mais comme ces deux maximes s'appliquaient toujours ensemble et concouraient à un résultat commun, on comprend facilement qu'on les ait confondues. — Mais aujourd'hui il est très-important de savoir quelle était au juste la portée de chacune d'elles.

» meubles, pour dire qu'en cas de saisie et vente d'iceux, ils doi-
» vent être mis en ordre du jour et date de son contrat : » (n° 8).

C'est-à-dire que pour le droit de préférence comme pour le
droit de suite l'engagement des meubles était soumis à la possession du créancier. Toutefois en ce deuxième sens la règle n'é-
tait pas aussi généralement vraie que dans le premier. « Ainsi
» la Coutume de Normandie, art. 593, donne suite par hypo-
» thèque, mais c'est entre les créanciers saisissants et opposants,
» quand le meuble saisi se trouve en la possession du débiteur.
» Mais le droit de suite par hypothèque n'a pas lieu contre un
» tiers acquéreur.

» Ce qu'il y a dans cette Coutume de singulier, c'est que les
» meubles du débiteur étant saisis et vendus, l'ordre des hypo-
» thèques y est conservé comme dans le prix des véritables im-
» meubles. C'est en ce sens qu'on dit qu'en Normandie les meu-
» bles ont suite par hypothèque. »

— C'est dans le même sens que les Coutumes d'Anjou et du
Maine admettaient la suite des meubles par hypothèque, c'est-
à-dire « entre les créanciers seulement. »

— Mais sauf dans ces Coutumes, « on n'a jamais dit dans le
» pays coutumier qu'on pût, suivant le droit romain, valable-
» ment hypothéquer un meuble, à l'effet d'avoir suite par hypo-
» thèque contre un tiers; ni que telle convention puisse produire
» une hypothèque sur le meuble hypothéqué, même spéciale-
» ment à l'égard des autres créanciers; de sorte que le créancier
» qui se serait réservé une hypothèque sur ce meuble, pût avec
» raison prétendre préférence sur icelui à tous les autres créan-
» ciers. Cela ne s'est jamais observé en France. Il n'y a personne
» qui ne sache que les notaires, dans les clauses d'hypothèques,
» font mention des meubles et immeubles en ces termes ou au-
» tres équivalents : *lequel a obligé, affecté et hypothéqué tous ses*
» *biens généralement quelconques, meubles et immeubles, présents*
» *et à venir;* ce qui est absolument inutile à l'égard des meu-
» bles. »

11. — Remarquez qu'il n'y a pas là un simple retour au *pignus*
romain quant aux meubles. Notre ancien droit a réalisé un admirable progrès que les légistes romains ne paraissent pas avoir
jamais entrevu, en exigeant que la possession du gagiste fût une

possession *naturelle, réelle, actuelle,* pouvant avertir les tiers du droit du créancier, *et non la possession civile, ficte ou feinte et précaire ;—et ce sans fraude,* (Brodeau sur l'art. 181 de la Cout., n° 4). — Cependant un ancien auteur, Tronçon, appliquant simplement chez nous les principes du *pignus,* admettait l'efficacité du constitut possessoire sur l'autorité des lois romaines.

—Mais Ferrières déclare que cette opinion n'est pas soutenable : « Peut-on dire que cette clause pourrait donner droit de suite au » créancier contre un tiers acquéreur, *ou même contre les créan-* » *ciers,* en sorte qu'elle lui donnât la préférence à tout autre, » empêchant que le meuble ne fût mis à contribution, ainsi qu'il » est dit du gage en l'art. 181 ? — Il n'y a que Tronçon qui soit » capable d'avancer cette proposition. Il faut donc tenir pour » constant, et pour une maxime indubitable que dans la France » les meubles n'ont point de suite par hypothèque. »

12. — Puis Ferrières nous met en garde contre une fausse interprétation qu'on pourrait faire de ces termes : *quand ils sont hors la possession du débiteur.* Ils ont été ajoutés à la rédaction primitive pour étendre la portée de l'article, non pour la restreindre : « Ils ne signifient pas que les meubles ont suite par hypo- » thèque quand ils sont en la possession du débiteur, en sorte » que les créanciers hypothécaires viennent par ordre de leurs » hypothèques sur le prix provenant de la vente du meuble » saisi, *parce que les arguments* à contrario sensu *sont ordinai-* » *rement vicieux, et qu'on n'en tire souvent que de mauvaises* » *conséquences;* et le véritable sens est que, quand les meubles » sont hors la possession du débiteur, par une réelle et actuelle » aliénation qu'il en aurait faite, le créancier ne les peut pas » saisir, mais qu'il les peut saisir et exécuter pour être payé » de son dû tant qu'ils sont en sa possession.

» *On ne peut point interpréter cet article autrement, tant selon* » *l'esprit de notre Coutume et des réformateurs qui ont ajouté à* » *la réformation ces termes,* quand ils sont hors la possession du » débiteur, *que selon l'usage de presque toute la France.* »

« — Afin que le créancier ne puisse pas saisir les meubles de » son débiteur, il faut qu'*ils soient hors la possession réellement* » *et actuellement,* de sorte que si le débiteur les avait vendus, et » que l'acheteur les lui eût prêtés ou délaissés par constitut ou

» précaire, cela n'empêcherait pas qu'ils ne pussent être saisis
» par les créanciers du débiteur, et vendus faute de paiement
» des sommes dues aux créanciers saisissants.

» La raison est que, n'y ayant point de transport (déplacement)
» des meubles vendus et aliénés, il y a lieu de présumer de la
» fraude de la part du débiteur, et de l'intelligence entre lui et
» l'acheteur d'iceux, ou l'acquéreur à autre titre; et pour ne
» point favoriser le dol des débiteurs contre leurs créanciers, les
» juges ne pourraient pas admettre preuve, au contraire, qu'il
» n'y a point eu de collusion et de fraude.

» Ainsi par arrêt du 4 février 1567, rapporté par Charondas et
» les autres commentateurs, la cour a jugé l'exécution valable
» faite sur les meubles qui étaient en la possession du débiteur,
» lequel auparavant les avait donnés à un de ses parents duquel
» il les avait pris à louage; et par l'arrêt ce parent fut débouté
» de son opposition.

» — Il n'en serait pas de même des meubles qui auraient été
» prêtés véritablement au débiteur par celui à qui ils apparte-
» naient, ou qui lui auraient été donnés à louage; car en ce cas
» le créancier du commodataire ou locataire ne les pourrait pas
» saisir, parce que toute présomption de fraude cesserait pour
» lors. »

Non-seulement le soupçon de fraude cesse, mais le créancier
ne peut pas se dire déçu : car la saisie étant le fait du créancier
et non du débiteur, elle ne peut avoir ici l'effet qu'aurait une
constitution de gage par laquelle le débiteur se serait fait de la
chose d'autrui un moyen de crédit. — Au contraire, les objets
dont le débiteur est propriétaire servent à son crédit vis-à-vis des
personnes avec qui il contracte, lors même qu'elles n'ont que des
créances purement chirographaires. Sans doute il conserve la faculté d'aliéner ces objets; mais en en conservant la possession
après en avoir perdu la propriété, il donne une fausse idée de sa
solvabilité aux créanciers : ceux-ci, trompés par la présence de
ces objets entre les mains du débiteur, continueront naturellement à croire qu'ils peuvent les saisir. C'est donc par le fait du
débiteur et la négligence de l'acheteur, qu'ils sont ici autorisés
à penser qu'en saisissant ces objets, ils vont acquérir sur eux un
droit de gage, rendu désormais inattaquable par la dépossession

du débiteur. De plus, on voit combien est suspecte une aliénation qui ne se révèle que pour enlever aux créanciers les biens qu'ils ont saisis; et à quel danger elle les exposerait si elle devait l'emporter sur leur saisie.

— Du reste, ce sont seulement les créanciers du débiteur, qui ont saisi les meubles ou qui en sont nantis, qui peuvent opposer à l'acquéreur ou à ses ayants-cause son défaut de possession :

« Quoique les créanciers du débiteur qui est demeuré en pos-
» session des meubles qu'il a aliénés, puissent valablement les
» saisir et faire vendre, nonobstant l'opposition de celui qui les a
» acquis, néanmoins les créanciers de l'acquéreur pourraient
» aussi les saisir et faire vendre, nonobstant l'opposition de celui
» qui les aurait vendus ou aliénés à quelqu'autre titre au pro-
» fit de celui sur lequel ils seraient saisis, et il ne serait pas
» recevable à alléguer que l'aliénation qu'il en aurait faite aurait
» été frauduleuse, et à dessein seulement d'empêcher qu'ils fus-
» sent pris par exécution par ses créanciers. La raison est que
» *dolus suus nemini patrocinatur.* »

Mais, « au cas que le débiteur fût demeuré en la possession,
» de ses meubles après les avoir aliénés, à titre de louage, de prêt,
» de constitut ou de précaire, ou par autre semblable, et qu'ils
» fussent saisis concurremment par les créanciers de l'un ou de
» l'autre ; ceux du débiteur qui les aurait aliénés, et en la pos-
» session de qui ils seraient trouvés, seraient préférés aux créan-
» ciers de celui qui les aurait acquis et les aurait délaissés en
» la possession du vendeur, par la raison de la présomption de
» fraude.

— » Ce qui n'aurait pas lieu à l'égard des immeubles, les-
» quels peuvent être aliénés à la charge de l'usufruit, de con-
» stitut ou de précaire, suivant l'art. 275.

» La raison de la différence est qu'on ne peut presque pas dou-
» ter de la fraude, quand un débiteur a aliéné ses meubles, et que
» dans le même temps l'acquéreur les lui a laissés en sa pos-
» session ; vu que l'acquéreur les aurait acquis inutilement, et
» ne tirerait aucun avantage de son acquisition ; mais les clauses
» de rétention d'usufruit, de constitut et de précaire sont assez or-
» dinaires dans les aliénations d'immeubles, comme il paraît par
» l'art. 275 de notre Coutume » (n° 15).

13. — Je cite ce passage parce qu'il montre bien la différence qu'il y avait, malgré une similitude apparente, entre le transport de la propriété *erga omnes* par le simple consentement, et le système de l'ancien droit qui exigeait de plus la tradition, tout en admettant qu'elle pouvait s'opérer par un constitut possessoire. En effet, si le constitut possessoire suffisait pour opérer la translation de propriété, on voit qu'il était loin de produire les effets de la tradition réelle : c'était toujours la possession réelle qui seule pouvait rendre l'acheteur propriétaire *erga omnes*. Tant qu'il n'avait pas cette possession, il pouvait se voir opposer le droit d'un acheteur même postérieur qui se serait mis en possession réelle, ou le droit d'un créancier nanti d'un gage conventionnel (1) ou judiciaire sur le meuble : ce sont là en effet autant de circonstances qui mettent le meuble *hors la possession du débiteur ;* et les meubles n'ont pas de suite même pour le propriétaire, hors de la possession du débiteur.

14. — Cette règle, que les meubles n'ont point de suite, recevait du reste certaines exceptions; elles se rattachent à ce principe, que celui qui a un droit (de propriété ou de gage) sur un meuble peut le suivre en quelque main qu'il passe, lorsque c'est sans son consentement (par vol ou par perte) qu'il a perdu la possession.

15. — Arrivons au Code : nous y trouvons l'art. 2119 : *Les meubles n'ont pas de suite par hypothèque ;* c'est la reproduction de l'art. 170 de la Coutume; et, chose curieuse, l'art. 2118 dit précisément ce que di-ait Ferrières sur l'art. 170, à savoir : « Sont « seuls susceptibles d'hypothèques *les biens immobiliers.* »

Le voisinage de ces deux articles, en apparence contradictoires et dont la portée n'est intelligible qu'à l'aide des précédents, témoigne assez combien les rédacteurs du Code étaient sous l'em-

---

(1) Le possesseur qui a reçu du détenteur un meuble à titre d'achat ou de gage, l'emporterait même sur le déposant, le commodant ou le débiteur qui aurait donné la chose en gage; en un mot sur le propriétaire qui aurait eu antérieurement la possession (Bourjon, liv. vi, t. VIII, ch. 2, xcvi-xcvii, ch. 3, xxii-xxiii. — Troplong, 70-71); bien que ce propriétaire ne pût se voir opposer la saisie des créanciers de son dépositaire (Ferrières, ci-dessus p. 136 et Bourjon, ch. 3 xxi). A plus forte raison le deuxième acheteur ou le créancier nanti l'emporteraient-ils sur le premier acheteur non mis en possession réelle.

pire des idées et même des expressions de nos auteurs coutumiers.

Eh bien! en reproduisant l'art. 170 de la Coutume de Paris, ont-ils entendu en restreindre la portée? L'art. 170 disait de même *suite par hypothèque;* et cependant personne ne doutait que cette règle *Les meubles n'ont pas de suite,* ne fût générale, et nous avons vu qu'on l'opposait à un acquéreur devenu propriétaire, mais non mis en possession réelle, tout aussi bien qu'à un créancier hypothécaire. Si donc l'art. 2110 dit *par hypothèque,* ce n'est pas une raison de le croire moins général.

Ajoutez que les rédacteurs du Code ont sanctionné par un article spécial cette idée exprimée par les anciens auteurs, que l'hypothèque des meubles différait tellement de celle des immeubles que les immeubles seuls sont susceptibles d'hypothèque proprement dite. Ils ont appelé *gage* l'hypothèque des meubles, et ont déterminé sous ce nom ses conditions et ses effets : il n'y a donc plus d'hypothèque des meubles; et on ne comprendrait pas que les rédacteurs eussent reproduit l'art. 170 de la Coutume, s'ils avaient voulu dire seulement par là qu'un créancier ne peut pas acquérir de droit de suite, ni même de droit de préférence sur un meuble sans en avoir la possession réelle.

En ce sens, cet article était doublement inutile, puisqu'on avait dans l'art. 2076 subordonné le privilége du gagiste à la possession réelle, et que l'art. 2118 avait déclaré que les meubles n'étaient pas susceptibles d'hypothèque. Cette reproduction de l'art. 170, qui produit un effet si bizarre à la suite de l'art. 2218, ne peut donc s'expliquer qu'en admettant que les rédacteurs se rappelaient très-bien que les effets de cette règle : *Les meubles n'ont pas de suite,* n'étaient pas restreints au créancier hypothécaire, et qu'ils ont voulu, en la reproduisant, lui conserver l'étendue qu'elle avait dans la Coutume.

Cependant, on n'attribue pas en général cette portée à l'art. 2219 : on en fait très-bon marché, déclarant simplement que les *rédacteurs ont maladroitement copié la mauvaise formule des Coutumes de Paris et d'Orléans,* pour dire que les meubles ne sont pas susceptibles d'hypothèque; — que cet article est *dangereux, puisque, pris à la lettre, il signifierait (ce qui est inadmis-*

sible) que les meubles sont encore, comme dans plusieurs Coutumes, susceptibles d'hypothèque au point de vue du droit de préférence. — Il faut avouer qu'un pareil danger est assez chimérique en présence de l'art. 2118 et du titre du gage. Mais, dit-on, il est au moins *inutile, puisque la règle qu'il consacre n'est qu'une conséquence nécessaire du principe des art. 2114 et 2118. Ainsi, sous quelque point de vue qu'on l'envisage, l'art. 2219 est toujours un non-sens* (1).

— Cette critique suppose que l'article ne peut être pris que dans son sens grammatical ; mais c'est précisément parce qu'alors il est *dangereux, inutile, dépourvu de sens,* qu'on ne peut pas le prendre à la lettre, à moins de rabaisser les rédacteurs du Code au niveau des compilateurs du Digeste.

D'ailleurs cet article, déjà dans l'ancien droit, n'était pas pris dans son sens grammatical, surtout dans les Coutumes de Paris et d'Orléans qui ont eu tant d'influence sur le Code. La portée de l'article dépassait ses termes des deux côtés : quant à ces mots *les meubles n'ont pas de suite,* et quant à ceux-ci, *par hypothèque,* — il signifiait donc deux choses : 1° *Par hypothèque,* les meubles n'ont pas de suite, *ni de préférence.*

2° *Les meubles n'ont pas de suite,* — hors la possession du débiteur, — pas plus pour un propriétaire que pour un créancier hypothécaire. C'est là un point qui était bien établi, et que les rédacteurs du Code connaissaient parfaitement. La deuxième proposition n'était pas plus douteuse que la première. — Ils ont consacré l'une d'une manière formelle dans les articles 2076, 2111, et 2118 : — comment supposer qu'en répétant néanmoins identiquement l'article 170 de la Coutume, ils n'aient pas eu l'intention de consacrer la deuxième conséquence qu'on en tirait, alors surtout qu'ils ont placé cette maxime immédiatement après l'article 2118, en face duquel le premier sens est inutile, et le sens grammatical est dangereux, contradictoire, absurde ?

16. — L'intérêt de la question est de savoir si les créanciers d'un vendeur peuvent efficacement saisir sur lui un meuble vendu mais non livré à l'acheteur. La question me paraît tranchée par

(1) Mourlon, *Répétitions écrites,* t. III, p. 464.

l'art. 2119. Cependant je n'ai jamais vu examiner cette question sous l'art. 2119, ni même invoquer cet article pour la résoudre. C'est sous l'article 1138 qu'on pose la question : Il résulte de cet article que la propriété est transférée par le seul effet de la convention; tout le monde est d'accord là-dessus. Mais est-elle transférée *erga omnes*, ou *inter partes* ? Pour bien faire comprendre la portée de cette question, je la formulerai d'une autre façon, qui n'en altère pas le sens, mais qui met en relief le lien inévitable qui rattache à notre ancien droit les innovations même du Code : je me demanderai donc si, dans l'article 1138 les rédacteurs ont entendu que la convention seule produirait tous les effets que produisaient dans l'ancien droit la mise en possession réelle (sauf la prescription qui pourrait être accomplie au profit du deuxième acheteur). L'affirmative est aujourd'hui dominante dans la doctrine : mais j'ai tant de doutes sur l'exactitude de cette opinion, que je crois devoir les exprimer ici.

17. — Dans ce système d'après lequel la convention transmet la propriété *erga omnes*, — c'est-à-dire produit les effets que produisait autrefois la tradition réelle, le Code aurait mutilé cette belle maxime coutumière que *Les meubles n'ont pas de suite*, si soucieuse des intérêts du crédit, si intelligente des besoins de circulation de la propriété mobilière. C'était en effet une des applications les plus remarquables de cette maxime, que l'acheteur devenu propriétaire par simple constitut possessoire, pouvait se voir opposer la possession réelle d'un acquéreur, d'un gagiste, d'un saisissant postérieur.

— Or il n'en est plus ainsi si en vertu de l'art. 1138 la convention produit le même effet que la possession réelle : sur quoi se fonde cette opinion ? — Elle invoque l'article 1141 qui ne protége le deuxième acquéreur que s'il est de bonne foi. — A part cet argument, elle se borne à réfuter certaines objections que lui fait le système contraire, et qui, avouons le, sont très-faibles.

Il nous faut donc d'abord exposer sur quoi peut se fonder l'opinion qui permet aux créanciers chirographaires d'opposer leur saisie à un acheteur qui n'avait pas la possession réelle. On ne peut pas raisonnablement séparer cette question de celle de savoir si les rédacteurs du Code ont entendu maintenir la maxime coutumière comme règle générale : c'est dans cette règle qu'est, en matière de meubles, le principe sur les effets des constitutions de droit réel à l'égard des tiers. Si donc nous établissons que cette règle a passé dans le Code, il faudra prouver par un texte formel que le Code a abrogé ou restreint certaines conséquences de la maxime.

18. — Eh bien! cette maxime, elle a été reproduite dans le Code : — J'ai dit que lui refuser la généralité qu'elle avait dans la Coutume, c'était supposer gratuitement que les rédacteurs en ignoraient le sens; ce qui est impossible. — Croire qu'en l'écrivant dans le Code, ils n'ont voulu lui laisser que le sens grammatical, c'est leur faire écrire contre toute vraisemblance un brocard inepte. Du reste, dans toutes les questions où le sens grammatical de 2119 pourrait influer sur la solution, les auteurs ont bien soin de le repousser : c'est ainsi que M. Valette, examinant la question de savoir si le gagiste dessaisi par perte ou vol peut revendiquer le gage par les tiers possesseurs, — fait remarquer que la négative ne peut pas se prévaloir de 2119 parce que cet article, puisé dans notre ancien droit, n'y a jamais eu cette portée. Aussi Pothier, qui cite souvent la maxime : *Les meubles n'ont pas de suite par hypothèque*, accorde-t-il sans difficulté au créancier gagiste la revendication du gage qui lui a été soustrait.

19. — L'adoption de la maxime coutumière : *Meubles n'ont point de suite*, ne ressort-elle que de ce texte? — Nous avons encore d'autres preuves. J'ai dit que les conséquences de cette règle finirent par être rattachées à cette autre formule : *En fait de meubles la possession vaut titre*. Or, cette seconde formule, elle a comme la première trouvé place dans le Code. Si elle y a la portée d'un principe général, ce principe doit avoir aujourd'hui, comme dans l'ancien droit, jusqu'à preuve contraire, cette conséquence que la saisie des créanciers du vendeur l'emporte sur la propriété de l'acheteur non mis en possession réelle; mais cette maxime n'a-t-elle pas perdu sa généralité en entrant dans l'art. 2279? N'est-ce pas une mauvaise formule dont on s'est servi pour désigner une prescription, et ne faut-il pas voir dans l'art. 1141 l'unique application de cette formule? Je vais montrer d'abord que cette interprétation restrictive de l'art. 2279 est repoussée par la doctrine. Une fois admis qu'il y a là un principe général, nous rechercherons si l'on peut distinguer entre ses

conséquences, et repousser celle qu'invoquent les créanciers du vendeur de meubles.

20. — L'art. 2102 4° nous dit : « Le privilége du vendeur ne
» s'exerce toutefois qu'après celui du propriétaire de la maison ou
» de la ferme, à moins qu'il ne soit prouvé que le propriétaire
» avait connaissance que les meubles et autres objets garnissant
» sa maison ou sa ferme *n'appartenaient* pas au locataire. »

On pourrait conclure de ce mot *appartenaient* que les rédacteurs avaient en vue d'autres personnes que le vendeur, par exemple un locateur ou un prêteur de meubles ; car au cas de vente le locataire est bien propriétaire, quoiqu'il n'ait pas payé.

Cependant M. Valette regarde ces mots *n'appartenaient pas au locataire*, comme se rapportant à l'hypothèse du vendeur « : Ces mots signifient, non pas que le locataire n'eût aucun droit de propriété sur les meubles dont il s'agit, mais que ces meubles ne lui appartenaient qu'incomplètement, c'est-à-dire, grevés du droit réel de privilége, et même du droit de résolution ; » n° 113, p. 150. Mais ce qu'il importe de constater, c'est que M. Valette n'en admet pas moins le droit de bailleur sur les objets qui n'appartiennent pas au locataire : — n° 54 (ancien droit français) :

« Une innovation fort importante fut admise en droit coutumier,
» dans l'intérêt des locateurs d'immeubles. Le privilége, qui sous
» l'empire des lois romaines, ne portait que sur les meubles ap
» partenant au locataire, put s'exercer suivant l'usage constant
» des coutumes, même sur les meubles appartenant à des tiers.
» Néanmoins, tous les auteurs paraissaient être d'accord pour
» n'appliquer cette règle qu'autant que les meubles des tiers
» étaient placés en évidence, comme servant à garnir les lieux.

» La raison donnée par Pothier de cette extension du privilége
» consiste à dire que les tiers qui laissent introduire leurs meu
» bles dans la maison ou la ferme louée, pour la garnir, ont taci
» tement consenti à ce que ces meubles soient affectés au paiement
» des loyers ; ou que du moins ils sont tenus de souffrir l'exis
» tence du privilége, comme ayant contribué par leur imprudence
» à induire en erreur le propriétaire de l'immeuble. Ajoutons
» qu'ici évidemment on aperçoit l'application d'une règle qui se
» manifeste partout en droit coutumier, bien qu'elle y soit moins
» nettement formulée que dans notre Code civil ; c'est qu'*En fait*
» *de meubles la possession vaut titre.*

« Par except on, les meubles qui n'appartenaient pas au loca-
» taire pouvaient être revendiqués par les tiers : 1o *si le locateur*
» *avait eu connais nce de leur droit ;* 2o s'il n'y avait absolument
» rien à reprocher u propriétaire des meubles, c'est-à-dire,
» quand il s'agissait de choses volées ou provenues d'un dépôt
» nécessaire (Pothier, Louage, no 247.) »

— *Quid,* sous le Code civil, des meubles appartenant à des
tiers ? — No 56 : « Tous l s meubles garnissant les lieux, ou
» servant à l'exploitation de a ferme, quoiqu'appartenant à des
» tiers qui les ont confiés au preneur, sont grevés du privilége
» du bailleur, pourvu que celui-ci soit de bonne foi. La reven-
» dication des objets dont le locataire était dépositaire, emprun-
» teur ou gagiste, ne doit pas nuire au bailleur, parce que ce
» dernier a sur ces objets une sorte de possession à titre de gage,
» en sorte que dans les limites de son intérêt de créancier gagiste,
» il peut invoquer la maxime : *En fait de meubles la possession*
» *vaut titre.....* — Ainsi, de même que celui qui achète de bonne
» foi un meuble corporel *non a domino,* en devient propriétaire
» par la possession, de même le locateur, qui a la quasi-posses-
» sion des meubles apportés dans sa maison ou dans sa ferme,
» acquiert sur ces meubles un privilége, par cela seul qu'il a été
» de bonne foi, croyant tenir son privilége d'une clause tacite du
» contrat passé avec le locataire. Le propriétaire de ces objets est
» forcé de supporter l'effet du privilége, comme dans d'autres cas
» il subit la perte de sa propriété ; c'est à lui à s'imputer d'avoir
» mal placé sa confiance, en mettant à la disposition du locataire
» le meuble dont il s'agit. Si le bailleur sait que les meubles qui
» garnissent les lieux loués ou qui servent à l'exploitation de la
» ferme, n'appartiennent pas au locataire ou au fermier, son pri-
» vilége ne pourra être opposé au propriétaire des meubles ; car
» le bailleur, étant de mauvaise foi, ne pourra invoquer le prin-
» cipe protecteur de l'art. 2279..... Le principe général que nous
» venons de formuler, quant à l'extension du droit du locateur
» de bonne foi sur les meubles des tiers, est tenu pour constant
» dans la jurisprudence et dans la doctrine. »

— Et sur quoi se fonde-t-on pour admettre cette extension ? —
On le voit, M. Valette n'invoque même pas ce petit argument de
texte qu'on pourrait peut-être tirer du mot *appartenait* dans 2102
4o. Non, par une interprétation plus large, il rattache cette exten-

sion à l'*usage constant des Coutumes, application d'une règle qui se manifeste partout en droit coutumier,* et qui est nettement formulée par le Code civil.

21. — M. Valette fait au gage conventionnel la même application du principe de 2279 (p. 53) : « Si l'objet corporel donné en » gage n'appartenait pas au débiteur, le créancier de bonne foi » n'en acquerrait pas moins, sur cet objet, un droit de gage » opposable au propriétaire, et ce par application de la maxime : » *En fait de meubles, possession vaut titre.* Il faut en effet dire du » créancier qui traite pour acquérir un gage mobilier, ce que l'on » dit de l'acheteur qui traite pour acquérir la propriété. Dans » l'un et l'autre cas, la mise en possession, jointe à la bonne foi, » procure au possesseur, par une sorte de prescription instanta-» née, le droit réel qu'il croyait tenir du propriétaire lui-même (V. art. 1141, 2279, 1er al.; et arg. de 2102, n° 4, 3e alinéa). » — Voy. aussi l'art. 1813.

Voilà donc une application de la maxime *En fait de meubles possession vaut titre,* qui n'est dans aucun texte et que cependant on admet sans difficulté : que l'on s'appuie si l'on veut sur un argument d'analogie tiré de 2102 4° (cet argument serait faible s'il était seul, car cet article ne règle *in terminis* que le conflit du bailleur avec le privilège du vendeur, et non son conflit avec des tiers propriétaires), de toutes façons on en arrive à reconnaître, que la maxime de 2279 est générale, et à l'interpréter à l'aide des précédents. C'est donc à l'ancien droit qu'il faut demander quelle est l'étendue de ses applications.

22. — Mais ne pourrait-on pas dire : La portée de l'art. 2279 doit être restreinte par la place qu'il occupe dans le titre de la prescription? Le Code a pris soin de consacrer dans cet article et dans l'art. 1141 une des applications de la règle que les *meubles n'ont point de suite :* c'est donc qu'il a voulu rejeter les autres. Pour nous un pareil argument est inadmissible, puisque le Code lui-même a reproduit dans 2119 la maxime *Meubles n'ont point de suite.* Mais il est remarquable que les auteurs qui n'ont pas attaché la même importance à l'art. 2119, n'admettent pas cet argument *a contrario,* puisqu'ils appliquent le principe de 2279 au gage constitué à *non domino.* C'est bien le cas en effet de dire avec Ferrières, *que les arguments* a contrario sensu *sont ordinairement*

vicieux, et qu'on n'en tire souvent que de mauvaises conséquences.

Et l'argument *qui dicit de uno negat de altero* est d'autant moins applicable aux art. 1141 et 2279, que même en présence de l'ancienne maxime, proclamée comme un principe général de notre droit, ces articles n'étaient pas une redondance inutile. Il y avait en effet une raison particulière pour que l'application de la maxime à l'acquisition de la propriété pût soulever une difficulté qu'il était nécessaire de résoudre expressément. Cette difficulté, on la devine : D'après tout ce que nous avons dit jusqu'ici, on a dû voir que la maxime *Meubles n'ont point de suite*, et celle-ci *En fait de meubles la possession vaut titre* pouvaient être invoquées, en principe par les personnes qui auraient été en état de prescrire. Cette règle coutumière avait donc dû rendre la prescription inutile et s'y substituer en fait.

23. — Y avait-il néanmoins dans les pays coutumiers où s'appliquait cette règle, une prescription des meubles? — Sur ce point, il y avait dans notre ancien droit des controverses, venant de ce que les Coutumes de Paris et d'Orléans étaient muettes sur la prescription des meubles, précisément, suivant nous, parce que la règle *Meubles n'ont point de suite* tenait lieu de cette prescription.

Ainsi Brodeau, sur l'art. 118 de la Cout. de Paris, dit : « La coutume ne parle point de la prescription ou usucapion des meubles et des choses mobilières, comme font plusieurs Coutumes qui la limitent, d'aucunes à 5 ans, d'autres à 3 ans, conformément à la disposition de droit L. 1 C. de *usu. transf.*, et § 1, Inst. *de usu.*, laquelle usucapion ou prescription des choses mobilières était annale par la loi des 12 Tables, ce qui doit être étendu à notre Coutume, nonobstant l'opinion de quelques anciens praticiens, qui tiennent que l'usucapion n'a lieu en France, et qu'il est requis pareil temps pour la prescription des meubles que des immeubles (*Boër, in consuet. Bituric.* — Imbert, etc...). »

— De même Duplessis, au commencement du XVIIIe siècle, écrivait, — t. I p. 487 : « A l'égard des meubles cette Coutume n'a point établi de prescription particulière pour les acquérir, et dans cette omission il y a difficulté si l'on y recevra les prescriptions du droit romain ou seulement celle de 30 ans de l'art. 118, qui comprend toutes choses prescriptibles. Mais les héritages se prescrivant par 10 ans, il serait ridicule d'en demander 30 pour les meubles, *quorum vilis est possessio :* c'est pourquoi je tiens qu'il y faut recevoir la prescription du droit romain, quand il y a bonne foi, et celle de 30 ans de cet art. 118, quand il n'y a pas bonne foi. »

-- On voit sur quel point portait la controverse : La Coutume ne parlant pas de la prescription des meubles, fallait-il dire qu'elle ne prévoyait pas le cas et appliquer le droit romain ; — ou bien dire que la prescription des meubles, même en cas de juste titre et de bonne foi, était implicitement prévue par l'art. 118 qui édictait en termes généraux la prescription de 30 ans?

Mais Brodeau et Duplessis entendaient-ils par là contredire l'effet de la maxime *Meubles n'ont point de suite?* — Je ne le pense pas : on ne regardait pas l'effet de cette maxime comme une prescription, c'est pour cela que ces deux auteurs n'en parlent pas ; et en traitant de la prescription, ils se placent dans l'hypothèse où la maxime ne s'appliquant pas, il y aurait lieu d'invoquer la prescription. Il est vrai qu'une pareille hypothèse devait être très-rare ; aussi Bourjon, homme de pratique, s'étonne-t-il de voir Brodeau et Duplessis parler de prescription en matière de meubles : t. I, p. 1091 : « La prescription, dit-il, n'est d'aucune considération ; elle ne peut être d'aucun usage quant aux meubles, puisque, par rapport à de tels biens, la possession produit tout l'effet d'un titre parfait : principe qui aplanit les difficultés que le silence que la Coutume a gardé sur ce point faisait naître. En effet, quelques-uns prétendaient que, pour acquérir cette prescription, il fallait une possession de 30 ans ; mais cela n'était pas raisonnable, vu que pour les immeubles, quand il y a titre et bonne foi, elle ne requiert entre présents qu'une possession de 10 ans : inconvénient qui avait conduit d'autres à dire que, conformément à la disposition des Instit. liv. II, t. VI, il fallait pour prescrire les meubles une possession de 3 ans. Ces contradictions cessent, par le principe adopté et qu'on vient de poser, principe auquel il faut se tenir comme étant salutaire ; *il est étrange qu'on ait tenté de s'en écarter.* » Plus bas, Bourjon cite l'opinion de Duplessis et de Brodeau, et il ajoute : « J'ai toujours vu cette opinion rejetée au Châtelet, où l'on tient pour maxime, qu'en matière de meubles la possession vaut titre de propriété, à moins que le meuble ne soit furtif. La jurisprudence contraire serait préjudiciable au bien public, puisque personne, par rapport aux meubles, n'exige un titre qui soit tout ensemble justificatif et translatif de propriété, et sur ce chacun se confie et se contente de la possession. » — Mais est-il bien certain que Duplessis eût l'intention de contredire sur ce point la jurisprudence du Châtelet? — J'en doute fort, car il n'en parle pas : il traite théoriquement des prescriptions du droit coutumier, et en parlant des meubles il ne fait que répéter une vieille controverse, qui était peut-être née à une époque où le droit romain, nouvellement étudié, et souvent appliqué hors de propos, avait acquis une influence qui avait pu faire fléchir les principes coutumiers : c'est ainsi qu'on peut comprendre que la prescription de 3 ans ait pu être appliquée quelquefois dans les pays coutumiers. Mais l'influence coutumière suivit, en matière de meubles, une marche ascendante, et finit par l'emporter sur les principes romains : si Duplessis ne parle pas de la jurisprudence coutumière quant aux meubles, cela peut s'expliquer quand on songe que la maxime *Meubles n'ont point de suite* n'avait même pas dans la Coutume de Paris une formule générale exacte. Elle ne fut d'ailleurs jamais qualifiée de prescription : on comprend dès lors qu'un commentateur de la Coutume n'ait pas eu l'idée d'en parler en traitant de la prescription.

Du temps de Brodeau, qui est plus ancien que Duplessis, la maxime *Meubles n'ont point de suite* n'avait pas encore acquis l'extension, ou du moins la certitude que nous lui trouvons au siècle suivant; néanmoins Brodeau, qui ne parle pas non plus de la maxime à propos de la prescription des meubles, paraît bien supposer que la possession d'un meuble pourra produire une acquisition instantanée. Il dit en effet, sur l'art. 176 de la Coutume, que le propriétaire d'un meuble peut le revendiquer contre celui qui a acheté de bonne foi ou reçu la chose en gage du dépositaire (d'après un arrêt de 1629 rendu dans un cas de gage). Mais pourquoi? Suivant Brodeau, c'est *parce que le dépositaire a commis un vol*. — Il résulte bien de là que si on ne pouvait pas prétendre que la chose est furtive, Brodeau admettrait que le propriétaire ne peut pas revendiquer contre le possesseur qui a acheté de bonne foi; c'est-à-dire qu'il appliquerait alors la maxime *Meubles n'ont point de suite*. Seulement, il entendait la qualité de chose furtive selon le droit romain, tandis que dans le siècle suivant la jurisprudence en vint à ne pas considérer comme furtive une chose dont le propriétaire s'était dessaisi volontairement, bien qu'elle fût arrivée au possesseur par suite d'un abus de confiance (Bourjon, liv. VI, t. viii, ch. 2, xcvi, xcxvii; — ch. 3, xxi — xxiii). Cette jurisprudence se fondait avec beaucoup de raison sur cette idée que celui qui ne s'est fié qu'à la chose, doit être préféré à celui qui s'est fié à la personne, et qui a à s'imputer d'avoir mal placé sa confiance (Bourjon, *loc. cit.* xxiii, xxvi).

Quelle que fût au reste la portée de l'opinion de Brodeau et de Duplessis, peu nous importe : car il est bien certain que Bourjon nous a exactement transmis la jurisprudence de son temps, et qu'au milieu du xviiie siècle, la controverse sur la prescription des meubles ne pouvait avoir lieu que sauf l'application de la maxime; c'est-à-dire qu'elle était à peu près sans intérêt. Nous sommes heureux de pouvoir corroborer sur ce point le témoignage de Bourjon par celui de Pothier, si clair et si exact. (Introduction au titre XIV de la Cout. d'Orléans, n° 4) : « Notre cou-
» tume ne s'est pas expliquée sur la prescription à l'effet d'acquérir
» les choses mobilières : il n'est pas bien décidé si la prescrip-
» tion de trois ans avec titre et bonne foi, qui avait lieu par le
» droit civil, a lieu dans notre droit français. Imbert et Bugnion,
» anciens praticiens, pensent qu'elle n'y est pas admise; d'autres
» auteurs prétendent qu'elle y est admise. *Il est rare qu'il y ait*
» *lieu à la question, le possesseur d'un meuble en étant parmi nous*
» *présumé le propriétaire, sans qu'il soit besoin d'avoir recours à*
» *la prescription; à moins que celui qui le réclame et s'en prétend*
» *propriétaire, ne justifiât qu'il en a perdu la possession par quel-*
» *qu'accident, comme par un vol qui lui en ait été fait;* auquel
» cas il ne pourrait pas y avoir lieu à cette prescription de trois
» ans, qui aux termes du droit, n'a pas lieu pour les choses fur-
» tives. (Inst. tit. *de usuc.* § 2.) »

— Mais ne peut-on pas suspecter ici l'exactitude de Pothier? — Il dit qu'il sera *rare* qu'il y ait lieu à la question : ne faut-il pas dire, qu'il est *impossible* qu'il y ait lieu, — si on applique la maxime, et que dès lors la controverse sur la prescription des meubles prouve que l'application de la maxime n'était pas incontestée? Au premier abord, il semble difficile de trouver un cas où la maxime laisse place à la prescription : la maxime était même d'une application plus large, car nous savons que la jurisprudence coutumière était arrivée à ne pas considérer l'abus de confiance comme un vol, et à préférer avec grande raison le possesseur au propriétaire qui s'était fié à la personne. C'est ce qu'atteste Pothier lorsqu'il dit que le principe coutumier ne souffre exception que si le propriétaire justifie avoir perdu la possession par quelque accident. Mais cette phrase même nous révèle que la maxime était, à un certain point de vue, plus étroite que l'usucapion, et lui laissait quelquefois son utilité. En effet, il résulte de là, que la maxime ne se serait pas appliquée au cas où la chose aurait été perdue par le propriétaire. La perte était ainsi devenue, quant à l'application de la règle que les meubles n'ont pas de suite, un vice comme le vol. Or, il en était autrement dans les principes de l'usucapion, ou de la prescription de trois ans. Sans doute il arrivait souvent qu'une chose perdue ne pouvait être prescrite, mais cela tenait à ce que le possesseur était de mauvaise foi, ou qu'étant de bonne foi il n'avait pas de *justa causa* (Voy. L. 6 et L. 7, D. *pro derelicto*.) Mais le possesseur ayant bonne foi et *justa causa*, la qualité de chose perdue ne mettait pas obstacle à la prescription de trois ans : et en cas pareil il était intéressant de savoir si cette prescription était admise dans notre droit.

24. — La maxime *En fait de meuble la possession vaut titre*, avait-elle d'ailleurs, comme la prescription de trois ans, ce caractère de ne pouvoir être invoquée que par le possesseur de bonne foi? — Marcadé (sur 2279 II) entend en ce sens le passage de Bourjon (p. 1091) que nous avons cité plus haut. Il faut reconnaître cependant, qu'ordinairement, lorsque Bourjon dit que le possesseur l'emportera, il n'ajoute pas qu'il faut qu'il soit de bonne foi. Il n'en est pas moins certain que cette condition était exigée. En effet Bourjon nous dit constamment que la règle *Meubles n'ont de suite* reçoit exception au cas de vol, en ce que le propriétaire volé peut revendiquer sa chose *même des mains de l'acquéreur de bonne foi :* (T. I, p. 145, II; — p. 153, III; T. II, L. VI, t. VIII. — XXIV). C'est donc qu'on distinguait entre la bonne et la mauvaise foi, et que c'était en cas de bonne foi seulement que la revendication du propriétaire volé constituait une exception. Cela résulte avec évidence de la comparaison du n° XXIII et du n° XXVI (L. VI, tit. VIII). Après avoir dit que si le

dépositaire d'un meuble l'a vendu, le propriétaire de ce meuble *ne peut le réclamer des mains de l'acheteur*, — Bourjon ajoute n° XXIII : « *Il en est de même*, si le meuble avait été confié à un tiers pour être vendu, et que ce tiers eût gardé le prix de la vente ; *le propriétaire ne peut inquiéter l'acheteur*, et c'est à lui à s'imputer la confiance dont un autre ne peut être la victime ; c'est une seconde conséquence qui naît du même principe qu'on vient de poser, qu'en matière de meubles la possession vaut titre de propriété. » — Cela paraît bien absolu, et on serait tenté de croire que le propriétaire ne pourra jamais évincer l'acheteur. Cependant le n° XXVI nous apporte la preuve que Bourjon n'entendait parler que de l'acheteur de bonne foi. « *Le droit de revendiquer du vendeur sans jour et sans terme est plus étendu que le droit de celui qui aurait confié un meuble à un tiers pour le vendre*, car le vendeur du meuble sans jour et sans terme, peut le revendiquer des mains même de celui qui l'aurait acquis de bonne foi, au lieu que l'autre ne le peut pas. »

D'ailleurs, M. Valette constate (n° 56) que dans l'ancien droit le locateur n'acquérait un droit de gage sur les meubles d'un tiers, que s'il avait cru qu'ils appartenaient à son locataire ; et l'acquisition de la propriété par le possesseur de la chose d'autrui, étant une application du même principe, devait exiger de même la bonne foi du possesseur.

On s'explique facilement, du reste, pourquoi Bourjon néglige de dire que la maxime *Meubles n'ont pas de suite* ne peut être invoquée que par l'acquéreur de bonne foi : « On appelle bonne foi, dit Pothier (*Vente*, n° 325), l'opinion où est le possesseur que la chose appartenait à celui de qui il l'a acquise, et qu'il avait le pouvoir de l'aliéner. *Cette opinion se présume dans tout possesseur qui rapporte un titre de sa possession*, à moins que le contraire ne paraisse. » — Or, nous savons que le possesseur d'un meuble n'a pas même besoin de rapporter un titre, sa possession faisant présumer jusqu'à preuve contraire l'existence de la *justa causa* qu'il allègue. Sa mauvaise foi devant toujours être prouvée, sera très-rare ; car une pareille preuve est difficile. On comprend dès lors, qu'au point de vue de la pratique, dire que le propriétaire ne peut revendiquer contre l'acheteur de bonne foi, cela revenait à peu près à dire d'une façon générale qu'il ne pouvait inquiéter l'acheteur.

25. — Tel était l'état du droit lors de la confection du Code : on voit que lorsqu'il fallut régler la matière de la prescription, les rédacteurs trouvèrent en droit coutumier la prescription avec juste titre et bonne foi à peu près sans application quant aux meubles; elle y était remplacée par l'application d'une règle beaucoup plus générale sur la possession des meubles. — En présence de cet état de choses, qu'ont-ils fait, qu'ont-ils voulu faire? Leur intention est on ne peut plus claire : ratifiant la jurisprudence coutumière, ils ont installé officiellement dans le titre de la prescription la maxime *En fait de meubles possession vaut titre* à la place de la prescription des meubles. Mais ont-ils entendu restreindre l'application de cette maxime à l'acquisition de la propriété? Nullement; et pour s'en convaincre, il n'y a qu'à lire l'exposé des motifs du titre de la prescription fait par M. Bigot-Préameneu au Corps législatif (Locré, XVI, p. 586) : « Le droit romain accordait, sous le nom de *interdictum utrobi*, une action possessoire à ceux qui étaient troublés dans la possession d'une chose mobilière; mais dans le droit français on n'a point admis à l'égard des meubles une action possessoire distincte de celle sur la propriété; on y a même regardé le seul fait de la possession comme un titre : on n'en a pas ordinairement d'autre pour les choses mobilières. Il est d'ailleurs le plus souvent impossible d'en constater l'identité, et de les suivre dans leur circulation de main en main. Il faut éviter des procédures qui seraient sans nombre, et qui le plus souvent excéderaient la valeur des objets de la contestation. *Ces motifs ont dû faire maintenir la règle générale suivant laquelle, en fait de meubles, la possession vaut titre.*

» Cependant ce titre n'est pas tel qu'en cas de vol ou de perte d'une chose mobilière, celui auquel on l'aurait volée ou qui l'aurait perdue, n'ait aucune action contre celui qui la possède.

» La durée de cette action a été fixée à trois ans : c'est le même temps qui avait été réglé à Rome par Justinien ; c'est celui qui était le plus généralement exigé en France. »

26. — Qu'on lise après cela les art. 2279 et 2280, et qu'on nous dise s'il n'y a pas là la consécration pure et simple de la jurisprudence coutumière en matière de meubles, telle que nous la montrent Pothier et Bourjon. — Voici d'abord dans l'art. 2279, la formule de Bourjon : et aux yeux des rédacteurs elle exprimait

un principe dont les conséquences étaient si connues et si peu
contestées, qu'ils ont cru pouvoir se contenter de l'énoncer.
Quant aux motifs que donne le rapporteur, ce sont ceux de Bourjon; et ils ont dû, dit M. Bigot, *faire maintenir cette règle générale.* — Puis vient, comme dans Bourjon, l'exception pour le cas
de vol, auquel on assimile la perte, conformément à ce que nous
apprend Pothier, que cette restriction du principe coutumier
n'était pas limitée au vol, et embrassait tous les cas où le propriétaire avait été dessaisi de la chose par quelque accident. —
Quand la revendication est admise, une disposition spéciale en
fixe la durée à trois ans ; et ici l'exposé des motifs nous montre
que cette fixation est quelque chose de nouveau, et qu'elle est
destinée à faire cesser la controverse qui existait dans l'ancien
droit sur la prescription des meubles. Ce que dit M. Bigot, qu'on
a pris ce temps parce que c'était celui fixé par Justinien *et le plus
généralement exigé en France*, nous montre bien que le cas où
dans le droit coutumier, il pouvait y avoir lieu à la prescription
était, comme nous l'avons dit, le cas de chose perdue. Pour les
choses volées, il n'avait jamais pu être question dans l'ancien
droit de prescription de trois ans, comme nous le dit Pothier, puisque en droit romain les choses furtives ne pouvaient être usuca-
pées. — Le deuxième alinéa de l'art. 2279 a donc encore in-
nové, en restreignant à trois ans la durée de la revendication des
choses volées. Cette innovation s'explique parfaitement : les
choses perdues avaient été par le droit coutumier assimilées aux
choses volées, quant à l'application de la maxime ; ni les unes ni
les autres n'en étaient susceptibles. C'est ce qui fait qu'on n'a plus
distingué entre ces deux cas, et qu'on a assimilé les chosées volées aux choses perdues, lorsqu'on a fixé définitivement à trois
ans le temps de la prescription de celles-ci (1).

Enfin, l'article 2280 est aussi emprunté à Bourjon (t. I,
p. 458, tit. II, chap. 1, n. 4) : « Nonobstant cette preuve du vol,
le droit de revendiquer des mains d'un légitime acheteur le

---

(1) Cette prescription de trois ans a du reste un caractère tout particulier :
elle ne peut être invoquée que par un possesseur acquéreur de bonne foi :
mais pour qu'elle soit accomplie, il n'est pas nécessaire qu'il ait possédé trois
ans, il suffit que trois ans se soient écoulés depuis la perte ou le vol,

meuble volé n'aurait plus lieu s'il avait été acheté d'un *marchand ayant qualité pour le vendre :* la sûreté publique le veut ainsi; c'est exception à l'exception même, que l'ordre public fonde et que l'usage confirme. (Cette limitation est inviolablement suivie au Châtelet.) » — Quant à la nécessité de la bonne foi de l'acheteur, elle n'est pas douteuse grâce à 1141; mais c'était si bien une condition de l'application de la maxime, qu'on a jugé inutile de mentionner cette condition dans 2279, où la maxime était proclamée *in terminis.* — On voit, d'ailleurs, par la citation que nous venons de faire, que la pensée des auteurs de l'art. 2279 était bien que la maxime maintenue dans toute sa généralité suppléerait à la prescription des meubles rendue par là inutile; mais ils n'ont nullement entendu, la convertissant en prescription, borner là pour l'avenir son application. Il est même remarquable, qu'ils ne paraissent pas avoir eu l'idée que c'était là une véritable prescription : ils ne se sont pas écartés du point de vue des anciens auteurs coutumiers, qui ne comprenaient pas une prescription sans laps de temps.

27. — Peut-on, au mépris de leur intention connue, et de la formule générale qu'ils ont donnée à leur pensée, restreindre exclusivement la portée de la maxime proclamée par l'art. 2279, au rôle étroit d'une prescription proprement dite?

Évidemment non : c'est ce que reconnaissent implicitement les auteurs, lorsqu'ils admettent que le gagiste mis en possession de bonne foi, que le bailleur qui croit que les choses apportées par son locataire lui appartiennent, acquièrent un droit opposable au propriétaire. — Ils appliqueraient certainement cette solution au cas où le vrai propriétaire serait un acheteur non encore mis en possession : car il y aurait un argument *a fortiori*, et cela a été dit, pour le bailleur, dans la discussion de l'art. 2102.

Eh bien ! je dis que, pour être logique, il ne faut pas s'arrêter là, et il faut, de toute nécessité, admettre que les créanciers du vendeur peuvent saisir les meubles dont l'acheteur est devenu propriétaire, mais qu'il ne s'est pas fait livrer.

28. — Il est vrai que pour le *gagiste* nous avons dans les travaux préparatoires une confirmation spéciale de la solution : mais nos adversaires ne peuvent l'invoquer sans apporter un nouvel appui à notre thèse. En effet, M. Berlier s'exprime ainsi dans

l'exposé des motifs du titre du nantissement (Locré, xvi, p. 30) :
« Le gagiste ne saurait craindre l'intervention de personne, si ce
» n'est celle de tiers qui prouveraient que le meuble donné en
» gage leur a été dérobé : hors cette exception et les cas de fraude,
» le créancier muni du gage est préféré à tous autres, même
» plus anciens que lui, *parce que le meuble était sorti de la pos-*
» *session du débiteur, et que les meubles n'ont pas de suite en*
» *hypothèque ;* principe qui est devenu une maxime de notre
» droit français. » Ainsi M. Berlier présente cette solution comme
une application d'une maxime qu'il savait consacrée dans le
Code sous cette forme : *En fait de meubles, possession vaut titre.*
En effet, le titre de la prescription a précédé, dans toutes les phases
de sa confection, le titre du nantissement (Locré, xvi, compar.,
p. 1 et 515). Aussi M. Berlier n'a-t-il pas eu pour but, dans le passage que nous venons de citer, de prévenir la controverse sur un
point douteux : ce n'est pas même à propos du gage qu'il
exprime cette idée ; c'est sur le chapitre de l'antichrèse, incidem-
ment, en comparant la position de l'antichrésiste à celle du gagiste. — Remarquons encore que le titre du Nantissement est
antérieur à celui des Priviléges ; on voit donc que le droit du
gagiste de bonne foi sur la chose d'autrui est tout à fait indépendant de l'argument *a fortiori* que l'on voudrait tirer de l'art. 2102
4°. Ce droit n'est que la conséquence du principe général posé
dans l'art. 2279 : il n'y a donc aucune raison, si on accepte la
conséquence du principe quant au gagiste, de repousser celle
qui est relative aux créanciers saisissants.

20. — Il y a plus, — et c'est ici le lieu de le constater, — la
préférence du gagiste de bonne foi sur le propriétaire du meuble
engagé est de toutes les applications de la maxime celle qui a
rencontré les plus vives résistances. M. Troplong (n° 70) cite deux
arrêts, l'un du Parlement de Paris du 14 mars 1616, — l'autre
du Parlement de Dijon du 9 août 1612, qui décident que le propriétaire d'un objet mis en gage par un emprunteur ou un dépositaire peut le retirer des mains du créancier sans lui payer sa
créance. Il est vrai qu'on peut opposer un arrêt contraire du
7 février 1636 (Troplong 71). Mais il n'avait pas mis fin à la controverse ; car Bourjon cite un arrêt du 5 mars 1637 en faveur du
propriétaire. Brodeau (sur l'art. 176 de la Cout. de Paris) men-

tionne un arrêt de 1629 dans le même sens, et il explique cette jurisprudence par ce motif que le dépositaire a commis un vol; et c'était un principe que les choses furtives pouvaient être revendiquées en toutes mains. Il est possible que ce motif ait été quelquefois invoqué par ces arrêts; mais je crois qu'il y a une autre cause qui a fait persister la jurisprudence dans sa sévérité pour le gagiste; c'est qu'ici, en fait, le possesseur devait toujours être peu favorable : on sait en effet avec quel mépris étaient traités les prêteurs sur gages, juifs le plus souvent, toujours suspects d'usure et de fraude; et il ne serait pas étonnant que la répulsion qu'ils inspiraient eussent fait quelquefois fléchir les tendances de notre ancienne jurisprudence. — Le motif que la chose était furtive aurait fait refuser le bénéfice de la maxime à l'acheteur aussi bien qu'au gagiste ; et c'est ainsi que Brodeau l'entend. Mais il est bien certain que la jurisprudence arriva à ne pas considérer, quant à l'acheteur, l'abus de confiance comme un vol, avant de faire le même progrès quant au gagiste. En effet, Bourjon pose bien le principe que le gagiste est préféré sur le meuble dont il est nanti, toutes les fois que le meuble n'a pas été volé (L. VI, t. VIII, ch. 2. — XCVI, XCVII). — Toutefois il reconnaît (ch. 3, XXI) que la jurisprudence n'était pas constante sur ce point : « M. Bardet, dit-il, rapporte un arrêt du 5 mars 1637 par lequel la cour a jugé qu'une revenderesse publique ne pouvait engager ce qui lui avait été confié pour vendre ; mais si elle l'avait vendu, le propriétaire pourrait-il le réclamer? — La jurisprudence des sentences du Châtelet est qu'il ne le pourrait pas, parce que la confiance ou le dépôt entre les mains de la revenderesse publique n'est pas un dépôt forcé, mais volontaire : ainsi c'est au propriétaire à s'imputer à lui-même sa confiance. Voy. la proposition suivante qui le confirme. »

Et ici Bourjon s'explique d'une façon bien positive : XXII : « Si le dépositaire avait vendu ce meuble, le propriétaire ne peut le réclamer des mains de l'acheteur, parce qu'en matière de meubles la possession valant titre, la sûreté du commerce ne permet pas qu'on écoute une telle revendication. »

— Ainsi la jurisprudence à une certaine époque était moins favorable au gagiste qu'à l'acheteur : nous savons par la bouche même des rédacteurs du Code que cette différence avait fini par s'effacer, et que la maxime avait conquis dans la pratique toute la généralité que lui donne Bourjon. — Mais aujourd'hui, tandis qu'on l'applique sans hésiter au gagiste de bonne foi, on en refuse le bénéfice aux créanciers saisissants qui l'invoquent contre un acheteur de meubles non mis en possession. Cela est d'autant plus bizarre que cette application très-ancienne de la maxime paraît n'avoir jamais été contestée. Nous avons vu Ferrières la présenter comme reconnue sous l'empire de la première Coutume de Paris, à tel point qu'elle aurait motivé dans l'article 170 l'addition de ces mots, *quand ils sont hors la possession du débiteur*, dont le sens, qui paraît équivoque, n'était pas douteux pour nos anciens jurisconsultes. J'ai montré (ci-dessus p. 130 note), comment les conséquences de la règle que les meubles n'ont point de suite avaient pu être réunies sous cette autre formule : *En fait de meubles la possession vaut titre.* Eh bien, Bourjon, expliquant spécialement le sens de cette maxime, que lui ont empruntée les auteurs du Code, met au premier rang de ses applications la préférence des saisissants sur l'acheteur non mis en possession réelle. Il est bon de savoir en quels termes il s'exprime : L. II, t. I, ch. 6; « Section I, *De la possession en matière de meuble, et qu'elle vaut titre*; — I. En matière de meuble la possession vaut titre de propriété, la sûreté du commerce l'exige ainsi. (C'est une maxime constante au Châtelet). » — Puis, Bourjon parle de l'exception consistant en ce que l'effet mobilier furtif peut être revendiqué même des mains de l'acquéreur de bonne foi. Nous trouvons alors la section III, *De la vente des meubles sans déplacement* : — XIV. La vente des meubles faite sans déplacement est nulle à l'égard des créanciers du vendeur. — (Cela est regardé au Châtelet comme une maxime incontestable ; on en va voir les suites.) — XV. De là il suit que les créanciers de celui qui a fait une telle vente peuvent, nonobstant une telle vente, les faire saisir et vendre sur leur débiteur qui en est resté en possession. — (C'est une juste conséquence de la maxime rapportée sur la proposition précédente, et qui est adoptée au Châtelet). — XVI, *Cela est fondé sur la maxime ci-dessus dite qu'en matière de meubles la possession vaut titre ; maxime générale que rien ne dérange ici.* »

30. — Ainsi, nous trouvons en trois ou quatre endroits des

travaux préparatoires, l'intention formellement exprimée de maintenir la maxime *En fait de meuble possession vaut titre*, comme une règle générale ; — elle est en effet proclamée par l'article 2279 ; — il est de plus certain que les rédacteurs ont suivi pas à pas Bourjon : — dès lors, est-il possible d'admettre, que, sans en dire un mot, ils aient voulu repousser des effets les plus remarquables qu'il attribuait à cette maxime ? Cela est-il possible alors que la même décision était une conséquence ancienne, incontestée de l'art. 170 de la Coutume de Paris, et que les auteurs du Code ont encore reproduit la formule de cet art. *Meubles n'ont pas de suite par hypothèque :* formule dont on ne peut méconnaître la portée générale sans faire de l'art. 2219 un non-sens.

En résumé, dans l'ancien droit l'acheteur devenu propriétaire par tradition civile ou feinte, mais non mis en possession réelle, pouvait se voir opposer : 1° le droit d'un acheteur postérieur mis en possession (c'est le cas de l'art. 1141) ; 2° le droit d'un gagiste proprement dit ; 3° le privilège du bailleur ; 4° une saisie faite par les créanciers du vendeur.

C'était là quatre conséquences que l'on faisait dériver indifféremment de ces deux maximes : *Meubles n'ont pas de suite*, et *En fait de meubles possession vaut titre*. Ces deux maximes ont été consacrées par le Code d'une manière générale. C'est ce que tout le monde reconnaît, au moins pour la seconde, puisqu'on admet sans texte formel, et au nom de cette maxime, la deuxième et la troisième conséquence. Dès lors on ne peut pas en scinder les effets, et repousser la quatrième conséquence, à moins de prouver qu'elle a été expressément abrogée par le législateur.

31. — Avant d'examiner si cette abrogation est prouvée, nous avons à faire deux observations.

I. La première, c'est qu'à ces quatre événements qui peuvent faire perdre à l'acheteur la propriété à laquelle ne s'est pas encore jointe la possession réelle, il faut ajouter le jugement déclaratif de faillite, qui produit au profit de la masse des effets au moins aussi énergiques que ceux d'une saisie (1).

(1) La cour d'Orléans lui a même reconnu des effets beaucoup plus étendus, en jugeant, le 9 juin 1860 (*Gazette du 28*), que le jugement déclaratif produit au profit de la masse un véritable droit de gage, qui lui donne un droit de pré-

II. — Les créanciers saisissants doivent-ils ignorer le droit de l'acheteur pour lui être préférés ? Ferrières ne s'en explique pas ; mais il est permis de croire que oui, puisque l'ancien droit soumettait à cette condition la préférence du bailleur sur les tiers propriétaires. Mais il faut bien comprendre en quoi devrait consister la mauvaise foi des saisissants pour que l'acheteur l'emportât sur eux. Bourjon nous apprend (Liv. vi, t. xxii, ch. 3, XXII) que la possession que les saisissants ont du meuble, fixe dans la personne de la partie saisie, jusqu'à preuve contraire, la propriété qui est le fondement de leur droit de saisir ; en sorte que les tiers qui forment des demandes en distraction doivent établir d'une façon juridiquement certaine que leur propriété est antérieure à la saisie. — Quand le tiers qui revendique est un acquéreur qui n'a pas été mis en possession cette preuve ne suffit pas, et en vertu de la règle *Meubles n'ont pas de suite*, il succombera à raison de la présomption de fraude, à moins qu'il ne prouve que les saisissants sont de mauvaise foi : mais lui suffira-t-il pour faire cette preuve d'établir qu'au moment de la saisie les créanciers avaient connaissance de la vente ? — Oui, s'il avait eu soin de les en avertir, parce que cette précaution écarterait le soupçon de fraude. Mais si l'acheteur n'ayant rien fait pour porter à la connaissance des créanciers son droit sur les meubles qu'il a laissés en la possession du débiteur, établissait néanmoins que ces créanciers ont connu la vente ; je pense que ceux-ci pourraient fort bien répondre que s'ils ont entendu parler de cette vente, elle ne leur a pas paru sérieuse, n'étant suivie d'aucune manifestation ; — qu'ils ont pu n'y voir qu'un projet abandonné depuis, ou un moyen de fraude qui ne pouvait pas porter atteinte à leur droit, par ce singulier motif qu'il n'a pas pu leur être dissimulé. En un mot, l'acheteur devrait prouver non-seulement qu'ils ont connu l'acte invoqué, mais qu'ils ont su qu'il était sérieux. Et admettre dans ce cas que l'acheteur triompherait, ce n'est pas s'écarter de ce que disait Ferrières que l'acheteur ne peut pas, pour repousser le soupçon de fraude, prouver que l'acte est sérieux : ce que l'acheteur

férence à l'encontre de toute créance postérieure, fût-elle née indépendamment de tout acte d'administration du failli (*puta* les droits de mutation résultant de son décès).

prouve ici, c'est que les saisissants ont su que son droit était sérieux, et que par conséquent c'est frauduleusement qu'ils ont compris ses meubles dans leur saisie. Or, *fraus omnia corrumpit.*

III. De ce que l'acheteur doit ainsi pour triompher contre les saisissants, prouver une véritable fraude de leur part, il suit que cette condition de bonne foi, qu'exige en général la maxime en fait de meuble*Possession vaut titre*, serait inapplicable aux créanciers du failli. En effet, le jugement déclaratif n'est pas, comme une saisie, le fait personnel des créanciers : on ne comprendrait donc pas qu'il pût être considéré comme entaché de fraude à l'égard de l'acheteur de meubles qui sont encore en la possession du failli.

32. — Il faut maintenant examiner les objections qu'on nous oppose sous les art. 1138 et 1141.

On agite sous ces articles la question de savoir si la propriété transférée par le seul cosentement (aux termes de l'art. 1138) est opposable aux tiers. Et naturellement, suivant la réponse négative ou affirmative, les créanciers du vendeur pourront ou ne pourront pas saisir les meubles non livrés à l'acheteur. Remarquons d'abord qu'il n'y a absolument aucun argument à tirer, en faveur de l'affirmative, des termes de l'art. 1138. Il est certain que cet article ne préjuge en rien la question de l'effet de la translation de propriété à l'égard des tiers; car l'art. 1140 fait des réserves sur ce point en ce qui concerne les immeubles; et l'art. 1141 est relatif à la solution de la même question relativement aux meubles. Si, sous l'empire du Code, la propriété des immeubles a pu être transférée *erga omnes* par le simple consentement, cela tient à ce que le renvoi de l'art. 1140 n'a pas tenu ce qu'il promettait, et qu'aucune limitation n'avait été apportée, dans l'intérêt des tiers, aux effets de la translation de propriété. Mais nous n'avons à nous occuper que des meubles : c'est une question bien distincte et parfaitement indépendante, et dans notre ancien droit et dans le Code, des principes relatifs à la transmission des droits sur les immeubles.

Eh bien, quant aux meubles, on dit : Oui, la propriété est transférée *erga omnes* par le simple consentement; la preuve en est dans l'art. 1141, puisque l'acheteur peut revendiquer contre un deuxième acheteur mis en possession. Il est vrai que si ce deuxième acheteur est de bonne foi, le premier ne peut pas revendiquer ; mais cela tient à ce que le deuxième est devenu propriétaire par prescription (art. 2279). Mais il n'en est pas moins vrai que la propriété est transférée à l'égard des tiers, puisque l'acheteur pourrait revendiquer contre un deuxième acheteur de mauvaise foi.

33. —Au fond, voilà l'objection (Voy. M. Mourlon, t. II, pp. 506 et 507 sous 1141). Mais en quoi contredit-elle l'opinion que nous avons exposée ? Jusqu'ici nous ne le voyons pas. Nous avons admis sans hésiter que l'art. 1141 était une application de l'art. 2279, et que cette application constituait une véritable prescription ; mais nous n'avons vu là rien de contraire à notre solution.

On dit : Mais l'acheteur peut revendiquer contre un deuxième acheteur de mauvaise foi ; donc, il est propriétaire à l'égard des tiers. Pour moi, tout ce que je peux conclure de là, c'est que l'acheteur de mauvaise foi n'est pas au nombre des *tiers* qui peuvent se prévaloir du défaut de tradition. Mais quelle conséquence peut-on en tirer quant à des *tiers* qui sont dans une situation toute différente ?

34. — Pour comprendre pourquoi le raisonnement que je combats est cependant généralement accepté, il faut savoir qu'il se présente ordinairement comme objection à un très-mauvais argument par lequel on prétend soutenir que les créanciers du vendeur pouvaient saisir.

On commence par poser la question en ces termes : La convention transfère-t-elle la propriété *inter partes,* seulement, ou *erga omnes ?*

La question ainsi posée on dit : Evidemment la propriété n'est pas transférée *erga omnes,* puisque l'acheteur ne peut pas revendiquer contre un deuxième acheteur de bonne foi : donc elle n'est transférée qu'*inter partes.* A cela si on objecte qu'elle est bien transférée à l'égard du deuxième acheteur de mauvaise foi, on répond : Ce n'est là que l'application de 1167.

— Le système adverse a beau jeu contre un pareil argument : il commence par repousser victorieusement la prétendue application de 1167 : en effet 1167 suppose l'insolvabilité du débiteur que 1141 n'exige pas. Puis, s'armant à son tour du même dilemme, il dit : La propriété est-elle transférée *inter partes* seulement ? Évidemment non, puisque l'acheteur peut revendiquer contre un deuxième acheteur de mauvaise foi : donc, elle est transférée *erga omnes*. Assurément, cela est péremptoire comme objection au raisonnement opposé ; mais dès que cette objection prétend devenir un argument, cet argument a tous les vices de celui que réfute l'objection.

— En effet il consiste à dire : La propriété est transférée ou *inter partes* seulement ou *erga omnes :* — si nous prouvons que ses effets ne sont pas concentrés *inter partes*, nous pourrons en conclure qu'ils sont opposables *erga omnes :* or, ils ne sont pas restreints *inter partes*, puisqu'ils sont opposables au deuxième acheteur de mauvaise foi. Donc ils sont opposables *erga omnes*, et par conséquent aux créanciers saisissants. En vain objecte-t-on qu'ils ne sont pas opposables *erga omnes*, puisqu'ils ne le sont pas à l'acheteur de bonne foi. Ce résultat tient à 2279. Mais à part l'application de cet article, qui ne concerne pas les créanciers saisissants, la propriété est transférée *erga omnes*.

35. — Remarquons d'abord, que dans l'ancien droit la propriété d'un meuble, transférée par une tradition civile ou feinte, n'était pas, jusqu'à la tradition réelle, opposable aux tiers. Et cependant l'acheteur devenu ainsi propriétaire sans avoir la possession réelle, pouvait revendiquer contre le deuxième acheteur de mauvaise foi. Il est bien évident dès lors qu'il n'y a aucune incompatibilité entre ces deux idées. — Mais il suffit d'examiner l'argument en lui-même pour voir qu'il est vicieux.

Il dit : Les effets de la propriété ne sont pas renfermés *inter partes*, — donc ils existent *erga omnes*. Qui ne voit que pour que cette conclusion soit permise, il faut supposer que les effets de la translation de propriété sont nécessairement ou renfermés *inter partes*, c'est-à-dire opposables au vendeur seul (ou à ses ayant-causes à titre universel), — ou opposables *erga omnes ;* il faut admettre qu'il n'y a pas de milieu possible entre ces deux alternatives. Car l'argument se réduit à ceci : Pour admettre que la propriété n'est pas opposable *erga omnes*, vous seriez obligés de prétendre qu'elle n'est transférée qu'*inter partes :* or c'est ce que vous ne pouvez pas faire en présence de 1141 : donc elle est opposable *erga omnes*. — Mais je nie que l'alternative qu'on nous oppose soit inévitable. Si nous disons que la propriété de l'acheteur non mis en possession n'est pas opposable *erga omnes*, cela ne nous oblige nullement à dire qu'elle n'existe qu'*inter partes*, qu'elle n'a que des effets uniquement relatifs au vendeur, et à nous mettre ainsi en contradiction avec l'art. 1141. S'il peut y avoir une hypothèse intermédiaire où, sans être opposable *erga omnes*, la propriété puisse être opposée à d'autres qu'au vendeur, on m'accordera bien qu'il n'est plus possible de dire : L'art. 1141 prouve que les effets de propriété sont concentrés *inter partes* — donc ils sont produits *erga omnes*.

Bien plus, cette idée d'une propriété dont les effets seraient concentrés entre l'acheteur et le vendeur est une chimère : une pareille propriété n'existe pas, elle n'a jamais existé. En effet, qu'on suppose dans l'ancien droit une vente avec clause de dessaisine, circonstance translative de propriété, mais non suivie de tradition, — ou bien qu'on admette pour un instant que le Code a consacré le système de ceux qui disent que la convention ne transfère la propriété qu'*inter partes :* ceux même qui emploient cette expression donneront à l'acheteur non mis en possession, la revendication contre d'autres personnes que le vendeur. Par exemple, avant que celui-ci ait livré la chose, il la perd ou elle lui est volée, sans sa faute : bien que la propriété ne fût transférée qu'*inter partes*, est-ce que tout le monde ne donnera pas à l'acheteur la revendication contre le voleur? — Il est vrai que l'art. 1303 dit que, dans ce cas, s'il y a quelques droits ou actions en indemnité par rapport à cette chose, le vendeur est tenu de les céder à l'acheteur. Ce qui pourrait faire croire que c'est au vendeur qu'appartiennent les actions contre le voleur. Mais jamais dans aucun système on n'a pris cet article au sérieux : il n'est qu'une reproduction hors de propos du § 3 *de emptione venditione* aux Instit. Quant à l'action en indemnité, elle naît chez nous au profit de l'acheteur en vertu du principe général de l'art. 1382 par cela seul que les risques sont pour l'acheteur, au lieu que dans les principes romains il ne suffisait pas d'avoir intérêt pour pouvoir exercer l'*actio furti :* cette circonstance n'était déterminante que lorsque le conflit s'élevait entre le propriétaire non-possesseur, et le possesseur débiteur de la chose : mais lorsque le propriétaire, quoique n'ayant pas intérêt, était en même temps possesseur, c'était à lui que les principes donnaient l'action *furti*.

On voit que chez nous l'action en indemnité est liée en realité aux risques : lors même que chez nous comme en droit romain l'acheteur aurait les risques sans être propriétaire, l'action en indemnité serait encore pour lui. Cette action en indemnité est tout à fait indépendante de la question de propriété ; je n'invoque donc pas la circonstance que cette action appartient à l'acheteur. Mais si la chose existe entre les mains du voleur, c'est bien en vertu de la propriété transférée par la convention, ne fût-ce qu'*inter partes*, que l'acheteur aura la revendication. Et cela est important à constater : en effet, si l'acheteur, n'agissant pas contre le voleur, laissait au vendeur ou à ses créanciers le soin de faire rentrer la chose dans les mains de ce vendeur, les créanciers pourraient alors, suivant nous, la saisir en vertu de la règle *Meubles n'ont point de suite*, ou si l'on veut, comme étant ces tiers à l'égard desquels la propriété n'est transférée que par la tradition. Et dans ce cas l'acheteur n'a jamais eu la possession de la chose. Mais si l'acheteur agit en revendication contre le voleur, les créanciers du vendeur ne peuvent pas la saisir, parce qu'elle n'est pas dans la possession du vendeur, et ils ne peuvent pas, en cas de déconfiture, obliger l'acheteur à partager avec eux les bénéfices de son action en revendication. Au lieu que l'acheteur devrait subir leur concours sur cette action, s'il l'exerçait comme cessionnaire du vendeur (1303), et non comme propriétaire.

— Pour prendre des cas plus simples, si avant d'être livrée la chose a été perdue, certainement l'acheteur pourrait, en vertu de son contrat de vente, revendiquer contre le détenteur de la chose. Il pourrait sans doute y avoir lieu d'appeler le vendeur pour s'assurer que c'est lui qui a perdu la chose. Mais une fois cela établi, c'est bien à l'acheteur seul que l'inventeur devrait la remettre.

Enfin, dans tous les cas où le meuble vendu serait entre les mains d'un détenteur précaire (locataire, commodataire, dépositaire), qui devait la restituer au vendeur, — après la vente, lors même qu'on ne la prétendrait translative qu'*inter partes*, l'acheteur aurait bien le droit de la revendiquer contre ce détenteur.

36. — Ainsi, de ce que la propriété de l'acheteur est opposable d'après l'art. 1141 à une personne autre que le vendeur, on ne peut pas conclure qu'elle est opposable *erga omnes ;* puisque,

lors même que l'acheteur n'aurait que la propriété *inter partes*, il pourrait toujours l'opposer à des personnes autres que le vendeur. Il n'y a pas de propriété *inter partes*; on est propriétaire ou on ne l'est pas ; et dès qu'on l'est, on peut opposer son droit à d'autres personnes que le vendeur : cela est vrai dans tous les systèmes. Maintenant notre ancien droit avait admis que celui qui était devenu propriétaire d'un meuble par constitut possessoire, sans tradition réelle, ne pourrait pas opposer sa propriété aux tiers. — Est-ce à dire que l'acheteur n'était pas propriétaire, ou qu'il n'était propriétaire qu'*inter partes ?* nullement ; seulement s'il se rencontre en conflit avec une personne qui s'est fait mettre en possession, et qui a pu croire qu'elle acquérait un droit qui est incompatible avec celui de l'acheteur, on sacrifie l'acheteur parce qu'il a une négligence à s'imputer, et qu'on ne peut rien reprocher au possesseur. En réalité, l'acheteur était propriétaire, mais il perd sa propriété, qui est attribuée au possesseur. Sans doute on dit que la propriété *n'a pas été transférée vis-à-vis des tiers;* mais c'est là une fiction qui ne change rien au fond des choses. Elle vient de ce que cette règle *Meubles n'ont point de suite* n'est pas venue de la volonté impérative et formelle d'un législateur ; elle a été introduite par la jurisprudence coutumière, qui ne pouvait pas déclarer ouvertement, contrairement au droit romain, à la raison écrite, qu'elle dépouillait l'acheteur de la propriété, parce qu'il lui semblait plus équitable de l'attribuer au possesseur, en dépit de la règle *Nemo dat quod non habet.* Pour justifier juridiquement leur décision, les jurisconsultes coutumiers durent donc avoir recours à une fiction, et supposer que la propriété n'avait pas été *transférée* à l'acheteur vis-à-vis des tiers, c'est-à-dire que le vendeur était resté propriétaire à l'égard de ces tiers, et que par conséquent il avait pu leur transmettre la propriété. C'est ainsi qu'on a pu arriver à dire que la propriété n'était transférée qu'*inter partes.*

Il est clair que toutes ces subtilités ne seraient jamais nées dans la tête d'un législateur ayant le pouvoir de créer ouvertement une loi nouvelle, et qu'elles ne doivent pas nous empêcher de voir la réalité des choses. C'est ainsi qu'en incorporant dans le titre de la prescription l'application de la maxime *Meubles n'ont point de suite* à un second acheteur, les rédacteurs du Code ont proclamé ouvertement que le premier acheteur perdait dans ce cas la propriété qu'il avait acquise. De même si on admet que les autres applications de la maxime sont maintenues par le Code, il faut avouer franchement que la loi sacrifie le droit de propriété de l'acheteur à un droit de gage qui lui paraît plus digne de protection, quoique constitué *a non domino :* il faut reconnaître là une dérogation à la règle *Nemo dat quod non habet.* Et pour justifier cette dérogation, nous n'avons rien à dire, si ce n'est à prouver qu'elle est dans la loi.

37. — Or, sur ce point notre preuve n'est-elle pas déjà faite ? Nous avons vu qu'on avait voulu, dans l'art. 2279, maintenir la règle qu'en fait de meubles la possession vaut titre dans toute sa généralité: dès lors la propriété transférée par la convention, aux termes de l'art. 1138, reste soumise, à l'égard des tiers, aux limitations que cette maxime apportait au droit de l'acheteur devenu propriétaire mais non mis en possession réelle. Nos adversaires veulent voir dans l'art.. 1141 une exception unique à la translation de la propriété *erga omnes,* exception fondée sur la prescription; mais cette idée que la maxime *en fait de meubles possession vaut titre,* aurait été réduite à cette seule application parce qu'elle aurait reçu dans le Code le caractère exclusif d'une prescription, est contredite par le texte et la préparation de l'art. 2279. Nous savons, en effet, que les rédacteurs n'ont pas même prononcé ici le mot de *prescription,* et qu'ils ont formellement exprimé l'intention de consacrer, dans l'art. 2279, une règle générale du droit français.

L'art. 1141 en lui-même, n'est qu'une application de cette règle générale. La préparation de cet article est-elle du moins favorable à cette thèse de nos adversaires, que l'expression formelle de cette application implique l'abandon de la règle elle-même ? Les travaux préparatoires la démentent absolument, et nous y trouvons une parfaite harmonie entre les motifs de l'article 1141 et ceux de l'art. 2279. — Exposé des motifs du titre des Obligations, par M. Bigot Préameneu (n° 36) : « A l'égard des choses mobilières, quoique, *respectivement aux parties,* le transport de la propriété s'opère à l'époque où la livraison doit se faire, cependant on a dû considérer l'intérêt d'un tiers dont le titre serait postérieur en date, mais qui, ayant acquis de bonne foi, aurait été mis en possession réelle. La bonne foi de cet acquéreur, la nécessité de maintenir la circulation libre des objets mobiliers, la difficulté de les suivre et de les reconnaître dans les mains de tierces personnes, ont dû faire donner la préférence à celui qui est en possession, quoiqu'il y ait un titre antérieur au sien. » M. Favard, dans son rapport au Tribunat, est encore plus explicite (n° 33) : « Le projet fixe les opinions sur une autre question. Si une chose mobilière a été promise successivement à deux personnes, à qui doit-elle appartenir? L'art. 1141 décide que c'est à celui qui en a été mis en possession réelle, quand même son titre serait d'une date postérieure; mais il y met la condition qu'il aura été de bonne foi.... : *Le principe est fondé sur ce que les meubles n'ont pas de suite et sont censés appartenir à celui qui les possède*, s'il n'est pas prouvé que sa possession est fondée sur le dol, la violence ou la mauvaise foi. »

38. — Nous avons dit que dans l'ancien droit l'acheteur saisi par un constitut possessoire n'avait pas, avant la tradition réelle, une propriété *opposable aux tiers*. Cette formule est vague, mais elle est bien préférable aux expressions *propriétaire inter partes* ou *erga omnes*, dont la précision peut être une cause d'erreurs.

Le mot *tiers*, nécessitant une détermination spéciale des personnes auxquelles il s'applique, ne peut présenter aucune inexactitude.

Maintenant quels sont ces *tiers?* sont-ce *toutes* les personnes autres que le vendeur ou les successeurs universels? Non : nous croyons qu'on peut donner de ces *tiers* une notion générale assez exacte en disant que ce sont des personnes qui ont cru acquérir sur le meuble vendu un droit de propriété ou de gage, qui en ont la possession, et que l'équité commande de préférer à l'acheteur.

— Nous avons énuméré ces personnes, en expliquant la maxime *Meubles n'ont point de suite.*

39. — Nous avons réfuté l'objection tirée de l'art. 1141. Nous devons dire à notre tour comment nous entendons les art. 1138 et 1141.

Dans le droit coutumier la propriété de l'acheteur n'était pas opposable aux *tiers*, lorsqu'elle ne résultait que d'un constitut possessoire, d'une tradition civile ou feinte, ou d'une clause de dessaisine. La propriété que l'art. 1138 déclare transférée par la convention, encore que la tradition n'ait point été faite, est-elle opposable aux tiers ? Cette question, à nos yeux, revient exactement à celle-ci : Les rédacteurs du Code, en écrivant l'art. 1138, ont-ils voulu donner pour effet à la convention de transférer la propriété non opposable aux tiers qui résultait du constitut possessoire ou de la clause de dessaisine, ou bien l'effet de la tradition réelle même, ôtant ainsi à la possession des meubles ses effets les plus importants ? Pour nous, la réponse n'est pas douteuse. Il ne s'agit ici que de la propriété qui résultait du constitut possessoire. Je n'ai, pour la justification de ce point, qu'à renvoyer au système savamment enseigné à l'école de Paris, suivant lequel les rédacteurs de l'art. 1138 n'ont fait que supposer, sous-entendre dans tous les cas cette tradition feinte, consensuelle qui dans l'ancien droit résultait de la volonté expresse des parties (1).

— Dès lors n'est-il pas incontestable que la propriété qui résulte de la convention, ce ne peut être que la propriété, non opposable aux tiers, qui résultait autrefois de cette tradition feinte ?

Ainsi s'écroule le reproche qu'on a fait si souvent aux rédacteurs du Code, d'avoir pris un détour prétorien au lieu de dire simplement : La propriété est transférée par la convention.

— Ainsi s'explique ce fait constaté avec étonnement par les partisans de la propriété opposable aux tiers, *qu'on ne trouve rien dans les travaux préparatoires qui fasse allusion à un changement de principes sur la nécessité de la tradition.* « Au contraire, » nous voyons M. Portalis présenter sa théorie comme résultant » des *principes de notre droit français,* et M. Favart, dans son » rapport au Tribunal, après avoir analysé notre article et déclaré » notamment que *le créancier est propriétaire du moment que le* » *consentement a formé le contrat,* ajoute que ces principes ont » été consacrés de tout de temps parmi nous. » (Fenet, t. XIII, p. 320.

C'est Marcadé qui parle ainsi (t. IV n° 486), et il ne voit là que « des subtilités des rédacteurs et un circuit d'idées en tête duquel » ils placent le principe de la tradition pour le repousser à la fin. »

(1) Voy. Mourlon, t. II, sur l'art. 1138.

Nous y voyons, quant à nous, la preuve en quelque sorte palpable, que les rédacteurs ont voulu simplement généraliser cette clause de dessaisine-saisine qui était devenue de style ; mais qu'en faisant de la translation de propriété qui en résultait, un effet du contrat lui-même, ils n'ont nullement entendu modifier les effets de cette translation par le simple consentement, en lui attribuant ceux de la tradition réelle. Ils avaient raison de dire par conséquent, que cet article était conforme aux principes de notre droit français, puisque la propriété qui résultera de la convention, c'est celle qui dans notre ancien droit était transférée par le consentement. Eh bien, c'est encore le consentement qui la produit, mais ce consentement n'a plus besoin d'être exprès, il est implicitement compris dans le consentement au contrat. Aussi le seul effet nouveau que les travaux préparatoires attribuent à l'art. 1138, c'est que dorénavant la solution de la question des risques sera toujours d'accord avec le brocard *res perit domino*. On donnait par là une facile satisfaction aux critiques de certains publicistes (Puffendorf, Barbeyrac), qui trouvaient qu'en droit romain la question des risques était résolue contrairement au droit naturel. (Voy. Pothier, *Vente*, n° 307.)

40. — Je prévois maintenant une objection qu'on pourrait me faire, et qu'il importe d'examiner, car son énoncé élève contre le système que je viens d'exposer des préventions très-graves ; mais ces préventions ne résistent pas à un examen attentif.

On pourrait me dire : Vous soutenez que la propriété transférée par le seul effet de la convention n'est pas opposable aux tiers, parce que, dites-vous, l'art. 1138 n'a fait que généraliser les anciennes clauses de dessaisine ou de constitut possessoire, et que ces clauses ne transféraient pas dans l'ancien droit une propriété opposable aux tiers. Mais ce dernier point était loin d'être universellement admis dans le droit coutumier ; car Pothier agite la question et il se range à l'avis de ceux qui décident que la tradition feinte doit produire les mêmes effets que la tradition réelle.

Voilà l'objection avec tout son poids, et elle paraît écrasante ; car Pothier, c'est un auteur coutumier, et de plus c'est le guide habituel des rédacteurs du Code ! Mais pour apprécier cette objection à sa juste valeur, il est indispensable de connaître tout le passage de Pothier. Après avoir dit (de la vente n° 320) « que les

» créanciers du vendeur peuvent saisir la chose que leur débi-
» teur a vendue avant qu'il l'ait livrée, quand même l'acheteur
» en aurait payé le prix ; — mais qu'une fois que la tradition en
» a été faite, la propriété ayant passé à l'acheteur, les créanciers
» du vendeur ne peuvent plus saisir cette chose qui n'appartient
» plus à leur débiteur. » Pothier ajoute, n° 322 : « C'est une
question agitée entre les auteurs, si la tradition feinte qui a été
faite à l'acheteur, doit à cet égard avoir le même effet que la tradition réelle qui lui aurait été faite, et si elle est censée lui avoir
transféré la propriété même vis-à-vis des tiers. Supposons, par
exemple, que la chose est à la vérité demeurée par devers le vendeur, et que l'acheteur n'en a pas été mis en possession réelle,
mais que le contrat de vente portait une clause par laquelle il
était dit que le vendeur s'est dessaisi de la chose vendue et en a
saisi l'acheteur, déclarant qu'il la tenait dorénavant au nom et
pour l'acheteur ; ou bien qu'il y eut une clause par laquelle il
fut dit que le vendeur retenait la chose comme la tenant de
l'acheteur à titre de ferme, pour une certaine somme pour chacun an : on demande si dans ce cas l'acheteur sera bien fondé à
revendiquer la chose, soit contre des créanciers qui l'auraient
saisie entre les mains du vendeur, soit contre un second acheteur à qui le vendeur l'aurait depuis livrée, et qui s'en trouverait
en possession réelle. Charondas, en ses réponses, décide en faveur du second acheteur ; et il cite pour son opinion deux arrêts,
l'un de 1408, l'autre de 1569. Belordeau, liv. I, ch. xviii, cite
aussi pour la même opinion deux arrêts de son parlement de
Bretagne. Leur raison est que ces traditions feintes ne consistant
dans aucun fait extérieur, mais dans une simple convention intervenue entre le vendeur et le premier acheteur, elles ne peuvent avoir la vertu et l'efficacité d'être réputées, au moins vis-à-
vis des tiers, avoir transféré la propriété de la chose vendue au
premier acheteur, suivant la règle : *Traditionibus, non nudis
conventionibus, dominia rerum transferuntur.* (Loi 20, C. *de pactis.*)
Les conventions ne devant avoir d'effet qu'entre les personnes
qui y sont parties, les traditions feintes, qui ne résultent d'aucun
fait extérieur, mais de la convention des parties, ne peuvent être
réputées avoir vis-à-vis des tiers transféré la propriété.

« Au contraire Guy-Pape, décis. 112, soutient que la tradition

feinte transfère aussi réellement et aussi véritablement le domaine
et la propriété d'une chose que la tradition réelle, même vis-à-vis des
tiers. Par la tradition feinte qui résulte de la clause de rétention d'u-
sufruit, ou de la clause de rétention de la chose à titre de ferme ou
de loyer, ou même par la simple clause de constitut, l'acheteur
prend véritablement possession de la chose qui lui est vendue; et par
cette prise de possession il en acquiert véritablement la propriété :
car nous pouvons acquérir la possession et la propriété d'une chose
non-seulement par nous-mêmes, mais par le ministère d'une autre
personne qui en prend possession en notre nom : *Animo nostro,
corpore etiam alieno possidemus.* (Loi 3, § 12, D. *de acq. poss.*) —
*Generaliter quisquis nostro nomine sit in possessione, nos possi-
dere videmur* (l. 0. D. *cod.*). Or, par ces clauses le vendeur prend
possession, au nom de l'acheteur, de la chose qu'il lui vend. L'a-
cheteur en acquiert donc la possession par le ministère du vendeur, de même qu'il l'acquerrait par le ministère de tout autre qui
en prendrait possession pour lui. Cette tradition a donc le même
effet qu'une tradition réelle et doit pareillement transférer la propriété. En vain oppose-t-on la loi qui dit : *Non nudis conventionibus dominia rerum transferuntur,* et que les conventions n'ont
d'effet qu'entre les personnes qui y sont parties; car cela est vrai
des pures conventions; mais celles qui sont accompagnées de traditions feintes ne sont pas de simples et nues conventions, et il est
expressément décidé en la loi 77 *de rei vind.* D. qu'une pareille
tradition feinte, résultant d'une rétention d'une chose à titre de
ferme par le donateur, avait mis le donataire en possession, et lui
avait transféré la propriété de la chose, et en conséquence le droit
de la revendiquer. De tous ces principes Guy-Pape conclut qu'un
premier acheteur à qui on n'a fait qu'une tradition feinte de la
chose qui lui a été vendue, peut la revendiquer contre un second
acheteur qui en aurait la possession réelle, et il atteste que c'est la
jurisprudence constante de son parlement de Dauphiné. Je crois
cette seconde opinion plus véritable avec cette limitation, pourvu
que la preuve de la tradition soit établie par un acte authentique;
ou, si l'acte est sous signature privée, pourvu que l'antériorité de
la date à la tradition réelle faite au second acheteur, ou la saisie
faite par les créanciers du vendeur soit suffisamment constatée;
puta par la mort de quelqu'une des parties qui l'ont souscrite. »

— On voit que, malgré l'exactitude absolue des termes de l'objection, ce passage de Pothier est tout à fait en notre faveur ; car il confirme pleinement l'idée que Ferrières nous a donnée de la jurisprudence constante des pays coutumiers. D'abord, Guy-Pape étant mort en 1476, et Charondas en 1617, celui-ci nous offrirait évidemment la jurisprudence qui finit par être prépondérante, si nous devions tenir compte de leur divergence ; mais elle se comprend facilement lorsqu'on sait que Guy-Pape était conseiller au Parlement de Grenoble, pays de droit écrit, et Charondas avocat et lieutenant général au bailliage de Clermont en Beauvoisis, et auteur du *Grand coutumier de France*. L'un résout la question suivant le droit romain, l'autre suiv   l. .roit coutumier. Et remarquez que Pothier ne cite ni u   un seul arrêt coutumier, qui attribue au constitut posse.. . . .es mêmes effets qu'à la tradition réelle.

Maintenant, lorsque Pothier lui-même nous dit : « *Je crois la deuxième opinion plus véritable,* » entend-il donner une solution applicable d'une façon absolue en pays coutumier ? S'il en était ainsi, il méconnaîtrait évidemment le progrès réalisé par le droit coutumier, quant à la transmission des meubles. Il ferait comme Tronçon, qui admettait que chez nous, comme sous le régime du *pignus*, le gagiste acquiert une possession suffisante par le constitut possessoire. Si donc l'opinion de Pothier devait être entendue dans un sens absolu, il faudrait reconnaître que ce grand esprit s'est laissé séduire mal à propos par le prestige du droit romain ; prestige si grand dans l'ancienne jurisprudence, que nous voyons, dans le passage même que je viens de citer, les textes latins invoqués à l'appui des opinions les plus contraires à l'esprit du droit romain.

Mais il est à remarquer que Pothier ne s'occupe pas spécialement, dans ce paragraphe, du cas particulier où il s'agissait d'un meuble. Il est donc très possible qu'il examine ici, à un point de vue général, la question de savoir si le constitut possessoire transfère la propriété aussi complétement que la tradition ; et qu'en admettant l'affirmative, il n'entende nullement repousser les limitations que le droit coutumier avait apportées à cette solution quant aux meubles. L'opinion de Pothier serait alors purement et simplement conforme à celle de Ferrières, qui nous dit

en effet que les créanciers ne peuvent plus saisir après l'*aliénation* les immeubles vendus, mais non livrés réellement par le
débiteur, « parce que les immeubles peuvent être aliénés à la
» charge de l'usufruit, de constitut ou de précaire, suivant l'ar-
» ticle 275. »

Il est si vrai que l'opinion exprimée par Pothier dans le n° 321
ne peut avoir que la valeur d'une décision de principe, subordonnée, quant aux meubles, aux limitations du droit coutumier,
que Pothier admet (du Louage, n° 241), suivant l'usage constant
des coutumes, que le droit du bailleur d'immeubles s'étend sur
les objets apportés par son locataire, quoiqu'appartenant à des
tiers. — Eh bien ! si on voulait appliquer aux meubles l'opinion
exprimée par Pothier au n° 321, il faudrait dire que le droit du
bailleur ne porterait pas sur les meubles apportés par le locataire,
mais vendus par lui et aliénés par constitut possessoire. Car Pothier soutient, au n° 321, que ce constitut possessoire doit produire tous les effets de la tradition réelle. Or, tout le monde
comprend qu'il y a un *a fortiori* pour soumettre les meubles de
cet acheteur au droit du bailleur. Il est donc impossible d'admettre que Pothier ait voulu donner une solution applicable aux
meubles sans le mettre en contradiction avec lui-même. Ce n'est
pas tout : nous avons vu Pothier nous dire (Introd. au tit. xiv de
la Cour d'Orléans) que les principes coutumiers sur la possession
des meubles rendaient très-rare la question de prescription. Or,
cela n'est pas conciliable avec l'idée que le propriétaire, dont le
droit aurait date certaine avant le titre du possesseur, devrait
l'emporter sur ce possesseur. Il faut donc reconnaître que l'opinion qu'exprime Pothier au n° 321, n'était pas applicable aux
meubles en pays coutumiers. — D'ailleurs si l'on voulait, soutenir
que cette opinion est générale, il y aurait eu ici, quant à l'application de la maxime En fait de meubles possession vaut titre, divergence entre Pothier et Bourjon ; car celui-ci aurait préféré le
deuxième acheteur mis en possession, bien que la propriété du
premier eût date certaine. Or, il est incontestable que les rédacteurs du Code ont entendu la maxime comme l'entendait Bourjon d'après la jurisprudence du Châtelet. — De toutes façons
donc, on ne peut rien tirer contre nous de ce passage de Pothier.

41. — J'ai exposé aussi complétement que je l'ai pu mon

opinion sur cette controverse. J'espère que l'intérêt de la question, et les liens intimes qui l'unissent à mon sujet, me feront pardonner ces développements.

Je dois répondre, en terminant, à deux objections, qui pourraient emprunter à leur tour spécieux une certaine force.

I. On dit : Nous ne voyons nulle part dans le Code, que la tradition soit indiquée comme un moyen de transférer la propriété; car même dans la vente de chose *in genere*, ce n'est pas la tradition qui transfère la propriété, c'est la détermination précise de la chose, laquelle est presque toujours concomitante à la tradition. Or, on ne peut guère admettre que les rédacteurs du Code aient omis de mentionner un mode de translation de la propriété.

Cette objection suppose évidemment que, dans l'opinion qui déclare la propriété résultant de la convention non-opposable aux tiers, la tradition est translative. Or, c'est là un résultat que je n'ai pu découvrir, quelque attention que j'aie mise à le chercher. En effet, à qui prétend-on que la tradition transférerait la propriété? Est-ce à l'acheteur déjà investi, par une vente faite *a domino*, de la propriété? Sans doute cette propriété n'est pas opposable aux tiers; mais est-ce à dire qu'il y ait deux propriétés, et que la tradition réelle, qui va rendre le droit de l'acheteur opposable aux tiers, lui transfère un droit nouveau? Ce serait là une subtilité qui n'a plus de raison d'être dans le Code. Je l'ai déjà dit : la convention rend l'acheteur propriétaire, comme autrefois la clause de constitut possessoire. Mais, tant qu'il n'a pas la possession réelle, cette propriété n'est *pas opposable aux tiers*. Est-ce à dire que sa propriété est concentrée *inter partes*, et qu'elle est lettre morte pour tout autre que le vendeur? Pas le moins du monde; cela veut dire simplement que l'acheteur qui s'est fié au vendeur court la chance que celui-ci, abusant de la possession de la chose, n'y trouve un moyen de crédit vis-à-vis de certaines personnes, et qu'on protège le droit que ces personnes ont cru acquérir avec la possession contre le droit de l'acheteur qui a été négligent. Supposons qu'une personne, propriétaire et possesseur d'un meuble, le prête à un de ses amis : voilà ce propriétaire dans la même situation que notre acheteur de tout à l'heure, si ce n'est que ce propriétaire ne pourrait pas se voir opposer une saisie des créanciers du commodataire (nous avons expliqué pourquoi). Mais, vis-à-vis des autres catégories de *tiers*, la possession du commodataire fait courir au propriétaire les mêmes dangers que la possession du vendeur fait courir à l'acheteur. Le commodant, comme l'acheteur, a une propriété qui n'est pas opposable *erga omnes*. Or, personne assurément ne songerait à dire que la tradition, qui fera retourner la possession du commodataire au commodant, soit translative de propriété. Remarquez que dans l'ancien droit, où la possession réelle seule rendait la possession opposable *erga omnes*, on disait, il est vrai, que la propriété se transférait par la tradition. Mais cela s'entendait aussi bien de la tradition civile ou feinte que de la tradition réelle. En un mot, quand la propriété était déjà transférée par un mode quelconque, on n'a jamais dit que la tradition réelle, qui aurait uniquement pour effet de rendre cette propriété opposable aux tiers, fût translative de propriété. Mais peut-être dira-t-on : C'est la tradition faite au deuxième acheteur qui est translative. Pour celle-là, sans contredit, elle l'est. Mais elle n'a pas été omise dans les art. 711, 712. Elle a, dans le Code, des règles, une place et une dénomination particulières. C'est en réalité la prescription.

II. Nous avons refusé d'admettre à l'appui de notre thèse, l'argument de ceux qui croient devoir invoquer l'art. 1167 pour expliquer que 1141 préfère le premier acheteur au second acheteur de mauvaise foi, malgré la possession de celui-ci. En faveur de cette idée on invoque ces mots *demeure propriétaire* de l'art. 1141. — Voyez, dit-on, le second acheteur de mauvaise foi devient bien propriétaire, mais il ne le *demeure* pas : son droit est rescindé en vertu de 1167. Nous n'insisterons pas sur la futilité de ce petit raisonnement *à contrario*. Outre que l'argument tiré de 1167 est inapplicable lorsque le débiteur est solvable, il part de cette idée, fausse suivant nous, qu'un droit de propriété non opposable aux tiers est nécessairement concentré *inter partes*, en sorte que la décision de 1141 quant au second acheteur de mauvaise foi, prouverait que le droit du premier est applicable *erga omnes*. Pour écarter cette conséquence, on croit avoir besoin de rattacher à un principe particulier la décision de 1141 sur le second acheteur de mauvaise foi.

Pour nous, au contraire, l'acheteur, bien que la propriété ne soit pas opposable aux tiers, est propriétaire, et propriétaire pour tout le monde. Seulement, il pourra se faire que la possession qu'il a laissée au vendeur passe de celui-ci à un tiers qui croira avoir acquis un droit sur la chose, et alors l'acheteur *perdra* sa propriété au profit de ce *tiers*, qui est plus intéressant que lui. Mais ces *tiers* au profit desquels on dépouille l'acheteur de sa propriété, doivent réunir certaines conditions déterminées et exceptionnelles. Nous n'avons donc pas besoin de nous torturer l'esprit pour expliquer comment un acheteur dont le droit n'est pas opposable aux tiers l'emporte néanmoins sur un second acheteur de mauvaise foi. C'est tout simplement parce que le premier acheteur est devenu propriétaire, et que le second ne présente pas les conditions nécessaires pour que la loi dépouille le premier en sa faveur.

Ceci dit, examinons ce que dit M. Marcadé, t. IV, n° 489, sur l'art. 1141 : « Or, notre article n'exige nullement, pour que le premier acquéreur puisse enlever la chose à l'acquéreur subséquent et de mauvaise foi, que l'*aliénateur* soit insolvable, *tandis que Pothier, écrivant alors que la tradition était nécessaire, expliquait bien que le premier acquéreur ne pouvait faire rescinder l'acquisition du second, qu'autant que l'aliénateur n'était pas solvable lors de cette dernière acquisition* (nos 151, 153). »

Ce passage pourrait faire croire que Pothier s'occupe comme nous du cas où l'acheteur n'a pas reçu tradition, mais est devenu propriétaire dès l'instant du contrat par constitut possessoire; et alors voici l'argument qu'on pourrait nous opposer. Vous prétendez que la propriété transférée par la convention produit les mêmes effets qu'autrefois la propriété transmise par constitut possessoire; mais vous voyez bien qu'on s'est écarté de l'ancien droit, puisque Marcadé nous apprend « *que le premier acquéreur ne pouvait faire rescinder l'acquisition du second, qu'autant que l'aliénateur n'était pas solvable lors de cette dernière acquisition.* »

Il est facile de répondre à Marcadé : Le passage de Pothier auquel il renvoie (Oblig. 152, 153) traite uniquement du cas où il n'y a eu ni tradition réelle, ni tradition feinte, de sorte que l'acheteur est simple créancier. Il est bien clair qu'alors il n'avait contre un deuxième acheteur devenu propriétaire, d'autre ressource que l'action Paulienne. — Mais quand le premier acheteur est devenu propriétaire par constitut possessoire, et qu'il se trouve en présence d'un deuxième acheteur mis en possession réelle, on ne nous parle plus d'insolvabilité, ni de l'action Paulienne. — Nouvelle preuve qu'au cas de mauvaise foi du deuxième acheteur, le premier peut revendiquer : car s'il ne le pouvait pas, on lui donnerait évidemment l'action Paulienne, comme les anciens auteurs ont soin de la donner dans ce cas à l'acheteur simple créancier. Quand le deuxième acheteur est de bonne foi, il est clair qu'au fond le premier est dépouillé de la propriété. Cela résulte avec évidence de ce que nous disent Bourjon et Pothier, que la jurisprudence coutumière sur les meubles rendait la prescription inutile. Au fond, c'était une prescription, mais les anciens auteurs ne donnent jamais ce nom à la règle coutumière, parce qu'il était contraire à tous les précédents d'appeler prescription une acquisition instantanée. On voit pourtant que cette acquisition avait tous les caractères d'une prescription, et cette idée se fait jour dans un passage de Bourjon (t. I, p. 458). « Pour la preuve de l'achat (d'un meuble), il n'est pas nécessaire de rapporter un titre, il suffit de posséder le meuble, parce qu'en matière de meubles la possession vaut titre. Il suffit donc de la possession pour la preuve de la translation de propriété; l'ordre public l'a exigé ainsi *indépendamment du laps de temps.* »

Quand le deuxième acheteur est de mauvaise foi, les principes, l'autorité du droit romain et la règle *Nemo dat quod non habet* conservent toute leur force pour protéger la propriété du premier acheteur; l'équité est d'accord avec eux; et je n'ai rien vu qui prouve que l'ancien droit préférât le deuxième acheteur lorsqu'il était de mauvaise foi.

Enfin, en supposant même que l'ancien droit eût admis quelqu'un que l'acheteur, devenu propriétaire par constitut possessoire, se verrait préférer le second acheteur de mauvaise foi, et n'aurait que la ressource de l'action paulienne, nous pouvons comprendre cela, parce que l'ancienne jurisprudence ne pouvant pas dire ouvertement qu'elle dépouillait le premier acheteur au profit du second, contrairement au droit romain et à la règle

Nemo dat quod non habet, avait dû chercher un détour pour concilier la décision avec les principes. C'est alors qu'on dut imaginer de scinder les effets de la translation de propriété, en disant qu'elle n'était pas transférée vis-à-vis des tiers; c'est-à-dire que le vendeur, en restant investi, avait pu la transmettre. Il est très-possible qu'après avoir fait accepter cette explication juridique, les jurisconsultes qui en étaient imbus l'aient exagérée et oubliant le but, qui était l'équité, aient décidé que le vendeur conservant la propriété vis-à-vis des tiers, avait pu la transmettre même à un second acheteur de mauvaise foi. Et alors le premier acheteur aurait eu besoin de l'action paulienne pour faire *rescinder* cette acquisition.

Mais c'eût été là une déviation de l'idée qui a engendré la tradition coutumière. Le législateur, lui, peut abroger, modifier, restreindre les principes que la jurisprudence éludait. Si donc le Code consacre les décisions de l'ancien droit coutumier, nous devons les expliquer, non pas à l'aide des subtilités juridiques par lesquelles on aurait cherché autrefois à concilier ces solutions avec des principes qu'elles violaient, mais par leurs motifs réels, qui ont déterminé le législateur à sanctionner cette jurisprudence. Nous dirons donc que le Code *exproprie* l'acheteur au profit de certains tiers, et il est tout naturel que cette expropriation n'ait pas lieu au profit des possesseurs de mauvaise foi.

SECTION II. — *Nature et fondement du privilége du gagiste.*

42. — On a vu que le gage n'est pas autre chose que l'hypothèque d'un meuble, destituée d'abord du droit de suite, et assujettie même pour la naissance et la conservation du droit de préférence, à la possession réelle du créancier. On voit clairement dès lors ce que c'est que le privilége du gagiste : il est de la même nature que le droit de préférence du créancier hypothécaire. Il est fondé sur la convention par laquelle un créancier, ne se fiant pas à la personne du débiteur, s'est fait donner un droit réel qui le mette à l'abri du concours des autres créanciers.

Le privilége du gagiste n'est ainsi que l'application de ce grand principe, que la convention est la loi des parties : ce droit n'est pas plus odieux, ni plus exceptionnel que celui de quiconque vient réclamer sur les biens d'un débiteur déconfit, un droit réel qui ne subit pas le concours des autres créanciers. Ce privilége ne ressemble donc aux autres priviléges sur des meubles, parmi lesquels le place l'art. 2102, qu'en ce qu'il est un droit de préférence, sans droit de suite. Mais quant à son origine, et aux considérations sur lesquelles il se fonde, il ne faut jamais oublier qu'il ne mérite pas le nom de *privilége*, dans le sens technique de dérogation législative aux principes généraux du droit.

43. — Nous opposons donc, par avance, une fin de non-recevoir à tous les arguments qui diraient en parlant du gagiste : Nous sommes en matière de privilége, tout doit s'interpréter strictement. Le privilége proprement dit étant une création exceptionnelle de la loi, dès que le texte fait défaut, il faut refuser le privilége et rentrer sous l'autorité des principes généraux. Mais pour le gagiste nous dirons : Son droit de préférence n'est que la conséquence du grand principe du respect des conventions. Sans doute, l'effet de la convention est ici restreint par des principes particuliers aux meubles ; l'intérêt des tiers l'a fait soumettre à certaines conditions rigoureuses ; mais ce sont ces restrictions qui sont exceptionnelles et qu'il faut interpréter strictement. Nous ne saurions donc trop applaudir à ces paroles de M. Troplong (n° 106) : « C'est un lieu commun, mille fois répété dans les controverses du barreau, et même dans les arrêts, que l'égalité étant la loi naturelle entre les créanciers frappés du désastre d'une faillite, le privilége du gagiste doit être plutôt restreint qu'étendu. A mon avis, il ne doit être ni diminué ni élargi ; mais il doit être accepté de bonne grâce et interprété avec équité. » — Mais nous n'acceptons pas sans réserve le motif que M. Troplong présente à l'appui de cette vérité lorsqu'il dit : « . . . . . Le privilége du gagiste est fondé sur des raisons de haute utilité ; il ne doit pas être traité avec défaveur. » — Car tous les priviléges sont fondés sur des raisons de haute utilité, et il n'en est aucun qui ne pût jouir à ce titre de l'interprétation équitable que nous accorderons à celui du gagiste.

CHAPITRE II.

CONDITIONS AUXQUELLES EST SUBORDONNÉ LE PRIVILÉGE DU GAGISTE.

44. — La validité du contrat de gage n'est soumise, quant à ses effets entre les parties, à aucune condition particulière. — Il se prouve suivant les règles ordinaires. Ainsi, lorsque le créancier se trouvant en possession d'un meuble du débiteur refusera de le lui rendre en alléguant un contrat de gage, il pourra le prouver par témoins au-dessous de 150 francs.

45. — Mais quand sera-t-on au-dessous de 150 francs? — D'abord lorsque le créancier allègue que la chose lui a été remise en gage, sa possession fait présumer la vérité de son allégation (1); c'est le cas d'appliquer la règle *Onus probandi incumbit ei qui dicit, non ei qui negat* (2); à moins qu'il ne paraisse que le possesseur est de mauvaise foi (par exemple, il a commencé par nier qu'il possédait et a été convaincu de mensonge). — Le débiteur ne pourra donc, en principe, enlever la possession au créancier, qu'en prouvant préalablement qu'elle est arrivée à celui-ci à un autre titre que celui de gage; soit par un délit, un quasi-délit, ou un quasi-contrat (ce qu'il pourra toujours prouver par témoins), soit par suite d'un contrat autre que le gage (prêt ou dépôt); ce qu'il ne pourra prouver par témoins si la chose vaut plus de 150 francs. C'est seulement après que le débiteur a fait cette preuve, que le créancier aura à prouver que le contrat de gage qu'il allègue a eu lieu depuis qu'il a été mis en posses-

(1) Cela a toujours été regardé comme incontestable, même par ceux qui, dans l'ancien droit, tenaient pour l'observation rigoureuse de l'Ordonnance de 1673, quant à la nécessité d'un écrit. Ainsi Duparc-Poullain (t. VII, p. 381 et suiv.) dit que cette exigence ne regarde que les tierces personnes; « car entre le créancier et le débiteur, il n'est pas besoin d'autre preuve, sinon que le créancier est saisi du gage. » — Compar. Bourjon, L. VII, tit. VII, ch. 7, xcix, et Jousse sur l'Ord. de 1673, t. VIII, art. 6, n° 2, note a.

(2) Voy. M. Bonnier, *Traité des preuves*, n° 35 et suiv., 43-45.

sion. — Quand pourra-t-il faire cette preuve par témoins? 1° Il ne le pourra pas, même au-dessous de 150 francs, lorsque le débiteur aura présenté un acte écrit, qui prouve que le créancier a reçu la possession en vertu d'un contrat autre que le gage (prêt ou dépôt). Car l'article 1341 ne permet jamais de prouver par témoins ce qui serait allégué avoir été dit depuis un acte écrit. 2° Mais supposons que le débiteur a prouvé *par témoins* que la possession est arrivée au créancier à un titre autre que le gage, par suite d'un délit, quasi-délit, ou quasi-contrat, ou même en vertu d'un contrat, la chose valant moins de 150 francs.

C'est ici que le créancier pourra prouver le contrat de gage par témoins, au-dessous de 150 francs. — Mais quand pourra-t-on dire qu'on est au-dessous de 150 francs? Le créancier dira : Il suffit que ou la dette ou la chose soit inférieure à 150 francs, car dans les deux cas l'intérêt est inférieur à 150 francs.

Mais le débiteur va répondre, I. au cas où la dette serait inférieure à 150 francs, mais où la chose vaudrait plus : L'article 1341 ne s'attache pas à l'intérêt que vous pouvez avoir. Il dit : *Il doit être passé acte de toutes choses excédant la somme de 150 francs.* Or, la chose excède 150 francs, donc.....

Je crois qu'ici le débiteur a raison. Supposons, en effet, qu'un meuble du débiteur, possédé par le créancier, ait péri par la négligence de celui-ci, qui n'y a pas apporté tous les soins d'un bon père de famille, mais par une négligence qui lui est habituelle dans ses propres affaires. Le débiteur lui demande des dommages-intérêts, le créancier allègue qu'il tenait la chose à titre de dépôt, et que par conséquent il n'est pas responsable (1927). Admettra-t-on le débiteur à prouver que le créancier la tenait à titre de gage (2080)? Évidemment non, si la chose excède 150 francs. — Dès lors comment admettre que le créancier pût lui-même, lorsqu'il y aurait intérêt, prouver par témoins un pareil contrat? — Pour savoir quand la valeur excède 150 francs, d'après l'article 1341, il faut évidemment faire l'appréciation à un point de vue qui donne le même résultat pour les deux parties. — II. Si la dette est de plus de 150 francs, mais que la chose soit d'une valeur inférieure, le débiteur dira peut-être au créancier qui veut prouver par témoins : Ici il s'agit pour moi de plus de 150 francs. — Car si on vous reconnaît un droit de gage, votre droit de rétention étant indivisible, je serai obligé, pour retirer ma chose, de vous payer plus de 150 francs. Mais il n'en est pas moins vrai que l'intérêt du débiteur n'est pas supérieur à 150 francs. A défaut de paiement, le contrat de gage ne pourrait diminuer son patrimoine que d'une valeur inférieure à 150 francs. D'ailleurs, le créancier peut ici rétorquer au débiteur son argument de tout à l'heure, et lui dire : Si vous aviez intérêt à prouver le gage contre moi, vous pourriez incontestablement le prouver par témoins ; donc la matière n'excède pas 150 francs.

Ainsi, entre les parties, il faut toujours s'attacher, pour la possibilité de la preuve du gage par témoins, à la valeur de la chose. — Nous examinerons tout à l'heure s'il en est de même dans les rapports du gagiste avec les autres créanciers.

46. — Dans ses rapports avec le débiteur, au-dessus de 150 francs, le créancier a la ressource de lui déférer le serment ou d'obtenir son aveu sur l'existence du contrat.

J'ai supposé le créancier en possession de la chose ; en effet, s'il n'avait pas été mis en possession, il n'y aurait pas contrat de gage. Mais la simple promesse de gage serait, entre le créancier et le débiteur, tout aussi obligatoire que le contrat de gage lui-même. Ce serait un contrat innommé.

Voyons maintenant à quelles conditions est soumis le droit de préférence du gagiste vis-à-vis des autres créanciers du débiteur, car c'est en ce droit opposable aux tiers que consiste son privilége.

SECTION I. — *Des conditions autres que la possession.*

47. — Art. 2074 : « Ce privilége n'a lieu qu'autant qu'il y a un acte public ou sous seing privé, dûment enregistré, contenant la déclaration de la somme due, ainsi que la nature et l'espèce des choses remises en gage, ou un état annexé de leurs qualité, poids et mesure. — La rédaction de l'acte par écrit et son enregistrement ne sont néanmoins prescrits qu'en matière excédant la valeur de 150 francs. »

— L'ordonnance sur le commerce, de 1693 tit. VI, art. 8, exigeait un acte devant notaires, avec minute, contenant les énonciations dont parle l'art. 2074, *à peine de restitution des gages, sans que le créancier puisse prétendre de privilége sur les gages, sauf à exercer ses autres actions.*

Cette disposition fut faite pour éviter les fraudes des faillis qui donnaient des gages à certains de leurs créanciers au détriment des autres. Notre ancienne pratique étendit cela aux matières non commerciales.

— L'acte doit contenir *la déclaration de la somme due,* pour éviter qu'après coup le gage soit appliqué à une somme plus considérable ; — et *la déclaration de l'espèce ou nature de choses remises en gage,* pour empêcher qu'on ne substitue un gage plus important à celui donné primitivement ; — ou *un état annexé de leurs qualité, poids et mesure.*

L'article n'indique pas clairement en quoi doit consister la désignation des objets mis en gage. « Mais l'esprit de la loi n'est pas douteux : la désignation doit être assez précise pour empêcher les fraudes qui pourraient se commettre par la substitution d'objets plus précieux à ceux qui ont été primitivement donnés en gage, » (Aubry et Rau, § 423, note 5.)

48. — Sur l'art. 2074 on pose souvent cette question : Les conditions qu'il prescrit sont-elles requises *ad probationem tantum,* ou *ad solemnitatem ?* — On ajoute, si c'est *ad solemnitatem,* l'absence de ces formalités n'empêche pas le gagiste de prouver son droit par l'aveu et le serment. La question ainsi posée, on commence par repousser l'aveu et le serment, puis on en conclut que les formalités de l'art. 2074 sont prescrites *ad solemnitatem.*

Cette manière de procéder ne nous paraît pas irréprochable. Quant à nous, nous diviserons ces deux questions, et nous espérons prouver 1° que l'aveu et le serment ne sont pas admissibles ici, à défaut des conditions de l'art. 2074 ; 2° que néanmoins il est inexact de dire que ces formalités soient requises *ad solemnitatem.*

I. L'aveu et le serment peuvent-ils suppléer aux formalités exigées par l'art. 2074 ?

Précisons bien comment la question se présentera : — Il n'y a pas d'écrit ; il s'agit de plus de 150 fr. — et le débiteur avoue le contrat de gage, de sorte qu'il est établi *inter partes :* mais les autres créanciers, ayant intérêt à le contester à cause de l'insolvabilité du débiteur , repoussent le privilége et demandent la restitution du gage; — eh bien, on se demande si le créancier gagiste pourra leur déférer le serment? — Mais le serment ne peut être déféré que sur un fait personnel : quel sera ce fait ? Le créancier chirographaire devra-t-il jurer que le gage n'existe pas? — mais il y a été tout à fait étranger; il peut dire qu'il n'en sait rien. Tout ce que pourrait faire le gagiste, ce serait de dire au créancier chirographaire : Jurez que vous ne savez pas que mon droit est sérieux.

— Or, dans une faillite ou en cas de déconfiture les créanciers chirographaires sont nombreux. S'imagine-t-on le serment déféré à chacun d'eux; — et le gage par conséquent pouvant être opposé à celui-ci qui n'aura pas juré, non à celui-là qui a juré? — Et en cas de faillite où les actions sont intentées par et contre les syndics; les syndics ne peuvent pas représenter les créanciers au point de jurer pour eux : — Il faudrait donc admettre le privilége vis-à-vis de tel créancier, non vis-à-vis de tel autre. — De même pour l'aveu. — Cette faculté pour le créancier d'établir par ces moyens son privilége à l'encontre de certains créanciers, indépendamment des conditions auxquelles le soumet l'art. 2071, I, est peu conciliable avec les termes absolus de cet art. *Le privilége n'a lieu qu'autant qu'il y a un acte.* Il me paraît incontestable que cet article n'autorise pas l'emploi de l'aveu ou serment. Mais y a-t-il là une exigence spéciale ? est-ce que sous les termes absolus de l'art. 2071 les principes généraux admettraient ici ces moyens de preuve ? — Je ne le pense pas. Sans doute l'effet relatif du privilége que je signalais plus haut, n'a rien en soi de contraire aux principes du droit : c'est l'application de l'effet relatif de la chose jugée.

Mais pour écarter complétement cette cause de difficulté, je supposerai le créancier gagiste en conflit avec un chirographaire unique : le gagiste a un écrit, mais cet écrit n'est pas enregistré ; voilà l'absence d'une condition de l'art. 2074; et je le suppose sans date certaine (pour écarter une autre controverse) : — le créancier chirographaire oppose ce défaut de date; le gagiste va-t-il être admis à lui dire : Jurez-moi que vous ne savez pas que mon gage existait avant l'époque après laquelle il n'aurait plus pu naître valablement? — Il me paraît certain que non; — et que de même on n'admettrait pas un donataire de meubles, à prouver par ces moyens, que sa donation est antérieure à la cessation des paiements ou à la saisie. Ainsi, abstraction faite de l'article 2074, lorsque le gagiste se trouve en conflit avec un créancier chirographaire, celui-ci pourrait l'écarter s'il n'avait pas date certaine, conformément à l'art. 1328, sans que le gagiste puisse lui déférer le serment, ou se prévaloir de son aveu.

Cela admis, supposons maintenant que le gagiste n'a pas d'écrit, mais le contrat de gage est établi *inter partes* par l'aveu du débiteur. Est-ce que le gagiste pourra obliger le chirographaire à jurer qu'il ne sait pas que le gage a été fait à une époque où il pourrait l'être valablement ? — Cela serait absurde ; celui qui n'aurait pas de titre, serait ainsi traité plus favorablement que celui qui en aurait un. Pour avoir date certaine, suivant l'article 1328, il faut d'abord avoir un acte.

Il me paraît donc qu'ici l'inadmissibilité de l'aveu et du serment est indépendante de toute solennité particulière : elle tient à ce principe que celui qui réclame un droit réel au préjudice des autres créanciers du même débiteur, peut être tenu de prouver par la certitude de la date, établie suivant 1328, et non autrement, que le droit qu'il prétend lui a été concédé avant une certaine époque.

— Je conclus de là que puisqu'ici, d'après les principes généraux, le serment et l'aveu ne sont pas admissibles ; cette circonstance ne prouve nullement que les formalités de l'art. 2074 soient prescrites *ad solemnitatem*.

II. Maintenant sont-elles néanmoins prescrites *ad solemnitatem ?* — Et d'abord que veut-on dire quand on dit qu'un acte est solennel ? — C'est que les formes prescrites le sont à peine de nullité de l'acte, et qu'on ne peut rien y changer. La conséquence, c'est que si un écrit est ordonné, l'acte ne vaudra pas, quand même il serait prouvé par l'aveu ou le serment. Et lorsque le législateur n'a pas résolu expressément la question de savoir si les formes qu'il prescrit sont solennelles, on recherche pour le savoir si l'admission de l'aveu et du serment paraît possible ; et de l'effet on conclut a la cause. Cette circonstance peut être ainsi un *criterium* de la solennité *inter partes*, lorsqu'il n'y a que la solennité qui s'oppose à l'emploi de l'aveu et du serment. — Mais à l'égard des tiers il n'en est plus de même : parce que toutes les fois qu'un acte est tel, que s'il est fait à partir d'une certaine date, les tiers auxquels on l'oppose puissent dire : Il ne nous est pas opposable : le porteur de cet acte doit prouver que la date est antérieure, et le prouver d'une certaine manière sans pouvoir sur ce point déferer le serment à ceux qui contestent sa date. En un mot, la preuve de la date doit se faire d'une façon solennelle. — Et dès que l'aveu et le serment sont déjà exclus par ce motif, on comprend que cette exclusion ne peut plus servir à prouver la solennité des autres formes exigées. — Maintenant les formes de l'art. 2074 sont-elles solennelles ? Il faut pour répondre les examiner en elles-mêmes :

— *Un acte :* Comme le gagiste devra avoir date certaine avant l'événement qui le mettra en conflit avec les créanciers chirographaires (déclaration de faillite par ex.), il est de toute nécessité qu'il ait un acte. Vainement dirait-on que puisqu'il doit se trouver en possession à cette époque, sa possession prouve l'existence antérieure de son droit (c'est sous cette forme que se sont produites dans la pratique les prétentions du gagiste). Il faut répondre 1° que la possession seule ne détermine pas l'étendue véritable du droit de gage, qui pourrait être augmentée après coup par l'exagération du chiffre de la créance, jusqu'à concurrence de la valeur de la chose ; 2° la possession ne prouve pas même l'existence antérieure du contrat de gage, puisqu'elle a pu être remise au créancier à un autre titre ; et cette allégation de gage peut avoir été imaginée depuis la déconfiture ou la faillite pour soustraire la chose aux créanciers.

La nécessité d'un acte ne présente donc ici aucun indice de solennité, puisqu'elle est une conséquence de la nécessité de date certaine.

Du reste cet acte peut être public ou sous seing privé, à la différence de ce qu'exigeait l'ordonnance de 1673. — Rien de solennel donc dans la forme de l'acte.

— Passons à son contenu. Il doit déclarer la somme due, ainsi que l'espèce et nature des objets remis en gage, ou contenir un état annexé de leurs qualité, poids et mesures.

Quel est le caractère de ces énonciations ? Elles sont toutes indispensables pour établir l'existence et déterminer l'étendue du

droit : c'est absolument comme si on disait que celui qui se prétend acheteur doit présenter un acte qui déclare quelles sont les
choses vendues et le prix.

— Jusqu'ici donc nous ne pouvons pas admettre que le législateur ait voulu établir quelque solennité particulière, puisque les
formes qu'il prescrit sont indispensables suivant les principes
généraux. Ce qui peut, au premier abord, faire paraître ces formalités solennelles, c'est que le privilége du gagiste est un droit
essentiellement destiné à être opposé aux tiers, et que l'événement qui fait naître le conflit, mettant obstacle à la constitution
postérieure du droit au détriment des autres créanciers, le gagiste sera toujours déligé d'avoir date certaine pour opposer son
droit aux créanciers du débiteur (qui sont des tiers dans le sens
de l'art. 1328), c'est-à-dire pour exercer son *privilége*. La même
nécessité n'apparaît pas pour les droits qui ne sont qu'acciden-
tellement opposés à ces tiers. — Mais on voit que jusqu'ici nous
n'avons trouvé aucune solennité en dehors de la nécessité de date
certaine.

— Restent les mots *dûment enregistré :* l'enregistrement est-il
ici une solennité qui ne puisse être suppléée par les deux autres
circonstances qui peuvent donner date certaine à un acte d'après
l'art. 1328 ?

Je ne vois pas une bonne raison pour l'admettre : au lieu qu'il
est tout naturel de penser que par là le législateur veut exiger
une date certaine. Cela est d'autant plus vraisemblable que
l'ordonnance de 1673 exigeait un acte devant notaire, et que
l'art. 2074 se contente d'un acte sous seing privé. — Il serait
absurde qu'il allât, après avoir abandonné la solennité de l'acte
notarié, qui pouvait du moins offrir quelques garanties, en exiger une autre, celle de l'enregistrement, à laquelle il est impossible
de trouver une autre utilité que celle de donner date certaine.
Dès lors, en parlant d'enregistrement, l'art. 2074 a voulu parler
du mode normal, régulier de donner date certaine; et on comprend
bien pourquoi il ne parle que de celui-là. Le gage étant demandé
par le créancier principalement en vue du conflit avec les autres
créanciers, on ne comprendrait pas que le gagiste ne s'assurât
pas immédiatement la date certaine qui lui sera nécessaire pour
leur opposer son droit, et s'en remît à la chance de voir se réali-

ser l'un des deux autres faits auxquels 1328 attache la certitude
de la date; au lieu que celui qui reçoit un droit qui pourra éven-
tuellement être opposé aux tiers, mais qui n'est pas fait précisément en vue de ce conflit, se dispensera souvent de l'enregistrement.

— Au reste, le seul argument qu'on donne pour prétendre que
l'enregistrement est ici solennel, consiste à dire : En fait d'établissement de privilége tout est de rigueur (Zach.-Aubry et Rau,
§ 433, note 4). J'ai répondu par avance à cet argument; nous ne
sommes pas ici en matière de *privilége*, c'est-à-dire d'exception :
— le droit du gagiste est de même nature qu'une hypothèque
conventionnelle; il se fonde sur le grand principe du respect des
conventions. Cependant nous devons dire que M. Duranton (514)
invoque précisément cette assimilation pour en faire sortir une
solution contraire à la nôtre. Il dit « qu'en cette matière d'hypothèque tout est de rigueur;..... que l'omission d'une formalité
prescrite par la loi pour la validité de la constitution ou pour la
validité de l'inscription, entraînerait assurément la nullité de
l'hypothèque ou de l'inscription;........ le droit de gage est de
même nature, et le Code prescrivant l'enregistrement comme une
formalité, il faut que cette formalité soit remplie pour que le
créancier ait le privilége. »

— Mais si tout est de rigueur en matière d'hypothèque, c'est
parce que les art. 2115, 2127, 2134 et 2148 ne laissent pas de
doute sur la solennité des formes prescrites pour la constitution
et l'inscription. — Mais la solennité ne se présume pas : les dispositions de la loi sur le *privilége* du gagiste ne le créent pas,
elles le règlementent; il faudrait donc prouver qu'elles sont solennelles. — Or, ces conditions ont pour but de prévenir des
fraudes : mais il n'y a ici aucune raison particulière d'interpréter
strictement les paroles du législateur, et de croire qu'il ait
voulu, par pure rigueur pour le gagiste, faire de l'enregistrement
une condition *sine qua non* de son droit : lorsque la date étant
d'ailleurs certaine, il n'y a aucune fraude à craindre. — M. Gary
a d'ailleurs dit dans la discussion que ces formalités avaient pour
but d'assurer la date de l'acte.

49.— Le deuxième alinéa de 2074 le dit : *La rédaction de l'acte
par écrit et son enregistrement ne sont néanmoins prescrits qu'en*

matière excédant la valeur de 150 fr. — C'est-à-dire qu'en matière inférieure à 150 fr. la loi juge la fraude trop peu dangereuse pour assujettir le droit du gagiste à aucune condition dans l'intérêt des tiers : par cela seul que le gagiste se trouvera en possession, il pourra exercer son privilége. Mais bien entendu, les autres créanciers pourront lui prouver, ou qu'il exagère le chiffre de la créance ; ou que la possession ne lui a pas été remise en vertu d'un contrat de gage antérieur à la déclaration de faillite ; — ou que le gage lui a été remis depuis les dix jours qui ont précédé la cessation des paiements, et pour dette antérieurement contractée ; c'est-à-dire qu'il est nul (446, C. Com.) — Quand la matière excède-t-elle 150 fr. ? — Il faudra que le montant de la créance et la valeur du gage excèdent tous deux 150 fr. : « Car ces mots de » 2074 doivent être pris *secundum subjectam materiam*, et se » rapportent à la somme pour laquelle il y a conflit d'intérêt » entre le créancier nanti et les autres créanciers. — Or cette » somme est évidemment inférieure à 150 fr. lorsque soit la va- » leur de l'objet mis en gage, soit la créance pour laquelle le » gage a été fourni ne s'élèvent pas à ce chiffre.» (Aubry et Rau, § 433, note 4 ; Duranton, XVIII, 511.)

On voit que ce deuxième alinéa de 2074, en prescrivant certaines formes au-dessus de 150 fr., ne coïncide pas avec l'application de l'art. 1341 *inter partes*. Les formes de 2074 seront inutiles dans des cas où pourtant *inter partes* le gage ne pourrait pas être prouvé par témoins : je veux parler des cas où la créance serait inférieure à 150 fr. — mais où la valeur du gage dépasserait ce chiffre. Il faudra alors, pour appliquer 2074, que le contrat de gage soit établi *inter partes* par l'aveu ou le serment.

50. — *Impignoration des créances.* — Suivant Pothier les Romains avaient admis sur les créances l'hypothèque, mais non le gage proprement dit, la tradition n'étant pas possible : — il en concluait que chez nous les créances ne pouvaient être mises en gage, puisque le gage suppose la possession. — Mais Pothier lui-même nous dit dans une note (Nantissement, n° 6) : « Néanmoins j'ai appris depuis l'impression de mon traité, qu'on avait introduit dans notre jurisprudence française une espèce de nantissement de dettes actives, qui se fait de cette manière : Le propriétaire des dettes actives qu'on veut donner en nantissement en fait, *par* *acte devant notaire, transport à titre de nantissement* au créancier à qui on les veut donner en nantissement, **et** *lui remet en main les titres desdites dettes actives* qui consistent en billets ou brevets d'obligations. Le transport *est ensuite signifié aux débiteurs des-dites dettes actives.* — Cette espèce de nantissement de dettes actives a été autorisé par un arrêt de la cour des aides du 18 mars 1769..... » Ainsi au temps de Pothier la mise en gage des créances était pratiquée par la jurisprudence . — Le Code l'admet aussi — et l'art. 2075 nous dit à quelles conditions est soumise en ce cas l'acquisition du privilége :

2075 : — *Le privilége énoncé en l'article précédent ne s'établit sur les meubles incorporels, tels que les créances mobilières, que par acte public ou sous seing privé, aussi enregistré, et signifié au débiteur de la créance donnée en gage.*

Il est bien évident qu'il faut sous-entendre dans l'art. 2075 les énonciations exigées par l'art. 2074 : — déclaration de la somme due, — et description de l'objet donné en gage : — ces énoncia-tions sont en effet essentielles pour faire connaître l'étendue du droit et les objets qui en sont frappés : elles sont donc indispen-sables pour mettre les tiers à l'abri des fraudes : l'art. 2074 n'en eût pas parlé, que le créancier qui aurait prétendu un droit de gage aurait bien été obligé de les donner pour faire connaître le droit qu'il prétend lui avoir été constitué.

— On voit que les formalités de l'art. 2075 sont les mêmes que celles de l'art. 2074, — et que de plus il faut que le créancier ga-giste soit saisi, comme le serait un cessionnaire, par la significa-tion au débiteur de la créance engagée.

Personne, je crois, n'hésite à ajouter ici par analogie de l'arti-cle 1690, ou *par l'acceptation du débiteur dans un acte authenti-que ;* et on sait que l'acceptation a des effets plus étendus : elle empêche le débiteur d'opposer les compensations antérieures.

— Ajoutons, en vertu de l'art. 2076 — *la tradition du titre.* — Mais sur ce point nous renvoyons à la section ii où nous traitons de la condition de possession.

51. — A quelle époque doivent être accomplies les formalités de l'art. 2074 ou 2075, pour que le contrat de gage soit opposable aux tiers, c'est-à-dire pour que le privilége existe ? — Pour répon-dre à cette question, il faut bien distinguer la condition d'enre-

gistrement (ou plus généralement, de date certaine), de la condition de signification exigée par l'art. 2075. La rédaction de l'acte par écrit et son enregistrement ont pour but de donner date certaine au droit du gagiste, afin que lorsqu'il aura à opposer son privilége aux autres créanciers, il puisse établir qu'il est né antérieurement à l'époque où le débiteur n'aurait pas pu le constituer valablement (1328 C. N, 416, 417 C. Com.).

La signification au débiteur est une formalité bien distincte dans son but et dans ses effets : nous la trouvons toutes les fois qu'un créancier veut transporter le bénéfice de sa créance (soit à titre de cession, soit à titre de nantissement), à une autre personne. — C'est que le droit du créancier résulte d'un rapport purement personnel entre lui et le débiteur. Par la signification du transport le cessionnaire ou le gagiste convertit en sa personne ce rapport personnel, en se substituant à l'un de ses termes. Il se saisit du droit vis-à-vis du débiteur, ou du moins il en dessaisit le cédant et tous ceux qui pourraient se présenter au débiteur comme les ayant-cause du créancier, pour se faire attribuer tout ou partie de la créance. Tant que le cessionnaire (ou le gagiste) n'a pas opéré ce dessaisissement du cédant par la signification, le débiteur reste lié uniquement envers le cédant ou ceux de ses ayants cause qui se présenteront : en sorte qu'il pourra arriver que le débiteur paie au cédant lui-même, ou à un autre cessionnaire postérieur plus diligent, ou que des créanciers du cédant fassent saisie-arrêt sur la créance : — tous actes opposables au cessionnaire (ou au gagiste) même antérieur qui n'aura pas signifié.

Ainsi la signification ne sert que contre les personnes qui prétendraient se faire attribuer sur la créance un certain droit exclusif de celui du gagiste ; ou contre le débiteur cédé lui-même, si après la signification il s'avisait de payer au mépris du droit du gagiste.

— La *date certaine* peut être exigée en général par toutes les personnes que l'art. 1328 appelle des *tiers*, et qui peuvent exiger que le gagiste prouve, par un des modes de l'art. 1320, que son droit est antérieur à l'époque après laquelle il n'a plus pu naître à leur préjudice.

Du reste ce seront les mêmes personnes qui pourront opposer, soit le défaut de date certaine, soit le défaut de signification. En effet, pour que le conflit naisse entre le gagiste et les autres créanciers, il faudra un de ces événements qui produisent au profit de ceux-ci une certaine attribution de la créance, et les mettent à même d'opposer le défaut de signification, — (une déclaration de faillite ou une saisie-arrêt).

Quant à la signification, il suffira toujours qu'elle arrive avant cet événement (Aubry et Rau, § 133, note 13). — Mais il pourrait se faire que la date dût être déjà certaine à une époque antérieure, si dès cette époque le gage n'avait plus pu être constitué valablement. C'est ce qui arrive, en matière de faillite, au cas de l'art. 446 du C. Com. Cet article dit : « Tous droits d'antichrèse ou de nantissement constitués sur les biens du débiteur *pour dettes antérieurement contractées,* sont nuls et sans effet relativement à la masse, quand ils auront été faits par le débiteur depuis l'époque déterminée par le tribunal comme étant celle de la cessation des paiements, ou dans les dix jours qui ont précédé cette époque. »

Exemple : Le 4 janvier un débiteur donne une créance en gage à Primus pour une dette antérieure. Le 1er mars le débiteur est déclaré en faillite, et le jugement fait remonter la cessation des paiements au 20 janvier. L'acte de gage a été enregistré le 4 janvier, mais il n'a été signifié que le 15 février. La masse pourra-t-elle méconnaître le privilége? — Elle dira peut-être : Le privilége ne s'établit que par acte *enregistré et signifié ;* l'art. 2075 met sur la même ligne l'enregistrement et la signification : or l'enregistrement ne pouvait plus avoir lieu utilement après le 10 janvier ; il doit en être de même de la signification. — Mais le gagiste pourra répondre: L'art. 2075 dit que le *privilége s'établit par acte enregistré et signifié :* eh bien, mon acte est enregistré et signifié. Quant à prétendre que l'enregistrement et la signification doivent avoir eu lieu à la même époque, c'est ce que rien ne peut faire supposer dans l'art. 2075, qui ne nous apprend pas à quel moment ces formalités doivent être remplies. Il faut donc chercher ailleurs quel doit être ce moment : or, l'art. 446 dit : Les actes de nantissement constitués pour dettes antérieures sont nuls, *lorsqu'ils auront été faits par le débiteur* depuis l'époque, etc... donc faits avant cette époque ils sont valables; il suffit par conséquent que l'enregistrement prouve que mon acte a été fait avant. — Pour la signification on voit que l'art. 446 ne dit pas qu'elle doive avoir lieu avant la même époque. Pour savoir quand elle doit être faite il faut rechercher son but : nous savons qu'il est de dessaisir vis-à-vis du débiteur le cédant et ses ayants cause, en sorte que le débiteur ne puisse plus payer à un autre que le gagiste. Elle peut donc avoir lieu tant que personne n'a acquis sur la créance un droit qui mette obstacle à ce qu'elle soit payée au gagiste. — L'acte d'où résultera ce droit acquis peut être le paiement fait par le débiteur à son créancier, — la compensation, — la signification d'un autre transport-gage ou d'un transport-cession, — une saisie-arrêt ; — enfin le jugement déclaratif de faillite, qui dessaisit le failli, emporte sur tous ses biens main-mise au profit de la masse, et produit au moins ainsi sur la créance les effets d'une saisie-arrêt.

— En cas de déconfiture c'est à la même époque que devront exister la date certaine et la signification ; car c'est à partir seulement de la saisie-arrêt que la créance n'aura plus pu être valablement engagée au préjudice du saisissant : et cette saisie produira en même temps au profit du créancier qui la fait une certaine attribution de la créance, telle que la signification ne peut plus nuire au saisissant. Ici donc il n'y a pas intérêt à distinguer la condition de signification de la nécessité de date certaine.

52. — Nous ne trouvons pas dans l'art. 2075 l'équivalent du deuxième alinéa de l'art. 2074, qui ne prescrit la rédaction d'un acte et son enregistrement qu'au-dessus de 150 fr. La plupart des auteurs en concluent qu'ici ces formalités sont exigées même au-dessous de 150 fr. (Duranton, XVIII, 524 ; Troplong, n° 267 ; Aubry et Rau, § 433, note 10). Je ne saurais admettre cette opinion : le législateur, dans l'art. 2075, se réfère évidemment à l'art. 2074, puisqu'il ne parle pas des énonciations de l'acte. Il faut donc compléter l'art. 2075 par l'art. 2074. Il est tout naturel dès lors de sous-entendre dans l'art. 2075 le deuxième alinéa de l'art. 2074 ; car il n'y a aucune bonne raison d'être plus sévère pour le nantissement de créances inférieures à 150 fr. que pour d'autres meubles de la même valeur.

On objecte : Mais l'art. 2075 prescrit un acte écrit ayant date certaine, plus une signification ; si vous voulez faire pour les créances antérieures à 150 fr. une exception à ces formalités, vous devez les repousser toutes; or, vous n'oserez pas repousser la signification. — Nous avons réfuté par avance cette objection, puisque nous avons dit qu'il fallait sous-entendre dans l'art. 2075 le deuxième alinéa de l'art. 2071; or, ce deuxième alinéa est ainsi conçu : *La rédaction de l'acte par écrit et son enregistrement* ne sont pas néanmoins prescrits. Il laisse donc intacte la nécessité de signification. Il résulte, au reste, du rapport de M. Gary au Tribunat, lequel a servi d'exposé de motifs au vœu du Tribunat devant le Corps législatif, que l'art. 2075 n'a été considéré que comme la reproduction de l'art. 2074, plus la nécessité de la signification pour saisir le gagiste vis-à-vis du débiteur.

53. — L'art. 2075 est-il applicable aux titres négociables ou transmissibles par endossement, et à ceux dont la propriété se transmet par transfert ou tradition ? (Je suppose que ces titres sont l'objet d'un nantissement civil; je n'examine pas encore la question de savoir si les art. 2074 et 2075 sont applicables au gage commercial).

On peut s'étonner de la question; car ces titres sont incontestablement compris dans les termes de l'art. 2075 : *meubles incorporels* et *créance mobilière*. Mais des Cours ont imaginé de dire : La propriété de ces créances se transmet par endossement, transfert ou tradition ; donc le gage peut être établi par les mêmes moyens. C'est du moins le raisonnement que l'on peut entrevoir à travers la faiblesse des motifs de deux arrêts qui ont jugé en ce sens (Voy. Dalloz, *Nantiss.* n° 115).

Les *Attendus* de ces arrêts offrent une perpétuelle pétition de principes :

« Considérant que les valeurs dont il s'agit sont au porteur;... » qu'il n'est pas nié par Champagne que cette possession par Rodrigues ait eu pour objet de constituer un gage et un nantissement à son profit pour les opérations qu'il faisait pour le » compte de Champagne; — Considérant *que la propriété de ces* » *valeurs, à raison de leur forme et de leur nature, est transmissible par le fait même de la tradition;* qu'ainsi Rodrigues est » régulièrement et complétement saisi du nantissement dont il » s'agit, et que ce nantissement a dû produire son effet, etc. » (Paris, 8 février 1854).

» Attendu qu'il ne s'agit point dans l'espèce d'un nantisse-
» ment sur des meubles ou marchandises auquel s'appliquent les
» art. 2074 et 2075, mais d'actions négociables; — Que pour ces
» actions comme pour les effets de commerce, il ne faut ni acte
» sous seing privé, ni acte public, ni transport, mais seulement
» un endossement régulier; — qu'ainsi les art. 2074 et 2075 sont
» inapplicables; — que saisi régulièrement et par endossement
» de ces actions, endossement qui, à l'égard des effets négocia-
» bles, remplace les actes privés ou publics ou les transports,
» quant à la transmission des meubles et marchandises, etc. (C.
» de Rouen, 29 avril 1857). »

Cette espèce d'argument *à fortiori* que ces arrêts paraissent
croire trop évident pour qu'il soit besoin même de le formuler,
il est réfuté par les art. 2071 et 2075 eux-mêmes qui exigent
pour l'acquisition du privilége, des formalités inutiles pour l'acquisition de la propriété. Tandis que la tradition ou une signication suffisent pour l'acquisition de la propriété vis-à-vis des
tiers, on exige toujours pour le privilége un acte écrit mention-
nant la somme due : — Et cette désignation est d'une nécessité
évidente : quand il s'agit de propriété, la désignation de la chose
suffit pour faire connaître le droit; — mais en matière de gage,
en est-il de même, et la détermination de la chose qui résulte de
l'endossement ou de la tradition suffit-elle pour fixer l'étendue du
droit? — Nullement: donc la date de l'endossement fût-elle certaine et les choses bien déterminées, le défaut d'énonciation de
la somme due laisse la porte ouverte aux fraudes que la loi a
voulu prévenir dans les art. 2074 et 2075. En ce qui touche les
créances, on est d'autant moins fondé à conclure de la translation de propriété à la mise en gage, que la délivrance du titre,
inutile en matière de cession pour saisir le cessionnaire, est im-
périeusement exigée par l'art. 2076 pour rendre le nantissement
efficace à l'égard des tiers. Nous rejetterons donc cet étrange
système, et nous ne ferons aucune difficulté de reconnaître que
2075 s'applique à toutes les créances mobilières, quelle que soit
leur forme (1).

(1) La doctrine de l'établissement du gage par simple endossement, sur les
titres négociables, résulte de nombreux arrêts. Mais nous avons été surpris
de voir MM. Aubry et Rau céder sur ce point à l'entraînement de la jurispru-

51. — Mais c'est ici le lieu de rappeler que l'art. 2075, tel qu'il a été entendu au Tribunat et au Corps Législatif, n'a pour but que de répéter l'art. 2074 en y ajoutant la nécessité de la signification pour saisir le gagiste vis-à-vis du débiteur; et conformément à ce que nous apprennent sur ce point les travaux préparatoires, l'examen que nous avons fait du but des prescriptions de l'art. 2075 nous a montré qu'il n'y avait pas solidarité entre la signification et les autres formalités. La signification est nécessaire à raison du caractère purement relatif du droit de créance. Cela suffit à faire pressentir que ce caractère s'effaçant, la signification pourra devenir inutile. Or les créances représentées par des titres au porteur, ou cessibles par endossement, ne constituent pas une relation renfermée par la convention entre le débiteur et une personne déterminée; relation dont un terme ne peut être changé que par cet acte postérieur qu'on nomme signification : — non, ici, par le titre même, le débiteur est lié envers quiconque sera porteur du titre, ou bénéficiaire d'un endossement. — Le débiteur d'une créance ordinaire, lui, ne peut être lié envers une personne autre que le créancier primitif, que lorsque cette personne l'avertit authentiquement du droit qu'elle prétend sur la créance : jusqu'à la signification donc, le bénéficiaire du transport peut voir la créance lui échapper, soit que le débiteur ait payé au créancier, ou qu'il ait été lié envers un autre ayant cause de ce créancier.

— Il suit de là que si le dessaisissement du titulaire de la créance vis-à-vis de son débiteur résulte d'un fait autre que la signification, cette signification devient sans utilité.

Or l'endossement du titre négociable, la tradition du titre au porteur saisissent complétement le porteur vis-à-vis du débiteur qui ne peut plus payer qu'à lui; aucun des dangers que doit prévenir la signification n'existe plus : cette formalité est donc inutile.

55. — Mais on comprend qu'en aucun cas on ne peut se dis-

dence (§ 132, note 7). Il est vrai que ces auteurs paraissent avoir en vue des cas où ces titres auraient été l'objet d'un gage commercial : car ils citent l'art. 2081 à l'appui de l'opinion qu'ils admettent. Mais il y avait alors à résoudre une autre question qu'il ne faut pas confondre avec celle de la forme du titre.

penser de l'acte écrit, énonçant les choses données en gage et la somme garantie, et ayant date certaine par l'un des modes de l'art. 1328 : un pareil acte, réunissant toutes ces conditions, est indispensable quant aux titres au porteur.

— Pour les titres négociables, je crois qu'on peut se dispenser d'un acte séparé : car si l'on considère que l'endossement a par lui-même date certaine (139, C. Com.) (1), que son inscription sur le titre emporte désignation parfaite de la créance engagée, on admettra sans peine que, pourvu qu'il contienne la mention de la somme due, il satisfait à toutes les prescriptions de la loi.

56. — Ce que nous avons dit des titres au porteur et des titres négociables doit être appliqué aux titres transmissibles par un transfert (2) — Nous n'admettrons donc pas que le transfert, qui en transporterait la propriété, suffise pour donner à un créancier un droit de gage opposable aux tiers. — Nous avons admis pour l'engagement des titres négociables, qu'il suffisait d'un *endossement en garantie*, contenant des énonciations qui le rendent conforme à l'art. 2074; mais on ne recevrait probablement pas un transfert de ce genre sur les registres destinés à recevoir les trans-

---

(1) De ce que nous disons, que l'endossement a par lui-même date certaine, il ne faudrait pas conclure que nous admettions que les trois circonstances de 1328 puissent être remplacées par des équivalents. Si nous y ajoutons l'endossement, c'est que la loi punissant des peines du faux l'antidate des ordres, nous voyons là en réalité un 4e moyen de certifier la date, organisé par la loi elle-même, pour une espèce spéciale d'actes qui ne peut s'accommoder de l'enregistrement. Nous n'entrons pas dans la voie de l'analogie ; car ici ce n'est pas l'analogie, c'est l'identité qu'on peut invoquer. En effet, si la mort d'un des signataires de l'acte certifie la date aux termes de 1328; c'est parce que sa signature ne peut se présenter comme antérieure à cette époque que par l'effet d'un faux. Le but poursuivi par la loi est donc atteint dans l'endossement par le moyen même que prescrit 1328. On ne peut raisonnablement rien exiger de plus. — C'est par un motif semblable, que la jurisprudence a admis que la vente des effets publics engagés pouvait être faite en bourse, malgré la disposition formelle de 2078, qui veut que le gage soit vendu aux enchères, et qui annule toute clause contraire. (Bruxelles, 8 janvier, 1831, Dall. 38, 2, 214; Troplong, no 407.) Mais la vente en bourse satisfait ici exactement au vœu de la loi, et elle est le seul moyen d'y satisfaire.

(2) Rentes sur l'Etat, (décret du 15 thermidor an xiii, art. 1); — Actions de la Banque de France (décret du 16 janvier 1808, art. 4). — Voy. Code Tripier sous 1690.

feits. — Il faudra donc ici un acte de gage séparé, et ayant date certaine, pour qu'on ne puisse pas après coup augmenter le chiffre de la dette. — Quant à la signification, elle pourrait bien être remplacée par le transfert; mais aujourd'hui l'impôt sur les valeurs mobilières rendrait ce moyen coûteux. Le gagiste sera donc saisi en faisant signification de l'acte, et opposition au transfert.

57. — Il est un troisième système qui regarde l'art. 2075 comme indivisible dans son application, et n'admet pas que l'endossement, le transfert ou la tradition puissent tenir lieu de signification. — Nous avons suffisamment réfuté cette exigence.

58. — Enfin certains auteurs font une catégorie à part des titres au porteur, en disant : Ce sont des meubles corporels, ils sont régis par l'art. 2074. — Cette solution est, quant au résultat, la même que celle que nous avons adoptée : mais nous ne pouvons accepter le motif. Les titres au porteur sont la preuve d'une créance; ils ne sont pas la créance même ; et d'ailleurs tous les droits autres que la propriété sont toujours regardés comme des objets incorporels. — Mais on dit : La jurisprudence applique l'art. 2279 aux titres au porteur, ils sont donc assimilables à des meubles corporels : — Non ; on applique l'art. 2279 aux titres au porteur parce qu'il y a même raison; on ne consacre pas leur transmission par écrit, pas plus que celle des meubles corporels. Mais l'application de cette règle n'implique nullement une assimilation complète de ces deux sortes de biens.

Ajoutons, quant aux résultats, que ce système qui applique l'art. 2074 aux titres au porteur, différerait du nôtre, qui leur applique l'art. 2075 sauf la signification, — si on admettait que dans l'art. 2075 les formalités sont exigées même au-dessous de 150 fr.

58. — Une autre question non moins controversée, mais bien distincte de la précédente, est de savoir si les dispositions de notre chapitre (2073 à 2083), et notamment les art. 2074 et 2075 sont applicables aux matières de commerce, c'est-à-dire aux nantissements faits pour garantir les créances commerciales.

— Voici les textes qui sont le champ de la discussion :

2084. — *Les dispositions ci-dessus ne sont applicables ni aux matières de commerce, ni aux maisons de prêt sur gage autorisées,*

et à l'égard desquelles on suit les lois et réglements qui les con-
cernent.

Or, à l'époque où cet article fut fait, le commerce était régi par l'ordonnance de 1673, dont l'art. 8, tit. vi, a passé dans notre art. 2074, sauf que l'ordonnance était plus rigoureuse, exigeant toujours un acte authentique.

— Le 15 septembre 1807, loi qui dit :

Art. 1er. Les dispositions du Code de commerce ne seront exécutées qu'à compter du 1er janvier 1808.

Art. 2. A dater dudit jour 1er janvier 1808, toutes les anciennes lois touchant les matières commerciales sur lesquelles il est statué par ledit Code seront abrogées. »

— Les formes du nantissement sont-elles réglées par le Code de Commerce ? — Sur ce point nous trouvons deux articles du titre des Commissionnaires : **93** et **95**.

« 93. Tout commissionnaire qui a fait des avances sur des
» marchandises à lui expédiées d'une autre place, pour être ven-
» dues pour le compte d'un commettant a privilége, pour le
» remboursement de ses avances, intérêts et frais sur la valeur
» des marchandises si elles sont à sa disposition, dans ses ma-
» gasins ou dans un dépôt public, ou si avant qu'elles soient arri-
» vées il peut constater par un connaissement ou une lettre de
» voiture l'expédition qui lui en a été faite.

« 94. — Si les marchandises ont été vendues et livrées pour
» le compte du commettant, le commissionnaire se rembourse sur
» le produit de la vente du montant de ses avances, intérêts et
» frais, par préférence aux créanciers du commettant. »

« 95. — Tous prêts, avances ou paiements qui pourraient être
» faits sur des marchandises déposées ou consignées par un indi-
» vidu résidant dans le lieu du domicile du commissionnaire, ne
» donnent privilége au commissionnaire ou dépositaire qu'au-
» tant qu'il s'est conformé aux dispositions prescrites par le Code
» civil, livre 3, titre xvii, pour les prêts sur gages ou nantisse-
» ments. »

Voilà les textes : quelle réponse donnent-ils à la question qui nous occupe? — Suivant la grande majorité des auteurs (Pardessus, n° 1203; Duranton, t. XVIII, n° 523; Zachariæ, t. III, p. 169, note 3; Valette, *Priv. et Hypoth.*, pag. 53; Dalloz, *Nantissem.*, n° 109, etc.). Il en résulte que les règles du Code civil sont applicables au nantissement commercial, lorsqu'il n'y a pas une dérogation expresse dans les lois du commerce.

L'opinion contraire est soutenue par MM. Delamarre et Lepoitvin, *Contrat de commission*, t. II, n° 396, et M. Troplong, n° 115 et suiv., qui a mis au service de cette thèse toutes les ressources de son argumentation brillante et passionnée.

Je vais d'abord exposer comment les textes me semblent prouver que les dispositions du Code civil sont applicables en principe au gage commercial, je m'efforcerai de repousser ensuite les arguments que M. Troplong oppose à ce système.

59. — La première question qui se présente est de savoir quel est le sens de l'art. 2084, lorsqu'il dit : *Les dispositions ci-dessus ne sont pas applicables aux matières de commerce, à l'égard desquelles on suit les lois qui les concernent.*

Le sens en est bien net, à notre avis : cela veut dire simplement : Nous ne faisons pour le moment qu'un Code civil, et nous n'entendons pas régler les matières de commerce : on continuera donc à suivre en matière de commerce les lois qui y sont relatives.

Du reste, cet art. 2084 n'entend nullement dire que les dispositions du Code civil, et notamment 2074 et 2075, soient par eux-mêmes incompatibles avec les besoins spéciaux du commerce ; mais, comme l'a dit M. Gary au Tribunat, *ces matières, liées à des vues supérieures de politique et d'administration, se régissent par des règles qui leur sont propres.*

On ne peut donc apporter quelque modification aux lois du commerce qu'en se plaçant à un point de vue spécial auquel n'étaient pas placés les rédacteurs du Code : ils déclarent donc qu'ils n'entendent apporter aucune modification dans la législation du commerce. Ce qui est d'autant plus naturel que la confection du Code de commerce était en voie d'exécution, le projet de la commission de rédaction ayant été, en vertu d'un arrêté des consuls, du 11 décembre 1801, imprimé et communiqué aux tribunaux de commerce, aux conseils de commerce, et, en outre, au tribunal de cassation et aux tribunaux d'appel. — Attribuer aux rédacteurs de l'art. 2084 l'intention de déclarer les formalités de 2074 incompatibles avec les besoins du commerce, c'est leur faire commettre cette invasion hors de leur domaine que repoussent 2084 et l'exposé de M. Gary.

C'est, du reste, si peu le sens de 2084, qu'il renvoie aux lois du commerce. Or, sur ce point la loi du commerce était l'ordonnance de 1673, dont les art. 8 et 9, tit. vi, ont passé un peu adoucis dans les art. 2074 et 2075. — Et ce renvoi aux lois spéciales n'a pas été irréfléchi ; l'art. du projet disait seulement : Les dispositions ci-dessus ne sont pas applicables aux maisons de prêts sur gages autorisées, à l'égard desquelles on suit les règlements qui les concernent. — Ce fut le Tribunat qui demanda que la même réserve fût exprimée quant aux matières commerciales, et qu'en conséquence on renvoyât non-seulement aux règlements, mais aux lois.

— Voici donc un premier point qui me semble à l'abri de toute controverse. C'est que jusqu'en 1808, époque où le Code de commerce devint exécutoire, le nantissement commercial est resté régi par l'ordonnance de 1673, qui le soumettait, vis-à-vis des tiers, à des formes plus rigoureuses encore que celles de 2074 et 2075. — L'art. 2084, loin de changer quelque chose sur ce point, et de déclarer ces formes incompatibles avec les usages commerciaux, s'il est vrai que l'usage était sur ce point contraire à l'ordonnance, aurait ravivé ces formalités, puisque 2084 renvoie aux lois sur le commerce et non aux usages.

60. — *Deuxième question.* Qu'a fait le législateur du Code de commerce ? — En déclarant ce Code exécutoire, il abrège *toutes les anciennes lois touchant les matières commerciales sur lesquelles il est statué par le présent Code.*

— Pour savoir si les art. 8 et 9 du titre vi de l'ordonnance de 1673 sont abrogés, il faut donc voir si le Code de commerce a statué sur le nantissement commercial. — Le premier texte que nous rencontrons sur cette matière est l'art. 93. — Cet article peut-il être regardé comme destiné à remplacer les art. 8 et 9 de l'ordonnance ? — Non ; cet article, placé dans une matière toute spéciale, sous le titre des *Commissionnaires*, ne répond pas à la question qui est résolue dans les art. 8 et 9 de l'ordonnance, à savoir quelles doivent être les formes du gage pour qu'il ait effet à l'égard des tiers ; l'article 93 donne un privilége, indépendamment de toute convention spéciale de gage, au commis.

sionnaire qui a fait des avances sur les marchandises à lui expédiées d'une autre place pour être vendues. C'est ce que les Romains appelaient une hypothèque tacite. On procure ainsi au commerçant une source précieuse et nullement onéreuse de crédit, en encourageant le commissionnaire, auquel il envoie ses marchandises, à lui faire des avances sur le prix de la vente. Le commissionnaire sera en effet très-disposé à faire cette espèce de paiement anticipé, sûr qu'il est de trouver à se rembourser sur la vente des marchandises qui sont dans ses magasins ou en cours d'expédition, et de percevoir de plus un droit de commission. — Cette sorte de prêt a l'avantage de ne pas alourdir le crédit du commerçant en le grevant d'échéances à solder en espèces; car il ne reçoit que le paiement anticipé de ses marchandises, dont la vente est ainsi stimulée par l'intérêt qu'a le commissionnaire à se rembourser promptement.

Aussi l'usage avait-il consacré un privilége au profit du commissionnaire, et le Code de commerce l'a maintenu. — Remarquez, en effet, qu'ici le droit commun eût été insuffisant. — D'abord, quand les deux parties n'habitent pas la même ville, il eût été gênant de faire un contrat de gage pour toutes les expéditions de marchandises du commettant au commissionnaire, car ce sont là les opérations journalières, essentielles du commerce. Bien plus, le contrat de gage n'eût pas réussi à donner un privilége au commissionnaire vendeur sans entraver la circulation de la chose; car le gage produit un droit de rétention et le droit de faire vendre la chose en justice, droits que le commettant n'entend pas conférer au commissionnaire et qui sont incompatibles avec l'obligation du commissionnaire, de vendre la chose pour le commettant au prix qui lui est fixé. Dans l'intention des parties, le commissionnaire n'a que le droit de prélever ses avances sur le prix de la vente commerciale qu'il fera des marchandises. C'est seulement dans le cas de faillite du commettant avant la vente, que le contrat de commission prenant fin (Bravard, 5e éd., p. 159), le commissionnaire retiendrait les marchandises à titre de gage proprement dit.

L'art. 93 est donc un article exceptionnel qui crée un privilége (une hypothèque tacite) dans un cas spécial, au profit du commissionnaire vendeur. On ne saurait y voir l'expression du droit commun quant aux formes du nantissement commercial, puisqu'il se réfère à un cas où le nantissement n'ayant pas même besoin d'être exprimé n'est soumis à aucune forme.

— Reste l'article 95. Cet article a pour but de restreindre l'application de 93 au cas pour lequel il est fait. Sous sa rédaction un peu confuse, on peut voir que 95 s'occupe de deux cas : d'abord de celui où un commerçant consigne des marchandises à un commissionnaire qui *habite la même ville ;* et 95 assimile ce cas de consignation faite à *un commissionnaire de la même ville,* à celui de tout prêt sur dépôt de marchandises. Et pour *les prêts sur dépôt de marchandises,* l'article ne distingue nullement si les parties habitent la même ville ou des villes différentes. Remarquez, en effet, que l'article qui traite concurremment de ces deux cas : *avances par un commissionnaire,* et *prêt sur dépôt* (marchandises déposées ou consignées, ne donnent privilége au commissionnaire ou dépositaire), n'applique qu'au seul commissionnaire cette restriction : *par un individu résidant dans la même ville.*

En un mot, l'art. 95 s'occupe de tous les prêts sur consigna_tion autres que ceux prévus par l'art. 93, c'est-à-dire de, tous ceux faits par personnes autres que commissionnaires-vendeurs, et même les avances de ces commissionaires lorsqu'ils habitent la même ville que le commettant. — Dans tous ces cas, il n'y a pas de privilége tacite pour le consignataire ou dépositaire : en cas de faillite du déposant, il faudra qu'il justifie d'une convention de gage. Et quelle forme devra avoir cette convention pour être opposable aux tiers ? — L'art. 95 répond en renvoyant aux dépositions prescrites par le Code N. liv. iii, t. xvii, pour les prêts sur gage et nantissements. — C'est donc que l'Ord. de 1673 est abrogée sur ce point et remplacée par les dispositions presque identiques, mais plus douces, du Code Civil. — Cette interpréta-tion est formulée avec une netteté remarquable dans un arrêt de cassation du 5 juillet 1820.

61. — C'est l'opinion contraire que soutient M. Troplong, et il faudrait un volume pour la réfuter sous les mille formes que lui a imprimées son merveilleux talent. — Mais ses arguments peuvent être ramenés à deux ordres d'idées, qui nous paraissent d'ailleurs difficilement conciliables :

A un premier point de vue M. Troplong dit : L'art. 95 qui renvoie aux dispositions du Code Civil ne s'occupe que du cas où le déposant et le dépositaire *habitent la même ville :* Lors même qu'il s'agirait d'un véritable prêt sur gages, et non d'avances faites par un commissionnaire, la résidence des deux parties dans la même ville est une condition *sine quâ non* de l'application des formes des art. 2074 et suivants. (Troplong, 120, premier alinéa, 128 et 129.)

En admettant que l'art. 95 ne parlât que du cas où les parties habitent la même ville (ce qui ne me paraît pas prouvé), cette rédaction restreinte s'expliquerait suffisamment par la place de l'art. 95, qui n'est pas du tout un article général réglant à nouveau les conditions de forme du nantissement à l'égard des tiers : cet article a pour but de limiter la portée de la disposition exceptionnelle de l'art. 93, et de dire : Lorsqu'un prêt sur marchandises aura eu lieu entre parties habitant la même ville, le consignataire ne pourra pas invoquer la disposition de l'art. 93 en disant : Je suis un commissionaire, ce n'est pas un prêt sur gages que j'ai fait, c'est une avance, c'est un paiement anticipé. — On lui répondra : L'art. 93 est limitatif : il a eu pour but de faciliter la vente et l'expédition des marchandises au dehors, en mettant les commerçants à même de trouver des avances. — Lorsque le commissionnaire habite la même ville que le commettant, il n'y a plus les mêmes raisons de favoriser le commissionnaire, dont le ministère est moins nécessaire au commettant, qui peut faire lui-même sur la place la vente de ses marchandises. Dans ce cas le but dominant, unique le plus souvent, que se propose celui-ci en consignant des marchandises, c'est d'obtenir un prêt. On appliquera donc à ce cas les règles sur les formes du prêt sur gages : et ces règles sont, d'après l'art. 95, celles du Code Civil.

Ainsi, lors même que le cas de prêt sur gage entre parties habitant des places différentes ne serait pas expressément compris dans 95, il ne s'ensuit nullement que ce cas soit dispensé des formes de 2073 et suiv. En effet, ce cas était compris dans les prescriptions de l'ordonnance de 1673 ; or, le renvoi que fait 95 au Code Napoléon, nous montre que le législateur du Code de commerce a regardé les règles de 1673 comme devant être remplacées pas celles de 2073 et suiv. L'art. 95 a pour but évident de maintenir sous l'empire des formes du nantissement, les cas qu'on aurait pu croire compris dans la disposition toute exceptionnelle de 93, et non de déterminer limitativement les cas soumis à ces formes. — C'* nous montre bien que les cas non prévus par 93 sont soumis aux formes de 2074 : peu nous importe, dès lors, que ses expressions soient plus ou moins générales, puisqu'il en résulte toujours que tous les cas non prévus par 93, seront régis par 2074 et suiv.

62. — M. Troplong semble accepter ce point de départ, car il cherche à faire rentrer dans l'art. 93 tous les cas, qui, d'après lui, ne sont pas prévus par 95 (Voy. n°ˢ 132, 156, 163). — Il dit (n. 157) : « Le cas de l'art. 93 n'est pas le seul où la faveur du commerce exige que l'art. 2074 reste concentré dans le domaine du droit civil ; il en est une foule d'autres qui ne rentrent pas précisément dans la formule de l'art. 93, soit que le législateur n'y ait pas songé, soit qu'il n'ait pu ni voulu embrasser un horizon si vaste. Sera-ce une raison pour que la jurisprudence hésite ?—Non !... il ne faut pas interpréter dans un sens restrictif une loi énonciative. » — De là M. Troplong conclut (n° 159), que « l'art. 93 doit servir de règle, non-seulement lorsqu'il y a commission, mais encore dans tous les cas où il y a un contrat quelconque avec nantissement. » — Enfin M. Troplong répond à cette question (n° 132) : que faut-il surtout pour que le privilége existe? — Il faut *une expédition de place en place, une tradition de la chose,* des avances faites sur cette chose depuis l'expédition. » — Mais si 93 n'est pas limitatif quant aux personnes, M. Troplong ne le trouve pas davantage limitatif quant aux circonstances desquelles dépend suivant lui l'acquisition du gage : ainsi, il n'est pas nécessaire que les avances aient été faites depuis l'expédition (n°ˢ 232 à 235) ; il n'est pas même nécessaire que les avances aient eu lieu sur la *marchandise,* c'est-à-dire en vue de la marchandise (n°ˢ 131 et 249).

Enfin, il n'est pas non plus nécessaire qu'il y ait expédition de place en place ; n. 171.

Des circonstances exigées pour l'application de 93, il reste celle-ci : la *tradition ;* — et nous pouvons formuler ainsi la doctrine de M. Troplong sur l'art. 93 : *toute tradition de marchandises* (à moins que les parties et les marchandises ne soient dans la même ville, et que la marchandise ne soit aussi présente, peut *donner à celui à qui elle est faite un privilége pour ses créances* (n°ˢ 131 et 249) *contre le* tradens.

— Ajoutons que ce privilége résultera *même de plein droit de la tradition*, et que le créancier n'aura pas à prouver que le débiteur a voulu lui donner un droit de gage.

C'est une conséquence inévitable de ce que ce privilége dériverait de l'art. 93, dans tous les cas non prévus par 95 : car c'est un privilége tacite que donne l'art. 93 ;

On voit par les résultats qu'elle produit qu'il est impossible d'accepter la portée que M. Troplong veut donner à cet art. 93.

63. — D'ailleurs M. Troplong la condamne lui-même ; car il expose une autre doctrine qui se résume en ceci : l'art. 95 assujettit aux formes de 2074 un cas déterminé, celui où les commerçants ont une résidence commune. «Dans tous les autres cas il faut s'en tenir au droit commun commercial; donc la preuve du gage par l'un des moyens des art. 12 et 109 suffit. » (n° 177, — r.°ˢ 182, 120, 122, 131).

A ce nouveau point de vue, il y a trois catégories de cas à distinguer en matière de gage commercial.

1° Le cas de l'art. 95, cas exceptionnel où les formes du droit civil s'appliquent ;

2° Le cas de l'art. 93, où il n'y a aucune forme exigée, puisque le gage résultant tacitement d'une expédition de marchandises, il n'est pas besoin de prouver qu'il y a eu une convention expresse de nantissement ;

3° Enfin les cas qui, sans être *celui de* 93, ne sont *pas celui de* 95. Alors les formes du droit civil ne sont plus applicables; mais il faut prouver le contrat de gage par l'un des moyens des art. 12 et 109 (n° 177).

M. Troplong nous dit pourtant (n° 115) qu'au moment de la promulgation du Code le gage commercial était régi par l'ordonnance de 1673 : comment a-t-elle pu être remplacée par l'application des art. 12 et 109? — « De ce que les lois commerciales auxquelles se réfère l'art. 2084 ont été abrogées par le Code de commerce, il ne s'ensuit pas que ce même Code n'ait pas tracé des règles spéciales pour le gage commercial... Est-ce que le droit commercial est sans règles sur la preuve des obligations? Est-ce que c'est une terre vierge où tout est à créer ? Est-ce que le Code de commerce n'a pas à cet égard sa théorie complète et tous les jours pratiquée (n° 531) ? »

Ainsi, par cela seul que le Code de commerce n'a pas reproduit les dispositions de l'ordonnance, les conditions du privilége rentreraient dans le droit commun sur la preuve des obligations ! — Une pareille proposition est réfutée de la manière la plus claire par M. Troplong lui-même dans son n° 114, où il expose très-bien que, autre chose est la preuve du contrat de gage *inter partes*, autre chose son effet vis-à-vis des tiers : « Il fallait que le contrat de nantissement fût environné de formes rassurantes pour les tiers, afin de ne pas favoriser les fraudes et les collusions. » — M. Troplong expose avec une grande précision quelles étaient ces fraudes, qu'avait voulu prévenir l'ordonnance de 1673 (n° 115) : « Et ces dispositions ne sont que le développement de règles posées longtemps auparavant par les jurisconsultes et les ordonnances. On cite un arrêt de règlement du parlement de Paris, du 25 novembre 1599, etc. » (n° 108).

Il ressort de là que notre jurisprudence a toujours considéré comme deux questions très-distinctes la preuve du gage *inter partes*, et les conditions de son efficacité vis-à-vis des tiers. Si donc le Code de commerce n'a pas formulé de dispositions générales sur les conditions du privilége du gagiste, on ne peut pas en conclure que ce privilége retombe sous l'application des art. 12 et 109, relatifs à la constatation des actes commerciaux. Car, dans la législation commerciale, l'effet du gage vis-à-vis des tiers constituait une question toute distincte de la question de preuve, et était depuis longtemps l'objet d'une réglementation spéciale. Si donc on ne veut pas admettre que 95 soit général, ou qu'il ait la portée d'une abrogation de l'ordonnance, il y a là une matière que le Code de commerce n'a pas réglée : et alors c'est l'ordonnance de 1673 qui est encore applicable aux cas qui ne rentrent ni dans 93 ni dans 95, puisque la loi du 15 septembre 1807 n'abroge l'ordonnance que sur les points réglés par le Code.

61. — Il est donc impossible d'appliquer les art. 12 et 109 aux cas qui ne seraient pas compris dans 95. Du reste, M. Troplong paraît bien reconnaître qu'ils ne sont pas applicables, lorsqu'il dit

(n° 122) : « Le droit commercial se suffit à lui-même. Il a ses règles sur la preuve des obligations ; *il a ses usages consacrés. Ce sont eux qui décident à quelles conditions existe la validité de ce nantissement* (contracté hors des termes de 95). »

Mais quelque respectables que soient les *usages consacrés*, ils ne peuvent prévaloir contre une loi expresse : or, en suivant M. Troplong pas à pas, nous sommes arrivés à cette conclusion, que 95 n'étant pas général, l'ordonnance de 1673 restait en vigueur pour les cas qu'il ne comprendrait. Nous ne voyons donc nulle part une place pour les usages.

Mais M. Troplong entend tout autrement que nous l'art. 2084. Le savant magistrat constate (n° 116-117) que l'ordonnance, bien qu'elle fût en vigueur en 1804, « n'était pas observée à la rigueur. La pratique l'avait non-seulement tempérée, mais encore énervée et modifiée. » — Or, « le Code civil a *laissé le gage commercial sous l'influence des usages et des adoucissements apportés par la pratique à l'ordonnance de 1673... Il n'a pas voulu le faire fléchir sous la rigueur inexorable du droit civil.* » — En admettant que telle fût l'intention des rédacteurs du Code civil, il faut bien remarquer que, pour qu'elle puisse avoir cet effet de placer le gage commercial, même après le Code de commerce, sous l'empire des usages, il faut de toute nécessité admettre qu'ils ont *formellement abrogé l'ordonnance,* en ce qu'elle avait de contraire aux usages. Car si elle est restée en vigueur jusqu'au Code de commerce, il est parfaitement sûr que ce Code ne l'a abrogée que sur les points qu'il a réglés : l'ordonnance resterait donc applicable aux cas que ne comprendrait pas 95.

65. — Si nous admettons maintenant (contre toute vraisemblance) que le Code civil a réellement entendu abroger l'ordonnance en ce qu'elle avait de contraire aux usages, il se présente une autre difficulté : car si le Code de Commerce est resté muet sur certains cas prévus par l'ordonnance, la loi civile est applicable, suivant le principe soutenu par M. Troplong lui-même (*Revue de législation,* t. XVI, p. 47). — Mais M. Troplong repousse ici l'application de ce principe, « parce que l'article 2084 du Code civil a expressément déclaré que si l'art. 2074 du Code civil est le droit commun des gages civils, il n'est pas la règle des gages commerciaux, parce que le droit commercial a été maintenu dans

ses priviléges exceptionnels; parce que l'art. 2074, plus tard accepté en partie par l'art. 95 du Code de commerce, n'a de valeur, de force, d'étendue que celles que l'art. 95 lui a communiquées » (n° 121). — « Il doit être clair pour tout le monde que le Code civil n'a pas voulu qu'une règle aussi étroite et aussi rigoureuse que celle de l'art. 2074 fût absolument *étendue* au commerce (no 118). » En un mot : « L'art. 2084 est *un mur de séparation* entre l'art. 2074 et le droit commercial. » — Voilà à quoi se réduit en définitive la théorie de l'auteur que nous réfutons.

Eh bien, cette théorie, elle est inacceptable. En effet, de deux choses l'une: Ou cela veut dire que l'art. 2084 a conservé le *statu quo* en matière commerciale : c'est ce que nous avons soutenu, et c'est ce qui semble bien être la pensée de M. Troplong, lorsqu'il dit que le droit commercial a été *maintenu* dans ses priviléges, et qu'on n'a pas voulu que la règle de 2071 fût *étendue* au commerce.

— Mais qu'est-ce donc que ces *priviléges exceptionnels*, dont on parle? — Ce n'était qu'un état de fait qui n'avait nullement prévalu sur le droit. Il est très-vrai que dans l'ancien droit, l'ord. de 1673 n'était pas observée à la rigueur, mais la multiplicité des auteurs qui enregistrent simplement cet état de la jurisprudence ne prouve nullement que cette jurisprudence fût considérée comme ayant effacé la loi, ni même comme étant favorable au commerce. Duparc-Poullain, l'un des auteurs qu'invoque M. Troplong, dit (t. VII, p. 331) que « cette disposition s'observe avec » si peu d'exactitude qu'on pourrait la considérer comme hors » d'usage, même entre négociants, pour lesquels elle est encore » plus nécessaire que pour les autres citoyens. » Mais il proteste énergiquement contre cette inobservation : « Il est étonnant qu'une disposition si nécessaire contre les fraudes ne soit pas inviolablement observée, non-seulement à l'égard des marchands, mais encore entre toutes autres personnes. L'expérience et le bon sens font connaître que les fraudes sont très-fréquentes de la part de ceux dont les affaires sont dérangées. Il leur est bien facile de détourner leurs effets, sous prétexte d'un gage donné à un créancier simulé dont le serment serait une ressource bien faible contre la fraude : il ne peut y avoir de moyen pour la prévenir que dans

14

un acte devant notaires, parce qu'il est bien facile d'ajuster et de remonter de date des billets sous signature privée. — *En un mot, l'ordonnance de 1673 n'est point abrogée dans cette disposition, et c'est assez pour conserver toute sa force à une loi dont l'équité et l'utilité sont évidentes.* » Dans la pratique même cette disposition n'était pas complétement tombée en désuétude, et Duparc-Poullain rapporte un arrêt de 1730, qui jugea en point de droit que celui qui n'avait point de titre par écrit du gage, n'avait aucune préférence.

Quant aux rédacteurs du Code, ils l'ont si peu considérée comme abrogée, que M. Gary dans son rapport au Tribunat, dit de l'art. 2074 : « Cette disposition est conforme à celle des art. 8 et 9 du t. VI de l'ord. de 1673, qui n'avait jamais été expliquée et exécutée que dans l'intérêt des tiers, et pour assurer la date du nantissement en cas de faillite du débiteur. » Locré, XVI, p. 39.

Si donc l'art. 2084 a entendu maintenir le *statu quo*, les articles de l'ord. qui régissaient le droit commercial sont restés en vigueur jusqu'à la loi du 15 septembre 1807, qui ne les a abrogés qu'en tant qu'il était statué par le Code de Com. Si donc la portée de l'art. 95 n'est pas générale, les cas qu'il ne gouverne pas sont encore soumis à l'ordonnance.

67. — Pour arriver à appliquer à ces cas les usages commerciaux, il faut donc donner plus d'étendue au *mur de séparation* que M. Troplong voit dans 2084 : il faut admettre que cet article trouvant utile au commerce les modifications que la pratique avait apportées à l'ordonnance, a entendu sanctionner pour l'avenir les usages qui avaient prévalu sur la loi, et abroger sur ce point l'ordonnance.

Eh bien, rien ne répugne plusque cette idée à la vraisemblance, au texte, à la préparation et à l'esprit général du titre du nantissement et de tout le Code de commerce. En effet, est-il admissible que l'art. 2084 soit un envahissement du législateur civil dans le droit commercial, au moment même où se discutait le Code de commerce ? — 2° Si 2084 était fait pour ne laisser subsister l'ordonnance qu'énervée par la pratique, et substituer aux art. 8 et 9 les usages consacrés, comprend-on que la mention des matières de commerce dans l'article ait amené un renvoi aux *lois*, et non aux usages ? — 3° Quels seraient donc ces usages, auxquels 2084 aurait donné force de loi, et où nous devrions chercher la règle des gages commerciaux ?

Le 4 septembre 1801, M. Chaptal, ministre de l'intérieur, présentant au gouvernement le projet du Code de commerce, se plaignait de l'incertitude et de la multiplicité des usages, résultant de ce que sous l'empire des lois de 1673, on avait trop cédé à ce point de vue que « l'objet et les effets des transactions commerciales ne devaient point être assujétis à des dispositions trop positives. — De là résulta que chaque tribunal avait sa jurisprudence particulière : chaque place de commerce maintint ou adopta des usages locaux... Et presque tous les résultats furent incertains ou arbitraires. » (Locré, XVII, p. 4.) Et l'on veut que l'art. 2084 ait eu pour but de plonger dans ce chaos le gage commercial, alors qu'il était régi par des lois dont les anciens auteurs avaient proclamé la sagesse , et que les législateurs de 1804 ont littéralement transcrites dans le Code Napoléon ?

4°. L'autorité que M. Troplong attribue aux usages commerciaux, est démentie à chaque ligne par le discours préliminaire du projet du Code de commerce de la commission ; discours que Locré donne comme exprimant l'esprit de ce Code ; discours qui avait été présenté au gouvernement le 4 septembre 1801, et soumis à la publicité avant la confection du Code Napoléon. — Ce discours fait un tableau affligeant des abus qu'avait introduits dans le commerce l'inobservation des formes et le défaut de garantie. — Les choses en étaient venues à ce point que « une faillite n'était plus un sujet de honte ; c'était un moyen de fortune, une sorte de spéculation préparée par la fraude, soutenue par l'artifice et consommée par la faiblesse. » — M. Chaptal, dans son rapport, disait : « Le dol et la fraude profitèrent de la complaisance ou de l'inexécution de la loi ; et dans les moments de crise, l'honnête commerçant fut constamment forcé de composer avec le crime. » — Le discours rappelle « les abus qu'on a justement reprochés aux tribunaux de commerce. Nous savons que l'esprit de la loi y fut souvent étouffé par les usages. Nous savons que leur jurisprudence était incertaine, et qu'elle variait suivant les habitudes des localités. Nous savons aussi qu'il n'y avait pas un moyen de garantie suffisant *pour assurer l'exécution de la loi et la régularité des formes.* — C'était là des abus qu'il était de notre devoir de réprimer... »

En voilà assez pour montrer s'il est possible d'admettre que les rédacteurs de l'art. 2084 aient pu voir dans les usages qui avaient prévalu sur l'ordonnance, un progrès qu'ils auraient tenu à sanctionner immédiatement en usurpant le rôle du législateur commercial.

68. — Enfin si l'art. 2084 est un *mur de séparation* entre le droit civil et les usages commerciaux, ce n'est pas seulement sur l'art. 2074 que ces usages devront prévaloir, c'est sur toutes les prescriptions du titre, même les plus essentielles, par exemple la nécessité de l'intervention de la justice pour la vente du gage. Car 2084 dit de la façon la plus générale : *Les dispositions ci-dessus ne sont pas applicables.* Et cependant M. Troplong écrit, n° 408 : « Dans les matières de commerce, il n'y a rien qui dispense le nantissement des principes essentiels posés dans l'art. 2078. Ces principes, c'est-à-dire la vente et la publicité de la vente, sont une sauvegarde pour la bonne foi : ils sont la loi du commerce comme la loi des agissements civils. » Nous sommes tout à fait de cet avis. Mais que devient alors le sens que M. Troplong donnait tout à l'heure à ces mots : *ne sont pas applicables*, et sur quoi se fonde la distinction qu'il fait ici entre 2078 et 2074 ? Nous ne le voyons pas. Ainsi l'interprétation qu'il donne de l'art. 2084, se heurte à chaque pas contre des impossibilités (1).

69. — L'opinion que nous avons exposée, que le gage commercial est soumis aux formes du Code civil, sauf le cas de l'art. 93 Cod. com. ressort d'ailleurs avec évidence des travaux préparatoires (*Compar. Disc. prélim.* 17, et rapport de M. Jard-Panvilliers, 9. — Locré, XVI, p. 42 et 366).

70. — Maintenant quelle est la portée de l'exception faite par l'art. 93 ? Cet article donne le privilége à tout commissionnaire qui a fait des avances sur des marchandises à *lui expédiées d'une autre place* pour être vendus. D'autre part 95 applique le droit commun dans le cas où les deux parties *habitent la même ville*.

(1) Je ne parle que pour mémoire de l'argument qui consiste à dire que la loi du 8 septembre, 1830 aurait tranché la question en ce sens que l'art. 95 est restrictif. — Rien dans le texte de cette loi ne peut faire supposer une pareille intention. Aussi est-ce son silence que M. Troplong invoque (n° 123, 124). Mais la préparation de cette loi prouve qu'elle n'a rien voulu changer aux principes résultant du Code. (Voyez Devillen. *Lois annotées.*)

Ces deux circonstances, *expédition d'une place sur une autre, et habitation dans une autre ville*, sont-elles nécessaires, pour que 93 s'applique ? ou bien chacune suffit-elle ? ou bien y en a-t-il une qui soit essentielle, et laquelle ?

La comparaison des art. 93 et 95 me semble prouver que, dans l'esprit du rédacteur, ces deux circonstances étaient réunies et se confondaient : si on les suppose séparées, je crois que l'intention du législateur est d'accorder le privilége toutes les fois que les parties habitent des villes différentes, et dans ce cas seulement. — Le rapport de M. Jard dit que les formes du Code sont exigées pour les consignations faites aux commissionnaires par les individus qui résident dans *le lieu de leur domicile :* et le discours préliminaire nous montre que c'est bien là la circonstance essentielle : « *Quand le propriétaire peut agir et vendre lui-même, le commissionnaire est inutile.* Il est donc juste et conforme aux vrais intérêts du commerce, qu'il n'existe aucun privilége pour les avances faites à un commettant *du lieu de la résidence* du commissionnaire ; ces avances ne peuvent être considérées que comme un prêt sur gages, qui doit être soumis aux formalités que la loi exige pour ces sortes de prêts. »

Toutefois la jurisprudence accorde le privilége toutes les fois qu'il y a l'une ou l'autre de ces deux circonstances, *expédition d'une place sur une autre, — habitation dans des villes différentes.* M. Bravard (5ᵉ édit. p. 151) approuve cette opinion, qui s'appuie assez fortement sur le texte des articles 93 et 95.

SECTION II. — *De la condition de possession.*

71. — Art. 2076. « Dans tous les cas, le privilége ne subsiste sur le gage qu'autant que ce gage a été mis et est resté en la possession du créancier, ou d'un tiers convenu entre les parties. »

— Cet article pourrait faire croire que le privilége peut naître avant la mise en possession. Il n'en est rien : la loi a subordonné le droit réel de gage, pour sa naissance et pour toute sa durée, à la possession du créancier. Cela résulte des art. 2071, 2072, puisque ce que la loi appelle *gage*, c'est un contrat par lequel le débiteur (ou un tiers pour lui) *remet* une chose mobilière au créancier. Or, aux termes de 2073, c'est le *gage* qui confère le privilége au créancier.

Pothier (Contrat de nantissement, § 2) dit : « Il est de l'essence du » contrat de nantissement que le créancier soit mis en possession » réelle de la chose qui lui est donnée en nantissement. C'est » pourquoi il est de l'essence de ce contrat qu'il intervienne une » tradition réelle de cette chose, à moins qu'elle ne se trouvât » déjà par devers le créancier à un autre titre, *puta* de prêt ou » de dépôt : hors ce cas, le contrat de nantissement ne peut se » faire absolument sans une tradition réelle de la chose qui est » donnée en nantissement. »

Ainsi la possession est constitutive du droit de gage, du privilége. Nous en conclurons que, un contrat de gage étant fait, s'il arrive un moment où le privilége ne puisse être constitué valablement, lors même qu'à ce moment l'acte, dressé suivant 2074, aurait déjà date certaine, la possession, qui ne serait remise au gagiste qu'après cette époque, arriverait trop tard pour faire naître le privilége.

72. *But et caractère de cette possession.* — « Il faut, nous dit » Pothier (§ III), que la fin pour laquelle la chose est donnée, » soit pour que celui à qui elle est donnée la détienne pour sû-» reté de sa créance. Cette fin est de l'essence du contrat de nan-» tissement ; c'est elle qui le caractérise et le différencie des au-» tres contrats réels. »

Il ne faudrait pas croire que Pothier traite dans ce passage du but que doit remplir la possession du gagiste. Pothier s'occupe ici de l'élément intentionnel du contrat de gage. Si un créancier possédant une chose de son débiteur, prétend un droit de gage contesté par celui-ci, et qu'à défaut d'écrit, la preuve par témoins soit admissible, alors il y aura lieu d'examiner, pour reconnaître l'existence du contrat, pour quelle fin la chose a été remise : il se peut que ce fût seulement pour que le créancier se servît de la chose, ou pour qu'il rendît au débiteur le bon office de la lui gar-der, c'est-à-dire à titre de prêt ou de dépôt.

C'est donc une question toute différente que de savoir quel but doit remplir la possession du gagiste. La jurisprudence coutumière, d'où vient cette condition de possession, nous montre qu'elle a pour but d'avertir les tiers de l'existence du droit du gagiste; car elle exige une possession réelle, naturelle, apparente.

73. — *Posséder*, cela veut dire habituellement avoir la chose à sa disposition : est-ce en ce sens que doit posséder le gagiste? il faudra bien qu'à l'échéance il ait la chose à sa disposition, pour exercer son droit de la faire vendre et de s'en faire déclarer propriétaire. Mais cet acte de disposition met fin à la possession : plaçons-nous donc avant l'exigibilité pendant le temps que doit durer la possession. Eh bien, pendant ce temps le créancier peut-il se servir de la chose? Non : ce n'est pas pour cette fin que le débiteur la lui a remise : lorsque la chose est donnée au possesseur pour qu'il s'en serve, il y a un contrat de prêt, lequel peut se trouver joint au nantissement, mais qui n'est pas nécessaire pour réaliser la fin du contrat de gage. Aussi le créancier ne peut se servir de la chose sans le consentement du débiteur (art. 2079 et 1930). Souvent même, le débiteur ne voudra pas laisser la chose à la disposition du créancier, — en qui il a peu de confiance, — et qui pourrait ou la détériorer ou la livrer à un acheteur de bonne foi. C'est pourquoi le gage peut être mis entre les mains d'un tiers convenu entre les parties, et il n'est pas douteux que, dans ce cas, ce tiers détient aussi bien dans l'intérêt du débiteur que dans celui du créancier, et que la chose ne sera à la disposition de ce dernier que lorsqu'il aura le droit de la faire vendre.

On voit qu'un des caractères les plus essentiels de la possession du gagiste est négatif; il consiste dans la *dépossession* du débiteur. Cela résulte de l'art. 2076 qui, en disant que le gage doit avoir été *mis* en la possession, nous montre la nécessité d'une *dépossession* réelle du débiteur : un constitut possessoire ne suffirait pas. — *En la possession du créancier ou d'un tiers convenu entre les parties :* — Habituellement quand la détention qu'une personne a d'une chose produit certains avantages pour une autre personne, c'est de cette dernière, et de cette dernière seule, qu'on dit qu'elle a la possession : — Si par exemple j'achète un ustensile pour ma ferme, et que je le fasse livrer à mon domestique, ou à mon fermier, on dira que la chose a été mise et est en ma possession : *possidemus enim animo et corpore, animo quidem nostro, corpore etiam alieno.*

En est-il autrement en matière de gage? — Non : lorsque le

gage aura été remis à mon domestique, à mon commis, à mon fermier, il sera en ma possession, et personne ne dira dans ce cas que le gage est en la possession d'un tiers : la détention qu'a mon préposé, c'est ma propre possession.

Mais n'en est-il pas de même dans le cas où le gage est remis à *tiers* convenu entre les parties: est-ce que ce tiers n'a pas une simple détention qui est un élément de ma possession, comme le serait la détention de mon préposé? — Pourquoi donc l'art. 2079 fait-il de cette possession par un tiers un cas distinct de celui de la possession du créancier ? — C'est que cette possession d'un tiers convenu entre les parties ne met pas la chose à la disposition du créancier : aussi, l'art. 2079 dit-il que ce tiers a la possession : et ce langage s'explique très-bien, parce que ce qui profite au créancier, c'est *la dépossession du débiteur;* et à ce point de vue la possession d'un tiers a la même utilité pour le créancier gagiste que la sienne propre.

74. — Ce n'est pas à dire cependant que la *possession* du gagiste consiste entièrement dans cette dépossession du débiteur : elle a un caractère positif important, elle exige une certaine *puissance* sur la chose, je veux dire la puissance nécessaire pour empêcher que le débiteur puisse la ressaisir. Lors donc que la possession sera remise à un tiers, il faudra que ce tiers soit lié envers le créancier gagiste, en sorte que celui-ci soit à même de l'empêcher de rendre la chose au débiteur.

Enfin, il faut que ce tiers soit obligé de se dessaisir en faveur du créancier, si celui-ci n'est pas payé à l'échéance, afin qu'il puisse faire vendre la chose.

75. — *Comment s'opérera la mise en possession du créancier?* De ce qui précède il résulte que la mise en possession du créancier ne peut résulter d'un constitut possessoire, qui laisserait la possession matérielle aux mains du débiteur. Nous avons vu sur ce point Ferrières combattre l'opinion isolée de Tronçon, qui, méconnaissant l'esprit des Coutumes, appliquait ici le droit romain.

76. — Lorsque la chose est, au moment du contrat, par devers le débiteur, la dépossession ne peut-elle s'opérer sans déplacement? — Par exemple, la remise des clefs des bâtiments qui contiennent les choses engagées suffit-elle pour mettre le gagiste

en possession? — M. Duranton, nº 531, admet l'affirmative; et en ce qui touche la remise des clefs, nous ne repoussons pas cette solution d'une façon absolue. Mais M. Duranton la rattache à un principe général que nous ne pouvons accepter.

Le savant professeur s'appuie sur ce que, « par la remise des » clefs, bien certainement l'acheteur est constitué en *possession*, » puisque la délivrance est le transport de la chose vendue en la » *puissance et possession* de l'acheteur (1604). »

Cet argument résultant de ce que la remise des clefs est une tradition réelle, parce qu'elle met la chose à la disposition de l'acheteur, ne me touche nullement, puisque ce caractère de la possession peut être absent de la possession du gagiste, et qu'en revanche cette possession doit offrir, dès son principe, comme caractère essentiel, la dépossession du débiteur.

— Puis M. Duranton formule cette règle générale : « Ce qui » ferait incontestablement regarder un acheteur comme posses- » seur réel, et donnerait lieu à son profit à l'application de 1141 » (par le rapprochement de cet article avec l'art. 1606), doit faire » également considérer un créancier gagiste comme étant en » pareil cas en possession du gage. »

Il y a là deux propositions, dont l'une me semble très-vraie, et l'autre très-contestable. — Je suis bien d'avis que ce qui ferait préférer un deuxième acheteur de bonne foi comme possesseur réel, à un premier acheteur, doit faire également considérer le créancier gagiste comme étant en possession.

Mais que 1606 doive servir à déterminer les cas où il y a pos- session réelle dans le sens de 1141, c'est ce qu'il me semble difficile d'admettre.

Il faut remarquer d'abord que 1606 dit : La délivrance des effets mobiliers s'opère *ou par la tradition réelle ;* cela ne nous annonce- t-il pas que les deux autres modes ne constituent pas une tra- dition réelle? — De plus, si nous constatons que l'un des modes de délivrance de 1606 est certainement insuffisant pour consti- tuer une tradition réelle dans le sens de 1141, il sera clair que la *délivrance* de 1606 et la tradition réelle de 1141 étant régies par des principes différents, il ne saurait être permis de conclure à la tradition réelle, de ce que 1606 dit de la délivrance.

— Eh bien, l'art. 1606 dit que la délivrance peut s'opérer *par le seul consentement des parties si le transport des effets ne peut pas se faire au moment de la vente.* Ici on a eu en vue le cas où les choses vendues sont encombrantes (des bois ou des charbons par exemple) : l'acheteur n'a pas là de voiture pour les emporter, et le vendeur lui dit : Je n'entends pas en rester chargé plus longtemps ; les voilà sur mon chantier ou sur la voie publique, vous pouvez les enlever quand il vous plaira. — Je crois que le seul effet que puisse produire cette délivrance, c'est que le vendeur ne sera plus tenu de veiller à la conservation de la chose, si elle est sur la voie publique; et que si elle est chez lui, il en répondra désormais comme dépositaire et non comme vendeur.

— Mais je suppose que les objets soient vendus à deux personnes : d'abord à moi, puis à un deuxième acheteur de bonne foi, à qui est faite cette délivrance par le consentement. Avant qu'il ait réellement enlevé la chose, moi premier acheteur, j'arrive avec des voitures pour prendre livraison : est-ce que le deuxième acheteur pourra s'y opposer en prétendant que la délivrance qu'il a reçue l'a constitué en possession réelle? — Je doute que personne ose le soutenir. Et dès-lors on ne peut pas dire en principe que ce qui opère délivrance d'après l'art. 1606 opère tradition réelle.

77. — Mais quest-ce donc que cette délivrance? l'art. 1604 nous dit c'est le transport de la chose vendue en la puissance et possession de l'acheteur. — Ceci paraît très-exact. Puis vient l'art. 1605 qui dit que l'obligation de délivrer les immeubles est remplie de la part du vendeur, *lorsqu'il a remis les clefs* s'il s'agit d'un bâtiment, *ou lorsqu'il a remis les titres de propriété.* Mais quoi? est ce que le vendeur a accompli son obligation de délivrer par cette alternative; est-ce que il n'est pas, dans tous les cas, obligé de remettre à l'acheteur et les titres et les clés? — Enfin vient l'art. 1606 qui n'est guère plus clair.

Pour comprendre ces articles, il faut se reporter au traité de Vente de Pothier : — Les rédacteurs du Code ont pris dans la deuxième partie de ce traité (des engagements du vendeur) leur art. 1603 (Pothier, n° 41) et les art. 1608 et suivants (Pothier n° 44 et suivants); mais les art. 1605-1607 ont été empruntés à la cinquième partie, ch. I, « De l'exécution du » contrat de vente et particulièrement de la tradition ou déli- » vrance de la chose vendue.

» — Le contrat de vente s'exécute de la part du vendeur par la
» tradition ou délivrance de la chose vendue. »

— Et quel est le principal effet de cette tradition? — Pothier
répond n° 318 : « Lorsque le vendeur est propriétaire de la chose
» vendue, et capable de l'aliéner, ou s'il ne l'est pas, lorsqu'il a
» le consentement du propriétaire; l'effet de la tradition est de
» faire passer en la personne de l'acheteur la propriété de la
» chose vendue, pourvu que l'acheteur en ait payé le prix, ou
» que le vendeur ait suivi sa foi. — Le contrat de vente ne peut
» produire par lui-même cet effet. »

C'est uniquement à ce point de vue de la translation de propriété que Pothier énumère divers modes de tradition qui n'ont
pas du tout pour effet de donner à l'acheteur la possession réelle
de la chose : cette partie de son obligation de livrer était traitée
dans la deuxième partie : « N° 42. Le vendeur doit livrer la chose
» à l'acheteur si elle n'est déjà par devers lui. — N° 47. L'obli-
» gation de livrer une chose renferme aussi celle de livrer toutes
» les choses qui en font partie, ou en sont des accessoires. — Les
» titres et tous les enseignements qui concernent un héritage, en
» sont des accessoires, que le vendeur est obligé de remettre à
» l'acheteur. »

Voilà les dispositions qui auraient dû remplir les art. 1605-
1606. Pothier ajoutait n° 48 : « Enfin, la livraison à laquelle le
» vendeur s'engage par le contrat de vente, est une livraison par
» laquelle il doit transférer à l'acheteur tout le droit qu'il a dans
» la chose, et par rapport à cette chose. »

Et c'est uniquement ce but, ce côté particulier de la délivrance,
que Pothier a développé dans sa partie v, chap. 1 : c'est à ce
point de vue qu'il traite *des différentes espèce: de tradition*, et
qu'il dit, n. 318 : « La tradition est *réelle* ou *feinte :*

» La tradition réelle se fait lorsque l'acheteur est mis en *pos-
» session réelle* de la chose vendue...

— » La tradition *feinte* est celle par laquelle l'acheteur est
» feint d'être mis en possession de la chose vendue, quoique la
» *chose reste par devers le vendeur.* »

Puis Pothier nous dit que *cette fiction résulte* de la clause de
constitut; dans la coutume d'Orléans, de la simple clause de
dessaisine-saisine, de la rétention d'usufruit, du bail que l'ache-

teur consent de la chose au vendeur : « Dans les choses de grand
» poids, la permission que donne le vendeur à l'acheteur, ou à
» quelqu'un venu de sa part de l'enlever, tient lieu de tradition,
» lorsque cette permission se donne *in re præsenti.* » — « Lors-
» que la chose vendue est par devers l'acheteur qui la tenait du
» vendeur à titre de loyer ou de prêt à usage, ou de commodat, ou
» autrement ; le seul consentement du vendeur et de l'acheteur,
» que l'acheteur la possède dorénavant en son nom comme pro-
» priétaire, tient lieu de tradition. Il a plu aux docteurs d'ap-
» peler cette tradition : *traditio brevis manus,* parce que, disent
» ils, *nihil brevius hac traditione.* »

Sur ce dernier cas il faut remarquer que si la tradition est
feinte, la possession de l'acheteur est très-réelle, tellement réelle,
qu'elle rend toute tradition impossible : aussi Pothier dit-il
qu'ici, c'est le consentement du vendeur et de l'acheteur qui
tient lieu de tradition. — Pothier continue :

N° 314. « Toutes les espèces de traditions feintes dont il a été
» parlé jusqu'à présent, se font *nuda voluntate,* par le seul con-
» sentement des parties ; il y en a qui s'opèrent par le moyen et
» l'intervention de quelque symbole, et qui, pour cet effet, s'ap-
» pellent traditions symboliques :

» Par exemple, la remise des clefs d'une maison ou autre édi-
» fice.

» Il en est de même des clefs de grenier ou magasin où sont
» les choses vendues : la remise des clefs tient lieu de tradition.
» Et il n'est pas nécessaire, selon nos usages, que cette remise
» des clefs se fasse *apud horrea, in re præsenti.*

» La remise des titres passe aussi pour une tradition symbo-
» lique de la chose. »

Vraie ou fausse, cette idée de symbole s'explique, parce qu'on
se contentait ici, pour transférer la propriété, d'un fait qui ne
mettait pas complétement la chose en la puissance de l'acheteur.
C'est ainsi qu'on se contente, pour opérer la translation de propriété, soit de la remise des clefs, soit de la remise des titres ;
tandis que Pothier dit, aux n° 45 et 47, qu'en vertu de son obligation de livrer, le vendeur devait remettre et les clefs et les
titres. — On comprend maintenant d'où vient l'art. 1603, et
quelle énorme inadvertance les rédacteurs du Code ont com-

mise, en appliquant à la délivrance ce que Pothier disait de la tradition au point de vue du transport de la propriété. Ils n'ont pas songé qu'ayant sous-entendu dans tous les contrats l'une de ces traditions feintes, en déclarant que le consentement donné au contrat lui-même rendait l'acheteur propriétaire, comme cela avait déjà lieu par la clause de dessaisine, toutes les autres espèces de tradition feinte devenaient par là inutiles; puisque, servant à transférer la propriété, elles étaient en général insuffisantes pour accomplir l'obligation de délivrance. Les modes de délivrance énoncés dans 1605 et 1606, ne sont donc nullement d'accord avec la définition que 1604 donne de la délivrance. Il est bien certain dès lors que c'est en dehors de ces articles que nous devons chercher le caractère de la possession réelle de 1141. — Mais, au temps même de Pothier, est-ce que ces traditions feintes, opérant délivrance quant au transport de la propriété, étaient opposables aux tiers? — Nous savons que Pothier examine cette question dans son n° 321. — Nous avons vu que des œuvres de Pothier lui-même, il résultait que, autant l'affirmative était certaine dans les pays de droit écrit, suivant le droit romain, autant la négative était incontestable, quant aux meubles, dans les pays coutumiers. — Il faut, bien entendu, séparer ici des traditions feintes le cas où la chose était déjà par devers l'acheteur; car, dans ce cas, si la tradition est feinte, la possession est parfaitement réelle : et c'est la possession, non la tradition qui rendait la propriété des meubles opposables aux tiers.

78. — En était-il autrement du gage ? Non, Pothier nous a dit (*Nantiss.*, § 2) : en cas que la chose se trouvât déjà par devers le créancier : « Etant impossible de faire à quelqu'un la tradition » réelle d'une chose qu'il a déjà par devers lui, le contrat de » nantissement se fait en convenant que la chose demeure doré- » navant au créancier à titre de nantissement. *Hors ce cas, le* » *contrat de nantissement ne peut se faire absolument sans une* » *tradition réelle* de la chose. »

On ne pouvait donc pas se contenter des traditions feintes que Pothier oppose précisément à la tradition réelle. Et 1606 étant en partie une énumération de ces traditions feintes, et étant d'ailleurs un non-sens dans le Code, ce n'est pas à cet article, c'est aux caractères intrinsèques du mode de tradition employé, que nous devrons demander si le gagiste est en possession réelle.

70. — Examinons, sur ce terrain, ce qu'il faut décider de la remise des clés : « Je possède la chose (du vin par exemple), dit
» M. Duranton, puisque, ayant la clef de la cave, je puis seul y al-
» ler. » Sans doute une pareille possession suffit pour mettre obstacle à ce que la chose soit engagée à un autre créancier, ou livrée à un acheteur; car le créancier ayant les clefs, le débiteur ne pourrait enlever la chose qu'en commettant un vol de gage. Une pareille possession suffirait donc pour saisir un acquéreur vis-à-vis des tiers, pour le protéger contre la perte de sa propriété. Mais est-ce là le seul but de la possession du gagiste? Non, elle ne sert pas seulement à saisir le créancier vis-à-vis des tiers, en empêchant qu'ils puissent acquérir sur la chose un droit de gage ou de propriété, appuyé de la possession : elle est constitutive du droit, et par conséquent les simples créanciers chirographaires, qui souffrent du gage, peuvent opposer le défaut de possession. Et si la possession est exigée dans leur intérêt, n'est-ce pas que cette possession peut les avertir du droit du gagiste, et les mettre sur leurs gardes ?— Dès lors il me semble certain que la possession du gagiste doit toujours être, comme le voulaient nos anciens auteurs, naturelle, apparente.

La remise des clefs offre-t-elle ce caractère? Je ne peux dire oui d'une façon absolue; je vois telle circonstance où cette remise restera complètement occulte pour les autres créanciers : peut-être le magasin où sont déposées les marchandises est-il fermé par une grille ou une porte à claire-voie, de sorte que, sans y entrer, les personnes qui sont en relations avec le débiteur peuvent voir ces marchandises qu'elles croiront possédées par lui. Ces personnes ont pu, quelques jours avant le gage, entrer dans le magasin et se rendre un compte exact de la quantité des marchandises : comment iraient-elles se douter, lorsqu'elles les voient rester là, qu'elles sont possédées par un tiers ? Dira-t-on qu'il paraîtra extraordinaire que le débiteur ne pénètre pas dans son magasin ? mais certains commerçants ont des dépôts de marchandises, auxquels ils ne touchent qu'à de longs intervalles, ne gardant dans leur boutique que ce qui est nécessaire à la vente courante. D'autre part, le créancier qui a les clés n'a pas en principe le droit de s'en servir. Rien n'avertira donc les tiers.

Mais, dit encore M. Duranton : « La loi n'a pu vouloir obliger les parties à faire des frais considérables de transport pour les ob-

jets d'un grand poids. » — Cette considéraiton a de la valeur,
mais elle ne saurait prévaloir sur cette idée que la loi, en soumettant le gage à la possession, a voulu qu'il ne fût pas occulte.
D'ailleurs, un déplacement n'est pas nécessaire ; il suffit que la
possession du gagiste soit apparente, et on peut arriver à ce but
par différents moyens. Ainsi lorsque la remise des clés par elle-
même n'aurait rien d'apparent pour les créanciers, on pourrait
apposer sur le magasin un écriteau indiquant que les marchandises sont engagées à telle personne, ou simplement que les clefs
sont entre les mains de telle personne. Ce moyen, renouvelé des
Grecs, satisferait certainement au vœu de la loi. On dira peut-
être : Il affaiblira le crédit du débiteur? Mais le but de la loi est
précisément de restreindre le crédit du débiteur en proportion de
ce que le gage distrait de son actif.

80. — Ainsi, sans poser de règle absolue, nous dirons que la
possession du gagiste devra présenter ce double caractère : 1° de
mettre obstacle à ce que la possession puisse être remise à un
autre acheteur ou à un créancier gagiste : à ce premier point de
vue la possession du gagiste est identique, pour la nature et les
effets, à celle qui est nécessaire à un acheteur pour le saisir vis-
à-vis des tiers, et le mettre à l'abri du danger de perdre sa propriété, par la mise en possession des tiers. 2° La possession du
gagiste doit de plus avoir ce caractère spécial, de constituer ou de
maintenir le débiteur en état de dépossession apparente.

Je crois que les tribunaux seuls peuvent déterminer, suivant
les circonstances de chaque affaire, si cette dépossession a été
assez apparente. Lorsque la bonne foi du débiteur et du gagiste
ne sera pas douteuse, et que les créanciers qui se pleignaient n'auront pas été trompés en fait, on sera probablement porté à croire
la dépossession assez apparente. Il ne suffirait pas d'ailleurs que
les créanciers fussent tombés dans l'erreur sur l'existence du
gage, pour que la possession fût déclarée insuffisante : tout ce
qu'il faut, c'est qu'ils aient pu s'apercevoir que la chose n'était
plus dans l'actif disponible du débiteur.

Il n'y a rien de contraire aux principes que je viens d'exposer
dans un arrêt de la Cour de cassation du 11 août 1812. Cet arrêt
a rejeté le pourvoi formé contre un arrêt de Dijon qui avait validé un nantissement de 59,000 bouteilles de bourgogne mous-

seux, mis en la possession du créancier par la tradition des clefs
à un sieur Michel son délégué. De plus, il était convenu que les
soins nécessaires aux vins leur seraient donnés par les débiteurs,
en présence du sieur Michel. Et le sieur Michel avait remis quelquefois les clefs aux débiteurs pour leur faciliter la manipulation
des vins.

La Cour de cassation a jugé en droit : 1° que les soins donnés
à la chose engagée par le débiteur n'étaient pas incompatibles
avec la possession du créancier. — Mais a-t-elle jugé d'une façon
générale, comme semble dire l'arrêtiste (Dalloz, Nantissem.
n° 123), que la remise des clefs d'un magasin où sont déposées
les marchandises satisfait au vœu de la loi, qui exige que le
créancier soit mis en possession ? Nullement. En effet, le pourvoi
avait admis la validité de cette mise en possession, mais il disait
avec raison que la contre-remise des clefs aux débiteurs devait
logiquement être regardée comme dessaisissant le créancier. —
Et l'arrêt répond « que la remise momentanée entre les mains du
débiteur, de la clef des caves où, suivant l'arrêt attaqué, sont toujours restés les vins, étant la conséquence nécessaire de la convention qui chargeait le débiteur de soigner et de conserver les-
dits vins ne peut être considérée comme dessaisissement du gage
de la part des créanciers. »

Ainsi l'arrêt contredit cette importance que l'on veut donner à
la remise des clefs en elle-même, et il s'attache aux circonstances auxquelles elle est liée. Il est clair qu'à cet égard les mêmes principes doivent régir la remise faite par le débiteur au
créancier et celle faite par le créancier au débiteur.

L'arrêt ne contient donc sur cette question de la remise des
clefs qu'une solution négative ; il juge qu'on a pu, sans violer
aucune loi, admettre la remise des clefs comme mise en possession suffisante.

81. — *A quel moment doit exister la possession du créancier gagiste?*—La possession peut commencer, soit au moment où est dressé
l'acte de gage, soit avant, soit après. Mais, comme elle est constitutive du droit, elle doit être comme la date certaine, antérieure
à l'époque où le privilége n'a plus pu naître valablement. Si donc
le droit de nantissement est constitué pour dette antérieurement
contractée, la possession aura dû être remise au créancier avant

les dix jours qui ont précédé l'époque de la cessation des paiements.

82. — Mais quand y a-t-il droit de nantissement constitué pour dette antérieurement contractée? Suivant M. Dalloz (Nantissement, n° 134), ce serait seulement au cas où l'acte de nantessement n'a pas été dressé à l'époque où est née la dette. Mais si l'acte de nantissement, fait en même temps que la dette, a date certaine avant les dix jours qui précèdent la cessation des paiements, M. Dalloz « estime que la mise en possession pourrait » s'effectuer utilement, sauf le cas de dol ou de fraude, soit dans » les dix jours qui précèdent l'ouverture de la faillite, soit même » depuis cette époque, pourvu que ce soit avant le jugement dé- » claratif, lequel seul opère le dessaisissement du failli. »

Cette opinion nous paraît inadmissible. L'art. 446 ne dit pas : *droits de gage consentis,* elle dit : *droits de gage constitués* sur les biens du débiteur pour dettes antérieurement contractées; — antérieurement à quoi? — A la constitution du gage : or la possession est constitutive du gage. M. Dalloz le dit lui-même (n° 134); la mise en possession est nécessaire pour *faire naître le privilége;* — et non-seulement le privilége, mais le droit de gage tout entier; bien plus, le contrat de gage lui-même ne commence qu'avec la possession. En droit romain, l'action *pignoratice directe,* produite par le contrat, appartenait au débiteur pour se faire remettre la chose; de même Pothier nous dit que la possession du créancier est de l'essence du contrat de gage; enfin le Code consacre cette terminologie de la façon la plus formelle, en nous disant que le gage est un contrat par lequel le débiteur *remet* une chose à son créancier. La constitution de gage est donc postérieure à la dette, toutes les fois que la possession du créancier n'est pas contemporaine de la naissance de cette dette : et cela me paraît d'autant moins douteux dans l'art. 446, que cet article n'emploie pas, comme M. Dalloz, l'expression vague constitution de gage, mais parle des *droits de nantissement constitués.*

On m'objectera peut-être : Mais alors il n'y aura jamais de droit de gage constitué en même temps que la dette; car il sera souvent impossible que la tradition ait lieu au moment même où naît la créance. Je réponds, d'abord que la tradition peut précéder la créance, — mais surtout que nous n'exigeons pas une simultanéité mathématique. Il est clair que si la tradition ne paraît pas tardive, mais qu'elle se présente comme l'exécution, dans un délai ordinaire, de la convention de gage qui accompagne la dette, on dira très-bien que le droit de gage est contemporain de la créance. Mais si un créancier pouvait, en faisant une convention de gage en même temps que la dette, obtenir le privilége à la seule condition de recevoir la possession avant le jugement déclaratif, événement toujours prévu quelque temps d'avance ; on comprend que la condition de possession, que la loi a crue si nécessaire, devient complétement illusoire. — Sans doute on pourra prouver la fraude, mais cette preuve sera le plus souvent impossible ; car si le créancier a le droit de prendre la possession jusqu'au jugement déclaratif, peut-on lui reprocher de ne l'avoir pas prise plutôt, et dire qu'il est frauduleux parce qu'il aura cédé aux prières du débiteur qui craint que cette tradition ne ruine son crédit?

— Sur quels arguments M. Dalloz appuie-t-il son système? — Il dit : « Dans l'hypothèse qu'on examine, la mise en possession » doit au moins être assimilée à un paiement, et tout paiement » fait avec bonne foi dans l'intervalle dont il s'agit est valable à » l'égard de la masse. »

— Sans doute, *lato sensu*, la tradition du gage est un paiement, puisqu'on appelle paiement en droit, l'exécution de toute obligation : mais ce n'est pas là le sens usuel, et ce n'est pas non plus le sens de ce mot dans l'art. 446 : il est clair qu'il s'agit dans cet article de dettes de sommes, puisqu'elles doivent être payées en espèces ou effets de commerce : et quand l'art. 447 reconnaît comme valables en principe *tous autres paiements* que ceux qu'il annule dans l'art. 446, ces mots *tous autres* désignent par opposition, les paiements faits en espèces ou effets de commerce. Si l'on admettait que *paiement* désigne dans ces articles l'exécution de toute obligation, il s'ensuivrait que l'art. 446 frapperait de nullité les livraisons de marchandises, ou de corps certains vendus par le failli, bien que l'échéance fût arrivée, ce qui évidemment n'est pas le but de la loi. Mais en admettant même que dans l'art. 447 le mot paiement fût pris dans le sens général d'exécution d'obligation, je nie encore que la mise en possession du gagiste puisse être assimilée à un paiement, et que l'expression de *dette échue* puisse comprendre l'obligation qui résulte pour le débiteur de sa promesse de gage. En effet, par *paiement* on entend l'exécution et par suite l'extinction d'une obligation, surtout lorsqu'elle s'opère par une translation de propriété. Ici le *paiement*, l'exécution de l'obligation a ce caractère particulier de faire naître un privilége sur les biens du débiteur : c'en est assez pour effacer et dénaturer dans cette tradition l'idée de paiement, et faire écarter l'assimilation qu'invoque M. Dalloz.

Enfin, dit M. Dalloz : « Ici s'appliquent les mêmes motifs que l'on a fait valoir pour le cas où la signification de transport d'une créance en gage n'aurait eu lieu que dans l'intervalle dont il s'agit. »

Nous sommes d'accord avec M. Dalloz sur l'époque à laquelle doit avoir lieu la signification ; mais nous contestons que les mêmes motifs s'appliquent à la possession d'un gage corporel. Et la raison en est simple : c'est que le droit de gage ne peut naître sur un objet corporel avant la possession, a lieu que sur une créance le gage peut être constitué avant la signification.

83. — *De la possession, dans l'impignoration des créances.* — Elle se compose de deux éléments, la signification et la remise du titre. La nécessité de la remise du titre ne peut être contestée en présence de l'art. 2076, qui après les deux art. 2074 et 2075, dit : *Dans tous les cas, il faut que ce gage soit mis et reste en la possession du créancier.* Cette mise en possession s'applique donc aux créances, et comme l'art. 2075 avait déjà prescrit la signification, il est clair qu'il s'agit dans l'art. 2076 d'une autre possession. — Il ne faudrait donc pas dire : La seule possession possible de la créance c'est la signification, puisque la signification seule produit pour le cessionnaire les mêmes effets que la possession pour l'acheteur d'un meuble corporel : elle équivaut donc complètement à la possession d'un meuble corporel.

Je réponds d'abord que Pothier, en nous citant un arrêt de la Cour des aides qui aurait introduit chez nous le gage des créances, dit que, pour effectuer ce nantissement, il faut, outre la signication, la remise du titre. Et cette exigence est très-raisonnable, car il n'est pas vrai que la signification équivaille, autant que possible pour les créances, à ce qu'est la possession pour les meubles corporels. — Nous avons analysé le but e. les effets de la signification : elle sert au gagiste à lier envers lui le débiteur de la créance engagée ; sans quoi il court le danger que le débiteur lui oppose qu'il s'est libéré valablement, ou qu'il est lié envers d'autres ayant-causes de son créancier (Saisissants, Cessionnaire, etc.). En un mot, la nécessité de la signification tient à ce que l'obligation du débiteur, et par suite le bénéfice du droit de créance, sont purement relatifs à une personne déterminée : pour faire participer à ce bénéfice une personne nouvelle telle que le gagiste, il faut donc un fait postérieur qui crée un rapport de droit entre cette personne et le débiteur de la créance engagée. — Lors donc qu'en vertu de la convention même (par la clause à ordre ou la forme au porteur), le débiteur est lié, non pas seulement envers une personne déterminée, mais envers toute personne que se substituera le créancier originaire, il est bien clair que si le bénéficiaire d'une pareille obligation se substitue le gagiste par le mode qui résulte de la forme du titre (endossement, transfert, ou tradition), tous les effets que devait produire la signification étant produits, cette formalité n'a plus de raison d'être.

Mais la signification a-t-elle ce caractère que doit avoir la possession du gagiste d'être apparente, en ce sens, au moins, que le débiteur ne continue pas à être possesseur aux yeux des tiers ?— Non, la signification n'a rien d'apparent : elle ne sera connue des tiers que le jour où ils prétendront eux-mêmes un certain droit sur la créance engagée, en faisant une signification ou une saisie-arrêt. Jusque là, ils n'ont pas même le moyen de savoir si la signification existe, car un simple créancier chirographaire ne peut pas, sans faire de saisie-arrêt, exiger du débiteur de son débiteur la déclaration de la somme due et des significations ou des saisies qui auraient été faites entre ses mains.

D'autre part, l'existence du titre de la créance engagée entre les mains du débiteur, est certainement aux yeux des tiers un moyen de crédit : c'est une possession de la créance qui peut donner une fausse idée de la solvabilité du débiteur à ses créanciers chirographaires, pour qui la signification resterait occulte jusqu'à la saisie. Ce serait donc une ridicule subtilité que de déclarer la remise du titre au gagiste inutile, par cette raison que le titre n'est pas la créance même. Il est bien certain, en effet, que la remise du titre par le débiteur, remplit exactement le but que poursuit la loi en exigeant la possession du gagiste, et qu'elle est indispensable pour l'atteindre : car cette possession, c'est avant tout la dépossession du débiteur. Il faudra donc que le titre soit remis entre les mains du créancier ou d'un tiers convenu entre les parties (2076).

84. — Il suit de là qu'on ne saurait autoriser le nantissement des créances sans titre, en se contentant d'une signification du contrat de gage au débiteur. — Car il n'y aurait en ce cas aucune garantie contre les fraudes que la loi a voulu prévenir en exigeant la possession. Et si on admettait la mise en gage des créances sans titre, on introduirait les mêmes dangers dans l'impignoration des autres créances; car après avoir remis le titre à un premier gagiste, qui empêcherait le débiteur de présenter à d'autres la même créance comme étant sans titre? — Toutefois il faut remarquer que le contrat de gage d'une créance sans titre pourrait avoir effet, si le créancier obtenait l'acceptation du débiteur de la créance engagée. Dans ce cas les droits des tiers sont sauvegardés ; car on ne pourrait offrir le même gage à un autre créancier qu'en obtenant encore l'acceptation du débiteur, qui ne manquera pas de la refuser. — Le gagiste a dans l'acceptation une sorte de titre.

85. — On voit que la remise du titre par le débiteur, représente dans le gage des créances, et représente seule la possession qui est constitutive du droit du gagiste. Elle doit par conséquent avoir été faite avant l'époque où l'acte de gage doit avoir date certaine.

Pour ne pas confondre avec cette *possession* la *signification*, qui a un but et un caractère si différents, on pourrait dire (suivant un langage très-usité du reste) qu'elle ne sert qu'à opérer la *saisine* du créancier gagiste : cette *saisine* empêche qu'il ne perde son droit au profit de certains tiers à qui seraient conférés des droits incompatibles avec le sien.

86. — On doit voir maintenant pourquoi, à la différence du gagiste, le cessionnaire d'une créance est complétement saisi envers les tiers par la signification, sans remise du titre. — Certaines personnes s'en étonnent ; car si la remise du titre est nécessaire au cas d'engagement, n'y a-t-il pas aussi danger, en cas de cession, à laisser le titre entre les mains du cédant, qui peut

s'en faire un moyen de crédit vis à vis de ses créanciers chirographaires ? — Sans doute, mais il n'y a là que la conséquence d'une différence fondamentale entre le droit de gage et le droit de propriété : — Le gage est subordonné à la possession du gagiste, en ce sens qu'il est incompatible avec toute apparence de possession de la chose par le débiteur. — La propriété au contraire n'est pas subordonnée à la possession : seulement par application de la maxime de 2279, elle pourra être perdue si un tiers invoque contre le propriétaire un droit appuyé d'une *possession* acquise de bonne foi.

Des principes très-analogues régissent la transmission de la propriété des créances. En cas de cession, la signification suffit pour mettre obstacle à ce qu'un autre cessionnaire acquière une possession ou plutôt une saisine opposable par signification ou saisie-arrêt. — La présence du titre dans les mains du cédant n'offre donc pas de danger pour le cessionnaire qui a signifié. Mais il en serait autrement, dans les cas où la possession du titre permettrait au cédant de donner à un autre la possession, la saisine de la créance (titres négociables ou au porteur). C'est pourquoi la possession du titre produit, en matière d'obligations au porteur, le même effet que la possession d'un meuble corporel. Car il est bien évident que lorsqu'on dit que la propriété des effets au porteur résulte de la possession du titre, c'est dans les mêmes cas ou la propriété d'un meuble corporel résulterait de la possession, c'est-à-dire lorsqu'il y a *justa causa* et bonne foi. Il faut appliquer 2279 et 2280.

87. — Si les idées que je viens d'exposer sont exactes, il est impossible de ne pas voir l'analogie qui existe entre la position du gagiste qui a reçu la tradition du titre, mais qui n'a pas signifié, et celle de l'acheteur qui dans l'ancien droit (1) était devenu propriétaire par constitut possessoire, mais n'avait pas reçu tradition réelle. Pour l'un comme pour l'autre, le droit réel est né : mais jusqu'à la signification du gage ou la livraison de la chose, il peut être *perdu* au profit d'un tiers possesseur, que la

____

(1) Je me place dans l'ancien droit, pour ne pas réveiller ici la controverse que soulève l'art. 1138. Pour nous, nous avons admis que la propriété transférée par simple convention, n'avait pas des effets plus étendus que celle qui résultait autrefois du constitut possessoire.

loi trouve préférable ; c'est-à-dire que le droit n'est pas opposable à ces tiers.

Il y a cependant entre les deux situations des différences qu'il importe de constater : 1° La signification une fois faite, le gagiste ne peut pas en principe perdre la saisine qui en résulte.

Au contraire, la possession qui a saisi l'acheteur peut être abandonnée par lui ; il perd alors les avantages de la saisie, moins un. Il ne pourrait plus en effet se voir opposer une saisie des créanciers du vendeur, comme il l'aurait pu avant d'avoir reçu tradition.

2° Le droit de propriété est en principe indépendant de la possession : une fois donc la propriété transférée à l'acheteur par le constitut possessoire, sa propriété ne cessera pas, par cela seul qu'on établirait qu'il a cessé de posséder. Il ne peut être déchu de son droit que s'il est en conflit avec un tiers qui puisse lui opposer sa possession propre.

Le droit de gage au contraire étant soumis pour sa naissance et sa durée à la condition de possession, la remise du titre qui a fait naître le droit ne produit pas des effets irrévocables : le droit de gage cesserait dès le moment où le gagiste abandonnerait la possession du titre, bien qu'à ce moment aucun tiers n'eût de la créance engagée une possession telle qu'il pût opposer le défaut de signification.

88. — Ces deux éléments de la possession, si distincts dans le gage d'une créance, et que j'appelle, pour ne pas les confondre, *possession* proprement dite, et *saisine*, ils sont réunis dans le gage des objets corporels ; il est clair alors que la *tradition* de la chose réalisée ces deux résultats, possession et saisine, que nous avons pu séparer dans la possession des créances. Il en résulte que tout ce qui est vrai de la remise du titre et de la signification, doit s'appliquer à la tradition du gage corporel ; mais la réciproque n'est pas vraie. Il ne faut donc pas conclure, comme le font certains auteurs, de la tradition à la signification ; car la tradition de l'objet corporel ne produit pas seulement les effets de la signification, mais aussi ceux de la remise du titre. Elle est donc soumise à toutes les exigences relatives à la remise du titre ; mais il n'y a aucune raison de déclarer ces exigences communes à la signification : puisqu'en

matière de créance le double effet produit par la tradition est réalisé par deux moyens distincts, chacun doit être régi par des règles en harmonie avec le but spécial qu'il doit atteindre.

89. — *De la perte de la possession.* — Nous savons que le créancier qui a abandonné la possession du gage ne peut pas se prévaloir du privilége; mais l'abandon qu'il fait de la possession n'anéantit pas nécessairement son droit : si cette possession lui est rendue par le débiteur, à une époque où le gage peut valablement commencer, rien n'empêche que le privilége renaisse. Mais, bien entendu, il faut que la possession lui soit rendue à titre de gage. Si même elle lui était rendue à ce titre, mais pour une créance autre que celle pour laquelle avait été fait l'acte primitif, il ne pourrait pas appliquer cet acte à sa nouvelle possession. Il y aurait alors un contrat complétement nouveau qui devrait être constaté comme le premier, suivant les formes de 2074.

90. — Si c'est sans son consentement, par perte ou par vol, que le gagiste perd la possession; nous savons que dans ce cas l'ancien droit faisait exception à la règle que les meubles n'ont de suite par hypothèque; et le *droit de suite* sur le meuble volé ou perdu s'appliquait aussi bien au propriétaire d'un meuble qu'à un gagiste; l'un comme l'autre pouvait, dans ce cas, reprendre la possession du meuble à tout détenteur. On voit comment, en raison de cette identité de situation, après avoir dit que ce propriétaire avait alors le droit de suite, on a pu dire à l'inverse que le gagiste avait dans ce cas la revendication. C'est ainsi que 2102 appelle revendication le droit du bailleur de suivre les meubles du locataire déplacés sans son consentement.

Nous appliquerons sans difficulté à ce droit de suite, le délai de trois ans que fixe l'art. 2279, — et la restriction de 2280. — En effet, si l'ancienne règle *meubles n'ont point de suite* ou ce qui revient au même, *en fait de meubles, possession vaut titre*, était générale et s'appliquait à un gagiste comme à un propriétaire, il en était de même de l'exception au cas de vol, — et de l'exception à l'exception, sanctionnée par l'art. 2280. — Or nous avons admis que le Code avait conservé toute son étendue d'application à la maxime ; il a seulement tranché une ancienne controverse, et fixé un délai uniforme pour tous les cas où la revendication serait admise. Il est clair que toutes ces dispositions sont applicables au gagiste comme la règle elle-même. Si 2270, deuxième alinéa, ne parle que du propriétaire, c'est que cet article est placé dans le titre de la prescription dont la maxime était destinée à tenir lieu quant aux meubles.

L'art. 2102 donne expressément au locataire d'un fonds le droit de revendiquer les meubles de son locataire déplacés sans son consentement, et fixe le délai à quarante jours, pour une ferme, à quinze s'il s'agit d'une maison.

Il faut remarquer qu'il n'y a pas à conclure, soit *à contrario*, soit par analogie, de cette revendication du bailleur à celle du gagiste; elles ont toujours été bien distinctes quoique dérivant d'un principe commun. La revendication du bailleur était fondée sur l'art. 171 de la Coutume de Paris, et elle devait être exercée *dans un temps bref.* (Voyez Bourjon, liv. VI, t. VIII, ch. 2, LXV, LXIX, LXI ; ch. 3, XV, XVI.) La revendication du gagiste résultait de l'exception générale que subissait la règle *meubles n'ont pas de suite par hypothèque,* — ou la maxime *en fait de meubles, possession vaut titre.* Cela nous explique pourquoi le Code, ayant maintenu cette maxime, n'a pas parlé expressément de la revendication du gagiste.

FIN.

PROPOSITIONS.

DROIT ROMAIN.

I. Deux hypothèques constituées successivement sur des biens
à venir concourent sur les acquisitions postérieures à la
deuxième constitution.

II. La loi 28 *de jure fisci* consacre l'application du privilége
personnel du fisc à son concours avec des créanciers hypothécaires de même rang.

III. Le fisc n'a pas une hypothèque privilégiée pour ses créances
contractuelles.

IV. L'hypothèque du fisc contre le Primpile n'était pas d'abord
une hypothèque privilégiée ; elle prit ce caractère sous
Dioclétien, mais dans le cas seulement où la femme du
Primpile avait une hypothèque pour la restitution de sa
dot.

V. L'exercice *du jus offerendi* ne fait pas acquérir à l'*offerens*
la créance du créancier désintéressé.

VI. Le tiers détenteur qui paie un créancier hypothécaire, n'est
pas subrogé de plein droit à son hypothèque ; mais il a le
bénéfice *cedundarum actionum*.

VII. Dans le cas de *successio* ou *subrogatio* opérée par le débiteur,
ce n'est pas l'ancienne hypothèque qui est conférée au
nouveau créancier : c'est une nouvelle hypothèque qui
acquiert le rang de l'ancienne par l'effet de l'*oblatio pecuniæ* au premier créancier.

DROIT FRANÇAIS.

I. Pour l'application de 2074 la matière est inférieure à
150 fr. toutes les fois que soit la valeur de la chose,
soit la créance est inférieure à cette somme.

II. Entre le créancier et le débiteur, pour savoir si la matière excède 150 fr., il faut s'attacher à la valeur de la
chose.

III. En cas d'inobservation de l'art. 2074, l'aveu et le serment ne seront pas possibles pour établir la sincérité
du gage.

IV. Il n'y a dans l'art. 2074 aucune solennité particulière.

V. L'engagement d'une créance doit avoir date avant l'époque où le privilége n'aurait plus pu naître valablement; — quant à la signification, il suffit, en cas de
faillite, qu'elle arrive avant le jugement déclaratif.

VI. Les formalités de l'art. 2075 sont applicables aux titres
cessibles par endossement ou par transfert et aux titres au porteur.

VII. Un endossement en garantie, daté et contenant énonciation de la somme due, satisfait complétement aux prescriptions de l'art. 2075.

VIII. Les formes des art. 2074 et 2075 sont applicables, en
principe, au gage commercial.

Histoire du Droit.

I. L'origine de la noblesse est dans l'Antrustionat.

II. Les Établissements de saint Louis sont une œuvre privée.

Droit Criminel.

I. L'influence préjudicielle du criminel sur le civil ne peut
s'étendre aux personnes qui n'ont pas été parties dans
l'instance criminelle, et qui n'avaient pas qualité pour
y figurer.

II. L'aveu fait en justice par le complice de la femme adul-
tère, fait preuve contre lui.

Droit International.

I. La caution *judicatum solvi* est due par l'étranger demandeur au défendeur étranger.

II. L'époux divorcé à l'étranger peut contracter un nouveau
mariage en France.

Vu par le Président de la Thèse,
E. BONNIER.

Permis d'imprimer :

Le Vice-Recteur,
ARTAUD.

Vu par le Doyen de la Faculté,
C.-A. PELLAT.

TABLE DES MATIÈRES.

———

DROIT ROMAIN.

Du conflit des créanciers gagistes ou hypothécaires et de leurs droits respectifs.

DROIT FRANÇAIS.

Du privilège du créancier gagiste.

IMPRIMERIE DE BEAU, A SAINT-GERMAIN-EN-LAYE.